Wem dient der Auswärtige Dienst?

Christoph Bertram · Friedrich Däuble
(Hrsg.)

Wem dient der Auswärtige Dienst?

Erfahrungen von Politik,
Wirtschaft, Gesellschaft

Springer Fachmedien Wiesbaden GmbH

Das Projekt wurde durch die Robert Bosch Stiftung unterstützt.

Gedruckt auf säurefreiem und alterungsbeständigem Papier.

Die Deutsche Bibliothek – CIP-Einheitsaufnahme
Ein Titeldatensatz für die Publikation ist bei
Der Deutschen Bibliothek erhältlich

ISBN 978-3-8100-3651-3   ISBN 978-3-663-11828-2 (eBook)
DOI 10.1007/978-3-663-11828-2

Satz: Verlag Leske + Budrich, Opladen

Inhalt

Wem dient der Auswärtige Dienst? Vorbemerkung der Herausgeber*

Das Tätigkeitsfeld aller europäischen diplomatischen Dienste ist in tiefgreifendem Wandel begriffen. Der Anteil der multilateralen Außenpolitik nimmt im Vergleich zu dem der bilateralen Außenpolitik beständig zu. Die europäische Integration verändert grundlegend die zwischenstaatlichen Kontakte der Mitgliedstaaten und entzieht sie weitgehend dem Bereich der Außenpolitik. Die Kommunikation zwischen Regierungen und Gesellschaften hat sich vervielfältigt und dramatisch ausgeweitet. Unter dem Druck und dem Ansporn der Globalisierung sind einst ferne Ereignisse zum nahen und gelegentlich drohenden Problem geworden. Was einmal Außenpolitik war, wird zum guten Teil Weltinnenpolitik.

Dabei treten neben die Staaten zunehmend andere einflußreiche, manchmal gar einflußreichere Akteure. Die internationalen Beziehungen werden immer stärker von wirtschaftlichen, finanziellen und gesellschaftlichen Entwicklungen geprägt, über deren Verlauf Regierungen oft nur noch am Rande mitbestimmen. Viele der neuen nichtstaatlichen Akteure – legitime Nicht-Regierungsorganisationen (NROs) und multinationale Unternehmen ebenso wie kriminelle Organisationen und Terroristen – handeln international und sind nicht mehr national zuzuordnen.

Diesen neuen Umständen müssen die Instrumente der Außenpolitik angepaßt werden. Das gilt für sämtliche Bereiche: die Außenvertretung der Bundesrepublik (die längst nicht mehr nur eine Aufgabe des Auswärtigen Amtes und des diplomatischen Dienstes ist), die Entwicklungshilfe zur Stabilisierung von Drittweltregionen und die Verteidigungspolitik. In dem vorliegenden Band geht es um einen wichtigen Teil dieser anzupassenden Instrumente – die Männer und Frauen des deutschen Auswärtigen Dienstes –, und dabei wiederum um einen Teilaspekt: die Erwartungen, Hoffnungen, An-

---

* Dr. Christoph Bertram, Vorstandsvorsitzender der Stiftung Wissenschaft und Politik und Direktor des Deutschen Instituts für Internationale Politik und Sicherheit; Friedrich Däubler, Leiter der politischen Abteilung der Deutschen Botschaft Warschau seit Sommer 2000, zuvor Vorsitzender des Personalrats des Auswärtigen Amtes.

forderungen der Kunden an diesen Dienst. Wie das Ministerium „Auswärtiges Amt" sich im Innern organisiert und sein Personal verwaltet, ist nicht Gegenstand dieser Studie, so sehr die diesbezüglichen jüngsten Reformen zu begrüßen sind. Im Mittelpunkt der einzelnen Beiträge steht vielmehr die Frage, welchen Aufgaben der Dienst aus der Sicht von außen gewachsen sein sollte – aus dem Blickwinkel der sonstigen Bundesorgane, der Bundesländer, der europäischen Institutionen, aber auch der Wirtschaft, der NROs und anderer im internationalen Bereich tätiger deutscher Einrichtungen.

Dabei konstrastieren auf den ersten Blick die neuen Bedingungen der Internationalität mit dem Zustand des Auswärtigen Dienstes. Nicht nur der deutsche diplomatische Dienst, sondern auch die Dienste anderer Länder tragen – von außen betrachtet – noch viel von der Aura vergangener Zeiten: elitär, schon im Begrifflichen abgeschlossen („Corps"), vorrepublikanischen Ritualen verhaftet, zu denen als erkennbare Symptome „Privilegien" gehören – und sei es nur die ärgerliche (angebliche) Erlaubnis zum Falschparken.

Daneben – und gewichtiger – tritt ein anderer Umstand: die internationale Präsenz der Bundesrepublik stützt sich heute nur noch zu einem kleinen und weiter schrumpfenden Teil auf die offiziellen diplomatischen Vertreter. Für Deutschland, sein Ansehen und seinen Einfluß in einer gesellschaftlich vernetzten Welt stehen die weltweiten Verbindungen der Europäischen Union; namhafte Firmen, deren Auslandsvertretungen es an Umfang mit mancher Botschaft aufnehmen können; die politischen Stiftungen, die im weiten Vorraum offizieller Beziehungen in vielen Ländern tätig sind; die Industrie- und Handelskammern mit ihrer internationalen Präsenz; die Goethe-Institute und Mittlerorganisationen wie der Deutsche Akademische Austauschdienst oder die Humboldt-Stiftung; die Kirchen und NROs; das „Track-2"-Netzwerk von Forschungseinrichtungen und Universitäten. Gerade im inoffiziellen Bereich deutscher Auslandspräsenz verfügt Deutschland über einen größeren Strauß von Institutionen und Aktivitäten als die meisten westlichen Staaten. Viele dieser Einrichtungen wurden einst geschaffen, um die junge Bundesrepublik nach dem Zweiten Weltkrieg international wieder hoffähig zu machen. Heute, da die offizielle Außenpolitik nur noch ein Bruchteil deutscher Außenbeziehungen ausmacht, sind sie ein unschätzbarer Bonus.

Diese Entwicklung muß jeder langfristig beabsichtigten Reform des Auswärtigen zugrunde gelegt werden. Sie wird in den hier vorgelegten Beiträgen besonders deutlich: was anfänglich als Betrachtung des Auswärtigen Dienstes aus der Sicht seiner wichtigsten Kunden gedacht war, erweist sich in Wahrheit als eine Darstellung der neuen Vielfalt internationaler Wechselwirkung, in der dieser Dienst sich künftig bewähren muß.

Seit kurzem bemüht sich der Auswärtige Dienst um Reformen seiner inneren Verfaßtheit und hat damit, zumal in der Amtszeit von Außenminister Fischer, auch nennenswerte Fortschritte gemacht. Der hier verfolgte Ansatz ist ein anderer: Die Leistungen, die ein Auswärtiger Dienst erbringen muß, definieren sich aus den Ansprüchen, welche die Gesellschaft an ihn stellt. Der Dienst hat klar definierbare Kunden in Gesellschaft, Wirtschaft und Politik. Auf sie hat er sich einzustellen.

Die Tatsache, daß der Auswärtige Dienst längst kein Monopol der Außenpolitik mehr inne hat, bedeutet jedoch keineswegs einen Bedeutungsverlust. Vielmehr wächst mit der Ausfächerung deutscher internationaler Präsenz der Bedarf an außenpolitisch geschultem Personal. Wollte das Auswärtige Amt per Direktive auch nur den staatlichen oder staatlich geförderten Teil koordinieren, müßte es Schiffbruch erleiden, von dem gesellschaftlichen gar nicht zu reden. Mit den Mitarbeitern des Auswärtigen Dienstes verfügt es jedoch über ein in der Bundesverwaltung einmaliges Reservoir, um indirekt, nämlich durch Sachverstand, einzuwirken. Fast alle Beiträge dieses Buches – ob aus der Sicht anderer Regierungsressorts oder der Bundesländer, aus jener der Wirtschaft oder der Mittler- und Nicht-Regierungsorganisationen – stimmen in der Überzeugung überein, daß ein sehr viel stärkerer Rückgriff auf dieses Reservoir zu ihrem eigenen Nutzen wäre. Es wäre auch zum Nutzen der außenpolitischen Präsenz Deutschlands. Die Konsequenz aus der zunehmenden Ausfächerung außenpolitischer Aktivitäten würde damit ernst genommen.

Dies verlangt ein radikales Umdenken. Der Dienst wäre zwar weiterhin ein Produkt des Auswärtigen Amtes, aber nicht mehr de facto ausschließlich für die Geschäfte des Ministeriums da. Die Ausleihe von Personal an andere Bundesressorts, an Bundesländer und Wirtschaftsunternehmen, an europäische Institutionen, an deutsche und internationale NROs und wissenschaftliche Forschungseinrichtungen – bisher allenfalls kümmerliche Ausnahme – würde zum selbstverständlichen Teil der diplomatischen Karriere-Planung. Die Mitarbeiter würden nicht nur, so die bisherige Regel, zwischen Berliner Zentrale und Auslandsvertretungen wechseln, sie würden zusätzlich und in großer Zahl in alle anderen Bereiche deutscher internationaler Betätigung ausschwärmen, ihren Sachverstand dort einbringen, Verantwortung übernehmen und bereichert durch neue Erkenntnisse in die traditionellen Bereiche der Diplomatie zurückwechseln, die sie dann auch besser wahrnehmen könnten.

Zusätzliche Personalaufgaben verlangen zusätzliches Personal. Ein Auswärtiger Dienst, der ein wirklicher Dienstleister der auswärtigen Beziehungen Deutschlands unter den neuen internationalen Gegebenheiten sein will, braucht erheblich mehr Mitarbeiter, als seine traditionellen Aufgaben erfordern. Er ist dafür zur Zeit in keiner Weise ausgestattet; schon bei den traditionellen Funktionen verwaltet die Personalpolitik des Auswärtigen Amtes seit langem den Mangel. Die Stagnation der Haushaltsmittel für das Auswärtige Amt verläuft parallel zu den Einschnitten bei den anderen Instrumenten deutscher Außenpolitik – Entwicklungshilfe und Verteidigung; sie sind das Werk nicht nur einer, sondern mehrerer Bundesregierungen, also einer mehr als großen Koalition. Daß sie in wachsendem Kontrast steht zu offiziellen Bekundungen, Deutschland solle und werde auf dem Feld der internationalen Politik eine gewichtigere Rolle spielen, scheint dabei niemanden zu beunruhigen. Schon die Forderung, diese Instrumente so auszustatten, daß sie ihren vertrauten Aufgaben angemessen gerecht werden können, scheitert bisher an der Priorität der Haushaltskonsolidierung. Nur bedeutet die Konsolidierung des Haushalts bei niedrigem Wachstum und innerem Reformstau zwangsläufig, daß die Mittel für die Instrumente der Außenpolitik weiter schrumpfen werden. Das Argument, der Auswärtige Dienst müsse zur besseren Wahrnehmung auch nur seiner vertrauten Aufgaben neue Mittel erhalten, wird dagegen nicht durchdringen.

Das entscheidende Argument muß nicht auf die Fortsetzung des bisherigen Tätigkeitsfeldes abstellen, sondern auf dessen notwendige Ergänzung durch die in diesem Band skizzierten neuen Aufgaben. Es geht nicht, wie seit den siebziger Jahren angestrebt und Anfang der neunziger Jahre sogar gesetzlich vorgesehen, um eine „Personalreserve" im Auswärtigen Dienst, so hilfreich sie längst für eine flexible Personalplanung wäre. Es geht vielmehr darum, den Dienst insgesamt zur Personalreserve des Bundes für das neue Spektrum internationaler Tätigkeiten zu machen. Insofern ist dieses Buch ein Beitrag weniger zur Reform des Auswärtigen Dienstes als zur Reform der Bundesverwaltung, die diesem Dienst im eigenen Interesse eine Sonderstellung einräumen sollte.

Nur dann wird er dem Land den Dienst leisten können, den moderne Außenpolitik erfordert.

Die Herausgeber und Autoren danken der Robert Bosch Stiftung, die das Vorhaben großzügig unterstützt hat.

Christoph Bertram und Friedrich Däuble

Thesen zur künftigen Rolle und Relevanz des Auswärtigen Dienstes

1. Mit der Globalisierung internationaler Ordnung und der zunehmenden Bedeutung der Europäischen Union als internationaler Faktor wächst Deutschland in neue außenpolitische Verantwortung hinein. Die personelle und finanzielle Ausstattung seiner außenpolitischen Instrumente hinkt jedoch weit hinter dieser Herausforderung her. In den letzten zehn Jahren ist der Anteil der diesbezüglichen Ausgaben des Bundes am Gesamthaushalt stetig gesunken – der deutlichste Ausdruck, daß die deutsche Politik parteiübergreifend diesen Aufgaben eine verminderte Priorität einräumt.

2. Der Auswärtige Dienst ist ein Kernelement deutscher Außenpolitik. Er hält aber längst keine Monopolstellung in der Durchführung deutscher Außenpolitik mehr. Drei Entwicklungen berühren seine Rolle, wenn auch nicht seine Relevanz:

   Die Ausbreitung außenpolitischer Zuständigkeiten innerhalb der Bundesverwaltung: Gegenwärtig sind in den Ministerien des Bundes 336 Referate mit internationalen Aufgaben befaßt, davon 279 auch mit Problemstellungen, die über die europäische Innenpolitik hinausreichen – das AA hat 74 Referate!

   Das Entstehen einer grenzüberschreitenden Gesellschaftspolitik: Auf dem Feld des Auswärtigen agieren inzwischen nicht nur fast alle Ministerien des Bundes, sondern auch die Länder, Städte und Gemeinden sowie die Organisationen und Institutionen der Zivilgesellschaft mit ihren vielen, engagierten Mitgliedern. Sie alle prägen nicht nur das internationale Erscheinungsbild der Bundesrepublik, sie sind Mitgestalter des deutschen internationalen Engagements und definieren den außenpolitischen Spielraum des Landes mit.

   Das Heranbilden europäischer Außenpolitik: Die Gemeinsame Außen- und Sicherheitspolitik der Europäischen Union bindet immer größere Bereiche der internationalen Aktivitäten der Einzelstaaten in gemeinsame Verfahren und Aktionen ein. Für die nächsten zwei Jahrzehnte steht die Europäisierung der nationalen diplomatischen Dienste an, wenn auch vorerst kein europäischer Dienst, der die nationalen Diplomatien ersetzt.

3. Aus der Veränderung des klassischen Bereichs der Außenpolitik folgt jedoch nicht eine Verminderung der Bedeutung des Auswärtigen Dienstes, im Gegenteil. Nicht nur muß er in seiner Arbeit und Ausbildung der neuen Vielfalt internationaler Betätigungen Rechnung tragen. Er muß auch mit den neuen nationalen und europäischen Akteuren einen intensiven personellen Austausch pflegen.

4. Dazu bedarf es im Auswärtigen Amt wie in allen Regierungsressorts eines neuen Kooperationsgeistes statt des verbreiteten und durch Ressortegoismen verstärkten Zuständigkeitsdenkens. Für die Koordination außenpolitischer Beschlüsse der Bundesregierung reichen Weisungen aus; die Kohärenz und Koordination aller außenpolitisch relevanter Aktivitäten dagegen wird, wenn überhaupt, dadurch erreicht, daß außenpolitische Gesichtspunkte in allen zuständigen Institutionen einbezogen werden. Dies ist am besten durch einen intensiven Personalaustausch und die dazu erforderlichen Veränderungen des Dienstrechts zu verwirklichen. Mitarbeiter des Auswärtigen Dienstes sollten längere Zeit und zu wiederholten Malen in Abteilungen anderer Ressorts in Bund und Ländern eingegliedert werden. Denkbar wäre – nach dem Vorbild anderer Länder –, in den Fachministerien die Institution diplomatischer Berater zu schaffen, die organisatorisch und hierarchisch so angesiedelt sind, daß sie die Beachtung außenpolitischer Gesichtspunkte gewährleisten.

5. Ebenso muß der Austausch mit nichtstaatlichen Einrichtungen im außenpolitischen Bereich – mit der Wirtschaft, mit Nicht-Regierungseinrichtungen, einschließlich der politischen Stiftungen, mit Mittlerorganisationen und wissenschaftlichen Instituten – als eine wichtige Aufgabe des Dienstes in die Personalplanung des Auswärtigen Amtes Eingang finden. Deutschland kann sich im Unterschied zu den meisten anderen Staaten in seiner außenpolitischen Präsenz auf eine Vielzahl von nichtstaatlichen Akteuren stützen. Das ist angesichts einer internationalen Landschaft, in der die Rolle der Staaten zurückgenommen wie zurückgedrängt worden ist, ein erheblicher strategischer Vorteil, der durch die Bereitstellung von Mitarbeitern des Auswärtigen Dienstes verstärkt wird.

6. Auch die Entwicklung der europäischen Außenbeziehungen fordert einen vermehrten Personalaustausch mit den Brüsseler Institutionen. Jeder zukünftige Diplomat sollte in seiner praktischen Ausbildung oder in den ersten fünf Dienstjahren eine europabezogene Tätigkeit ausgeübt haben. Die Abordnung von Mitgliedern des Auswärtigen Dienstes in europäische Institutionen sollte bei ihrer Rückkehr in der Personalplanung positiv bewertet und so ein Netzwerk von europapolitisch besonders versierten Beamten aufgebaut werden. Andere europäische Staaten wie Frankreich und Großbritannien leben ein solches Modell in mustergültiger Weise vor. Der Berufsdiplomat sollte deshalb in der Lage sein, sich sicher im europäischen Kontext zu bewegen und europäische wie nationale

Interessen zu vertreten. Aus- und Weiterbildung sowie Personalförderung müssen dieser Anforderung entsprechen.

7. Das Einbringen außenpolitischer Expertise in die Fachressorts von Bund und Ländern, in den nichtstaatlichen Bereich der Außenpolitik sowie die europäische Verflechtung verlangen eine erhebliche Aufstockung des Personalbestandes des Auswärtigen Dienstes, vor allem im höheren Dienst. Schon heute reicht das Personal des Auswärtigen Dienstes kaum mehr aus, die Aufgaben der klassischen Außenpolitik angemessen wahrzunehmen; die neu auf den Dienst zukommenden Aufgaben lassen sich nur bei einer erheblichen Erhöhung des Personalplafonds erfüllen.

8. Das außenpolitische Personal muß nicht nur zahlreicher sein, es muß auch für die neuen Aufgaben ausgebildet werden. Dabei sollte an dem Leitbild des „Generalisten" festgehalten werden, gerade weil er eine vielfache Verwendung ermöglicht. Zugleich und vielleicht am wichtigsten ist eine Veränderung des Selbstverständnisses des Dienstes: an die Stelle der traditionellen Berufsvorstellung des Diplomaten muß das des außenpolitischen Dienstleisters treten, der in der Zusammenarbeit mit den zahlreichen Mitspielern einer nicht mehr auf ein Ressort oder die Bundesrepublik beschränkten, nicht mehr allein staatlich, sondern von gesellschaftlichen Kräften mitgestalteten Außenpolitik seine Berufung sieht.

9. Dieser Herausforderung gerecht zu werden verlangt innerhalb der Bundesregierung eine Neuordnung des außenpolitischen Bereichs. Der Auswärtige Dienst sollte sich auf die Aufgaben konzentrieren, die nur von ihm wahrgenommen werden oder die zwingend der außenpolitischen Koordinierung bedürfen.

Dazu gehört heute auch die Entwicklungspolitik. Sie ist durch die Globalisierung von Sicherheit und Unsicherheit, wie sie erneut durch die Anschläge vom 11. September demonstriert wurde, untrennbarer Bestandteil der langfristigen Außen- und Sicherheitspolitik der Bundesrepublik geworden. Die bisherige Trennung kann unter dem Gesichtspunkt von Effektivität und Kohärenz nicht mehr überzeugen. Dem muß durch die Eingliederung des Bundesministeriums für wirtschaftliche Zusammenarbeit und Entwicklung (BMZ) in das Auswärtige Amt Rechnung getragen werden.

Auch eine Neuordnung der europapolitischen Zuständigkeiten innerhalb der Bundesregierung erscheint mittelfristig unabwendbar, wobei die beste Form der Koordinierung noch offen ist. Eines ist jedoch – nicht nur aus der Sicht der europäischen Institutionen und Partner – offensichtlich: ohne eine eindeutige und nachhaltige Verankerung der Koordinationszuständigkeit in einem Ressort wird die Gefahr der Vielstimmigkeit deutscher Europapolitik fortbestehen.

10. Zugleich muß geprüft werden, wieweit der Auswärtige Dienst von Aufgaben entlastet werden kann. Alle Bundesministerien, ihre nachgeordne-

ten Behörden sowie die wichtigen wirtschaftlichen Verbände sind daraufhin zu überprüfen, welche der Funktionen, die bislang vom Auswärtigen Amt wahrgenommen werden, künftig an geeignete Institutionen ausgelagert werden können.

Die Herausgeber

Erwartungen der Politik an den Auswärtigen Dienst

Das Parlament

Christian Schmidt*

Außenpolitische Beziehungen eines Staates sind eine klassische Domäne der Exekutive. Nicht in erster Linie die Parlamente sind die Träger außenpolitischer Handlungen und Entscheidungen, sondern die Regierungen, die sich ihres Auswärtigen Dienstes bedienen. Dies gilt grundsätzlich auch für den Bundestag und die Bundesregierung. Dennoch hat der Bundestag auch in diesem Politikbereich eine umfangreiche Kontroll-, allerdings weniger eine Gestaltungsfunktion. Nicht zuletzt um die parlamentarische Anbindung der Außen- und Sicherheitspolitik auch verfassungsmäßig zu unterstreichen, hat der Verfassungsgesetzgeber der 1955 nahezu souverän gewordenen Bundesrepublik Deutschland im darauffolgenden Jahr mit der Einfügung des Artikels 45a im Grundgesetz den Auswärtigen Ausschuß und den Verteidigungsausschuß des Deutschen Bundestages verankert und diese damit dem Selbstorganisationsrecht des Deutschen Bundestages entzogen. Nur dem Europaausschuß ist es in späteren Jahren noch gelungen, eine derartige staatsorganisatorisch privilegierte Stellung zu erhalten. Schon damit wird deutlich, daß man in gewisser Weise von einer Parlamentarisierung der Außenpolitik sprechen kann. Allerdings werden auch gleich die gezogenen Grenzen dieser Entwicklung sichtbar: Trotz Verfassungsrang des Auswärtigen Ausschusses vermag es der Bundestag rechtlich in der Regel nicht, die Regierung zu gewissen außenpolitischen Handlungsweisen oder Positionen zu zwingen.

Mag auch der Auswärtige Ausschuß des Deutschen Bundestages im Vergleich zu den anderen Ausschüssen ein besonders hohes Ansehen genießen, so lehrt doch die parlamentarische Praxis, daß als parlamentarisch mächtig der Haushaltsausschuß, der Rechtsausschuß und in gewissem Rahmen auch der Verteidigungsausschuß (durch sein Selbstkonstituierungsrecht als Untersuchungsausschuß) empfunden wird, nicht jedoch der Auswärtige Ausschuß.

---

*   Christian Schmidt, Mitglied des Deutschen Bundestages seit 1990, Mitglied des Auswärtigen Ausschusses des Deutschen Bundestages seit 1991 und außen- und sicherheitspolitischer Sprecher der CSU-Landesgruppe im Deutschen Bundestag.

Dabei wird aber übersehen, daß in den vergangenen Jahren eine Art *schleichender Machtzuwachs* des Parlaments, hiermit vor allem des Auswärtigen Ausschusses, stattgefunden hat. Dieser Machtzuwachs ist die Folge der Rechtsprechung des Bundesverfassungsgerichts zu Auslandseinsätzen der Bundeswehr, das dem Parlament eine Schlüsselstellung bei diesen Entscheidungen zugestanden hat. Daß die Regierung in dieser Frage mit dem Parlament rechnen muß, hat in deutlicher Weise die Mazedonien-Entscheidung im August 2001 vor Augen geführt, die die Bundesregierung nur dadurch gewinnen konnte, daß der Bundeskanzler die Abstimmung mit der Vertrauensfrage verbunden hat. Das Parlament hat ein politisch wichtiges und außenpolitisch nicht zu unterschätzendes Instrumentarium erhalten, das es auch nutzt. Obwohl bis heute die im sogenannten *AWACS-Urteil* vom Bundesverfassungsgericht dem Parlament für eine gesetzliche Regelung des Verfahrens offengelassenen Spielräume nicht genutzt worden sind und deswegen das Parlament rechtlich nur über einen Antrag der Bundesregierung und nur mit ja oder nein entscheiden kann, sich also auch hier in einer Ratifizierungssituation befindet, ist dem Parlament und seinem in diesen Fragen federführenden Auswärtigen Ausschuß faktisch bereits eine Art Gestaltungsmacht zugewachsen. So hat die Bundesregierung bei der ersten Kosovo-Entscheidung in einem Schreiben an die Vorsitzenden der Bundestagsfraktionen zugesichert, den Bundestag nach einem Jahr mit dem Einsatz wieder zu befassen, wenn eine Fraktion dies wünscht, oder im Rahmen der Beratungen des Antiterroreinsatzes *Enduring Freedom* eine faktische Einengung des geographischen Einsatzrahmens durch eine Protokollnotiz vorgenommen.

Zwar ändert dies nicht sehr viel daran, daß sich im Aufgabenbereich des Auswärtigen Ausschusses immer noch die Dominanz der Exekutive widerspiegelt, weil Legislativfunktionen in der Außenpolitik eher begrenzt sind und sich Kontrolle jenseits gesetzgeberischer Arbeit in Anträgen und Anfragen des Parlaments und von Parlamentariern, Berichterstattungen der Bundesregierung und Empfehlungen an dieselbe erschöpft. Rechtlich bindenden Charakter haben solche Akte eben nicht. Lediglich eine politische Bindungswirkung ist gegeben. Diese kann allerdings im Einzelfall erhebliche Bedeutung gewinnen und stellt die zweite Quelle eines Bedeutungszuwachses des Parlaments in der Außenpolitik dar. Es bleibt einer wissenschaftlichen Aufarbeitung vorbehalten, beispielsweise die Rolle des Auswärtigen Ausschusses gegenüber der Bundesregierung während der ersten Jahre des Balkankonflikts zu untersuchen. Dabei träte zutage, daß aus den beiden großen Fraktionen CDU/CSU und SPD ungeachtet ihrer parlamentarisch gegensätzlichen Position de facto übereinstimmende Initiativen ausgegangen waren, Slowenien und Kroatien anzuerkennen. Erst danach hat die Regierung Kohl/Genscher ihr ursprüngliches Zögern in dieser Frage eben auch durch starken Druck aus dem Parlament überwunden. Ebenso sei an die Entschließung des Bundestags nach den Tian-an-men-Unruhen in Peking 1989 erinnert, in der sehr konkrete

Maßgaben für die Bundesregierung hinsichtlich ihrer Außen- und Entwicklungspolitik enthalten waren, die nachfolgend auch vom Parlament durchgesetzt wurden.

Die legislative Arbeit, also die klassische parlamentarische Arbeit, die allgemeingültige staatliche Normen schafft, reduziert sich im Falle des Auswärtigen Ausschusses auf die Gestaltung des rechtlichen Rahmens des Auswärtigen Dienstes sowie auf die Ratifizierung von internationalen Verträgen, Vereinbarungen und Übereinkünften. Diese Ratifizierungskompetenz hat ihre Begrenzung aber darin, daß sie Zustimmung oder Ablehnung festlegen kann, jedoch keine Gestaltungsmöglichkeit eröffnet.

Aus der parlamentarischen Praxis ist dem Verfasser kein einziger Fall erinnerlich, in der eine von der Bundesregierung geschlossene internationale Vereinbarung im Deutschen Bundestag abgelehnt worden wäre. Faktisch kommt das Parlament, wenn man so will, einfach immer zu spät, wenn es um die vertragliche Gestaltung auswärtiger Beziehungen geht. Allerdings empfanden die Bundestagsabgeordneten doch steigende Unzufriedenheit darüber, daß die Ratifizierung von völkerrechtlichen Verträgen eben einen nur theoretischen Gestaltungsspielraum bietet, als dieses Manko auf dem so bedeutungsvollen Feld der „Schaffung einer immer enger werdenden Union der Völker Europas" (Präambel des Maastricht-Vertrages) besonders augenfällig zutage getreten war. In der zwölften Legislaturperiode des Deutschen Bundestages hatte sich dieser entschlossen, zur Ratifizierung des Maastricht-Vertrages einen Sonderausschuß einzurichten, der sich in intensiven Sitzungen mit dem Vertragswerk beschäftigte. Verändern oder ergänzen konnte er den Vertrag natürlich nicht. So war es nicht überraschend, daß der Ausschuß nach den umfangreichen Beratungen zu dem bereits am Anfang feststehenden Ergebnis kam, daß dem Vertrag zugestimmt werden müsse. Lediglich für die innerstaatlichen Archive und Auslegungen (soweit der Vertrag überhaupt national verbindlich interpretiert werden kann) sind die Beratungen des Ausschusses interessant. In den rein nationalen Kontext gehört auch die damals umstrittene Frage, ob es einer Zustimmung des Bundestages mit Zweidrittelmehrheit bedürfe oder die einfache Mehrheit genüge. Im Parlament entwickelte sich das Gefühl, sozusagen nur Trockenschwimmkurse abhalten zu können. Auch aus dieser Triebfeder wurde das Engagement gespeist, anstelle des durch die Wiedervereinigung obsolet gewordenen Artikels 23 des Grundgesetzes eine Verfassungsregelung zu schaffen, die zumindest im europarechtlichen Bereich ein Informations- und Mitberatungsrecht des Bundestages bereits vor dem Treffen von Entscheidungen auf europäischer Ebene zuläßt, im Rahmen von Vertragsänderungen und bei sekundärem Gemeinschaftsrecht.

Je mehr sich die Europäische Union integriert, desto mehr wird sich allerdings dieses verfassungsrechtliche Unbehagen auf die Frage konzentrieren, inwieweit die Legitimität europäischer Entscheidungen über die nationalen

Parlamente verbindlich abgesichert werden muß oder ob hier mittelfristig dem Europäischen Parlament der Vorrang gebührt. Es ist nicht auszuschließen, daß es zu einer Zweiteilung im Europarecht kommt und in einem Kernbereich die nationalen Parlamente sogar eine stärkere Stellung erhalten werden als bisher. Das Europäische Recht, das heute eine Mischung aus Völkerrecht und innerstaatlichem Recht darstellt und eigentlich nicht mehr zwischenstaatlich, sondern supranational ist, könnte trotz seiner Sonderstellung auch Katalysator für eine Tendenz zu frühzeitiger als bisher erfolgenden parlamentarischen Verfahrensbeteiligungen in der gesamten Außenpolitik werden.

Auch aufgrund einer weiteren Entwicklung gewinnt das Parlament an Einfluß. Die klassischen Scheidelinien von Außen- und Innenpolitik, also der Gestaltung von auswärtigen Beziehungen einerseits und von innerstaatlicher Normen andererseits, sind wohl noch nie so massiv in Frage gestellt worden, wie das seit dem letzten Jahrzehnt der Fall ist. Die gegenseitigen globalen Abhängigkeiten im ökonomischen und ökologischen Bereich, die allzeitige Verfügbarkeit von nahezu allen Informationen über die Situation in anderen Teilen der Welt hat zu einer Aufweichung der Grenzlinien geführt. Dies ist im wahrsten Sinne des Wortes ja in unserem eigenen Lande mit erfreulichen Folgen passiert.

Darüber hinaus sind aber auch noch bestehende rechtlich-formal und faktisch „kontrollierte" Grenzen durchlässiger geworden. Dies macht sich eben und gerade bei den auswärtigen Beziehungen bemerkbar: Kommunikation läßt sich nicht mehr kanalisieren; die Funktion des Botschafters als des einzig autorisierten Übermittlers der Regierungsposition ist längst durchbrochen. Es besteht eine Vielfalt an Beziehungen zwischen anderen Regierungsvertretern, zwischen Fachministerien unmittelbar, zwischen Nicht-Regierungsorganisationen und eben auch im parlamentarischen Bereich. Insbesondere dort, wo sich gesellschaftliche Umbrüche an den Herrschaftsstrukturen vorbei entwickelt haben, war der per se eher statische diplomatische Dienst nicht die tragende Säule der Kommunikation. Vielmehr hatten parlamentarische Kontakte starken gestalterischen Einfluß auf die innere Gestaltung und äußere Orientierung der neu entstehenden Demokratien in den mittel- und osteuropäischen Staaten nach der Wende. Bis hin zu Verfassungsberatung, konkreten Gesetzgebungsvorschlägen etc. reicht die Palette von Aktivitäten, die von Parteien, Stiftungen und Parlamentariern entfaltet worden sind. In der Wendezeit 1989/90, vorher und auch nachher hat es eine Blüte der informellen Außenpolitik gegeben, an der viele Parlamentarier – erfolgreich – beteiligt waren. Im Vordergrund stand die Kontaktaufnahme mit Dissidenten, die Ermutigung und Unterstützung des antitotalitären und demokratischen Untergrunds vornehmlich in Mittel- und Osteuropa – Handlungsweisen und Risiken, die dem Diplomaten nicht gerade auf den Leib geschrieben sind, in die der unabhängige Parlamentarier sich oft leichter begeben konnte.

Alle diese dargestellten Entwicklungen haben Konsequenzen für das außenpolitische Selbstverständnis des Parlaments. Dieses geänderte Selbstverständnis und die geänderte Rolle werden wiederum Einfluß auf die Arbeit des Auswärtigen Dienstes haben, der mehr als je zuvor sozusagen immer mit einem Auge Parlament und Parlamentarier im Auge haben muß, um Außenpolitik zu konzipieren.

Kommunikation mit der jeweils anderen Seite ist also nicht mehr Monopol des Auswärtigen Dienstes; er kann sich der Hilfe von Parlament und Nicht-Regierungsorganisationen versichern, muß sich aber auch in eine neue Wettbewerbssituation einfügen.

Der zwischenzeitlich sehr positiv besetzte Begriff der *public diplomacy* greift zwar eigentlich nur einen Aspekt in diesem Zusammenhang heraus (nämlich Darstellung und meinungsbildnerische Einflußnahme auf das Bild vom eigenen Land durch „Direktansprache" der Öffentlichkeit des anderen Landes), kann aber pars pro toto auch verstanden werden als eine Öffnung des Diplomatischen hin zum Kommunikativen auf vielfältigen Ebenen. Der Auswärtige Dienst hätte mit einer Annäherung an diesen Begriff eine Chance, die eingetretenen Änderungen zwar als Herausforderung, aber auch als zukunftsträchtige Gestaltungsmöglichkeit zu verstehen. Ohne solch eine Öffnung wird er als Gestalter und Umsetzer der Regierungspolitik vorhersehbar Schwierigkeiten im Umgang mit dem Parlament bekommen.

Natürlich kann man daraus nicht folgern, daß nun alles dem öffentlichen Diskurs unterliegen sollte. *Public diplomacy* vollzieht in gewisser Weise nur nach, was in anderen politischen, ökonomischen und sozialen Bereichen bereits Realität ist: Macht und Einfluß haben die Kanäle der formalen Zuständigkeiten durchbrochen und suchen sich ihre Resonanzböden jenseits der Ufer in oft mäandrierender, schwer vorhersehbarer Weise. Politische Kunst bleibt es, sich diese Entwicklung so nutzbar wie möglich zu machen und sie mit ins Kalkül zu ziehen.

Es werden nachfolgend Überlegungen angestellt, wie sich der Auswärtige Dienst auf alle diese Veränderungen einstellen sollte und welche Rolle dabei das Parlament spielen kann. Es sei betont, daß es sich hier um eine parlamentarische Sicht handelt und nicht um die Sicht einer Nicht-Regierungsorganisation oder anderer Akteure. Insofern erhebt dieser Beitrag keinen Anspruch auf eine vollständige Neudefinition der Rolle des Auswärtigen Dienstes.

Nicht untersucht wird zudem die Frage, welche Auswirkungen die stärker werdende Einflußnahme des Europäischen Parlaments auf die Gestaltung der Gemeinsamen Außen- und Sicherheitspolitik (GASP) und auch die Europäische Integration an sich auf den Auswärtigen Dienst haben.

Die oben genannten Tendenzen führen zwar nicht unmittelbar zu einer Änderung der Rolle des Auswärtigen Dienstes. Sie sind aber Teil der Grundlagen, auf denen sich der Auswärtige Dienst zukünftig wird bewegen müssen.

Er wird sich zusammengefaßt mit einem selbstbewußteren, verfassungsrechtlich gestärkten Parlament auseinanderzusetzen haben, das eine höhere Dichte an Informationen verlangt und erwartet. Zudem wird der Auswärtige Dienst auf ein aktiveres Parlament treffen, das für sich bzw. für Parlamentarier, Ausschüsse und Fraktionen operative Aufgaben in den auswärtigen Beziehungen sieht. Gerade die in den Reformstaaten entstandenen neuen oder wiedergegründeten Parteien brauchen dringend Unterstützung in Form von Beratung bei der Errichtung von Organisationsstrukturen, politischer Programmatik und politischer Praxis, die von parlamentarischer Seite (oft gemeinsam mit den politischen Stiftungen) besser wahrgenommen werden können als von Diplomaten. Zwar wird diese Aufgabe in den kommenden Jahren etwas in den Hintergrund treten; dennoch werden diese parlamentarischen Kontakte bleiben und auch die auswärtige Politik der jeweiligen Länder mit beeinflussen.

Muß also der Diplomat Parlamentarier werden oder der Parlamentarier Diplomat? Sind wir alle Brüder und Schwestern in der Außenpolitik? Nein, darum kann es nicht gehen. Nach wie vor ist die Gestaltung der Außenpolitik in erster Linie Aufgabe der Regierung. Das Parlament ist kein Unterhändler und kann es nicht sein.

Im Zuge der Parlamentarisierung der auswärtigen Beziehungen werden aber die Kommunikationsstrukturen zwischen Parlament und Regierung verbessert werden müssen. Dies betrifft sowohl die formalisierte Befassung des Parlaments als auch die informelle Kommunikation. Neben der Beantwortung der Frage, wer wo wem welche Informationen zukommen läßt oder lassen muß – dies wird im Verhältnis zur Opposition immer in gewissem Rahmen Vertrauenssache bleiben –, wird es notwendig sein, daß Angehörige des Auswärtigen Dienstes und Parlamentarier ein größeres Verständnis für die Denkweisen und Handlungsstränge des jeweils anderen erhalten.

Um nicht mißverstanden zu werden: Es kann um kein wirklichkeitsfernes theoretisches Idealbild einer harmonischen Zusammenarbeit gehen. Vielmehr geht es um eine verbesserte Bereitschaft, sich gegenseitig als Partner, unter Umständen als Komplementär in der Umsetzung von außenpolitischen Positionen zu verstehen – nicht zuletzt deswegen, weil Außenpolitik insbesondere der persönlichen, verbindlichen Umsetzung bedarf.

Leider sind nach der Erfahrung des Verfassers weder in den Parteien noch im Bundestag ausreichend Strukturen vorhanden, die eine Koordinierung solcher Aktivitäten und auch eine Einbindung in die regierungsseitige Außenpolitik sicherstellen.

Deswegen kann man das Augenmerk nicht nur auf den Auswärtigen Dienst richten. Auch innerhalb von Parteien und Fraktionen müssen sich Dinge ändern. Beispielsweise wäre die Einrichtung von außenpolitischen Clearingstellen innerhalb der Fraktionen notwendig. Diese müssen wissen, wer was macht und wer sich gerade wo engagiert. Ein Beispiel, in dem solche

Clearingstellen (wie immer sie dann heißen mögen) dringend notwendig wären, ist die Afrikapolitik. Sie ist nicht nur Stiefkind der Außenpolitik, sondern es finden sich auch im Deutschen Bundestag kaum noch Abgeordnete, die sich um diesen Kontinent mit all seinen Problemen kompetent kümmern. Hier könnte eine solche Stelle, die über Auslandsaktivitäten einzelner Fraktionsmitglieder wirklich informiert ist und diese Informationen auch nutzt, sozusagen als Sensor dafür dienen, ob nicht doch verborgene Talente schlummern. Umgekehrtes gilt beispielsweise für die USA-Kontakte, die an ihrer großen Vielzahl und an fehlender Abstimmung leiden.

Allerdings ist es aufgrund der Individualität der Parlamentarier wohl sehr schwierig, solch eine Koordinierung von Auslandskontakten zu organisieren. Es muß hier an Verbesserungen und nicht an Optimallösungen gearbeitet werden. So laufen viele Kontakte organisatorisch über die politischen Stiftungen bzw. deren Außenvertretungen in anderen Ländern, ohne daß die jeweiligen Botschaften davon erfahren, und umgekehrt wird das diplomatische Wissen über eine Abgeordnetenreise manchmal wie Königswissen behandelt. Leider führt diese Duplizität teilweise zu Verstimmungen und zu manchmal nicht gerechtfertigten Bockigkeiten. Selbstverständlich sind Auslandskontakte auf Parteienebene nicht immer dazu angetan, das Auswärtige Amt und damit den Auswärtigen Dienst in einen umfassenden Informationsstand zu setzen. Allerdings fehlt eine Nutzbarmachung solcher Kontakte seitens des Auswärtigen Amtes nahezu völlig. In allen Fraktionen sind erfahrene Abgeordnete tätig, die über oft umfangreiche Kontakte in einzelnen Ländern oder in einzelnen Weltregionen verfügen. Viel zu wenig werden diese Parlamentarier in Anspruch genommen. Viel zu wenig werden sie gebeten, in Missionen unterstützend zu wirken, in denen gerade solche Kontakte hilfreich sein können. Neben einer gewissen Scheu, andere in die Karten schauen zu lassen, liegt dies auch daran, daß im Auswärtigen Dienst hierüber gar kein Bewußtsein besteht. Weniger die Kreation neuer als die Nutzung vorhandener Fähigkeiten ist also gefordert. Wenn sich mancher im Auswärtigen Dienst hierfür weiter öffnen würde als bisher, wäre aus parlamentarischer Sicht sehr viel erreicht.

Die geeignete Stelle, solche Angelegenheiten zu koordinieren, wäre das Parlaments- und Kabinettsreferat. Diese Referate sollten innerhalb des Auswärtigen Amtes als eine „Schaltstelle" gesehen werden, die Parlamentarier gut mit Informationen versorgt, aber auch Parlamentarier für spezielle Fragestellungen um Unterstützung bittet. Die in die jeweiligen Fraktionen entsandten Mitarbeiter des Auswärtigen Amtes sind dazu prädestiniert, eine Scharnierfunktion zu übernehmen. Sie kennen die Parlamentarier, wissen, wer welches spezielle Gebiet betreut, welche Aufgaben an wen herangetragen werden können, wie es mit sprachlichen Fähigkeiten des Abgeordneten bestellt ist und welche Kontakte er im Ausland hat. Sie sollten sich mit der Referatsleitung regelmäßig koordinieren und Kontaktrunden vorbereiten, an denen dann Abgeordnete und höhere Chargen des Auswärtigen Amtes teilnehmen und die eine regelmäßige Abstimmung der Aktivitäten und Initiativen zum Ziel haben sollten, soweit es deren Charakter als politisch unstrittig erlaubt. Die Entsendung von Mitarbeitern des Auswärtigen Dienstes in die Parlamentsfraktionen gewinnt so eine sehr große Bedeutung auch für die entsendende Behörde. Sie fördert das Verständnis für die nicht hierarchische Struktur des Parlaments einerseits und stellt eine sinnvolle notwendige Ergänzung der Parlaments- und Kabinettsreferate dar. Deswegen sollte dieses Instrument, von dem sowohl der Auswärtige Dienst als auch die Fraktionen profitieren, ausgebaut werden. So ist nach Ansicht des Verfassers eine personelle Verstärkung des Parlaments- und Kabinettsreferats zu erwägen.

Die bisherige Praxis zeigt übrigens, daß Loyalitätskonflikte eher theoretisch als praktisch auftreten. Empfehlenswert wäre, zukünftig Mitarbeitern des Auswärtigen Dienstes schon im Rahmen der Ausbildung oder später im Zeitraum von Verwendungen in der Zentrale Praktika in Parlamentsfraktionen bzw. im Ausschußsekretariat des Auswärtigen Ausschusses zu ermöglichen. Solche Praktika dürften nicht als lästige Angelegenheit abgewehrt werden. Sie sollten in keinem dienstlichen Lebenslauf eines Diplomaten des höheren Dienstes fehlen, sondern zur Voraussetzung für Beförderungen gemacht werden.

Praktika können und sollen auch bei den internationalen Abteilungen der politischen Stiftungen abgeleistet werden, weil sie für Parlamentarier ein großer Resonanzboden für ihre Aktivitäten sind. Mehr als vereinzelte personelle Verknüpfungen zwischen den Auslandsvertretern der politischen Stiftungen und den Botschaften oder Generalkonsulaten gibt es bisher nicht. Es wäre nach Ansicht des Verfassers sinnvoll, wenn darüber hinaus die Büros der internationalen Parteistrukturen, die sich auf europäischer bzw. internationaler Ebene entwickelt haben, Einsatzort von Beamten des Auswärtigen Dienstes wären. Mit den dort gewonnenen Erkenntnissen ließe sich sicherlich auch in manchen notwendigen Entscheidungen und Einschätzungen ein zutreffenderes Urteil abgeben, als dies heutzutage manchmal der Fall ist.

Zusammenfassend kann zur Frage der Verbesserung der praktischen Zusammenarbeit festgehalten werden, daß eine Vertiefung des Informationsstandes über die Potentiale des Parlaments als auch eine stärkere mentale Öffnung für parlamentarische Aktivitäten notwendig sind.

Daneben ist es aber auch angebracht, eine stärkere formale Verknüpfung zwischen Außenamt und Parlament herzustellen. Dazu gehört in erster Linie eine bessere Information des Parlaments durch die Regierung. Im Hinblick auf die im letzten Jahr sehr kritikwürdige und – höflich formuliert – zurückhaltende Informationspolitik der Bundesregierung im Zusammenhang mit den Auslandseinsätzen der Bundeswehr ist zu erwarten, daß Teil eines zukünftigen Bundeswehrentsendegesetzes auch die rechtliche Verankerung des Auskunfts- und Informationsanspruchs des Parlaments in solchen Angelegenheiten sein wird.

Dabei muß auch eine Verbesserung der Information in allgemeinen auswärtigen Angelegenheiten angestrebt werden. Es wäre beispielsweise sinnvoll, zukünftig die Botschafter, die wichtige Auslandsposten übernehmen, vor deren Ausreise im Auswärtigen Ausschuß über die Schwerpunkte ihrer Tätigkeit anzuhören, so daß sich der Ausschuß in einem offenen Dialog ein Bild davon machen kann, ob und in welcher Form der jeweilige designierte Botschafter für seine Aufgaben gut vorbereitet erscheint. Solch eine Art Anhörung oder Vorstellung dürfte nicht unter dem Tagesordnungspunkt „Bericht der Bundesregierung" stattfinden, sondern der Ausschuß müßte ein originäres Vorladungsrecht haben. Hier rührt man natürlich an einen schwierigen Punkt. Eine Parlamentszustimmung für die Entsendung von Botschaftern wie in den USA halte ich nicht für sinnvoll. Die USA haben mit diesem Instrument zwiespältige Erfahrungen gemacht. Aufgrund der oft mit anderen, innenpolitischen Überlegungen verknüpften Verhaltensweise des US-Kongresses mußten schon wichtige Botschafterposten beispielsweise auch in unserem Lande für lange Zeit unbesetzt bleiben. Dies schadet aber Einfluß und Ansehen des Landes. Insoweit ist es gerechtfertigt, an der bisherigen Regelung festzuhalten, daß das Auswärtige Amt die Personalentscheidungen trifft. Durch eine vor der Entscheidung des Bundeskabinetts liegende Anhörung im Ausschuß wäre aber auch der zukünftige Botschafter veranlaßt, in seinem Denken und Handeln das Parlament nicht zu übersehen.

Nachdem das Auswärtige Amt nunmehr mit dem einheitlichen Versetzungstermin im Juli arbeitet und seine Erfahrungen sammelt, wären solche Anhörungen auch konzentriert durchzuführen. Es wäre vorstellbar, daß sich der Auswärtige Ausschuß einen Tag Zeit nimmt, um in einer entsprechenden Abfolge die B9-Botschafter und gegebenenfalls nach einer Auswahl B6-Botschafter oder niedriger anhört und Stellungnahmen abgibt, die dem Bundeskabinett vorgelegt werden bzw. die vom Auswärtigen Amt zur Kenntnis genommen und kommentiert werden müssen.

Bis heute informiert das Auswärtige Amt das Parlament nicht förmlich über Personalveränderungen. Während es im Verteidigungsbereich gang und gäbe ist, daß über die bevorstehenden Funktions- und Kommandowechsel wenigstens schriftlich informiert wird, ist dies im auswärtigen Bereich unüblich. Dies läßt sich sehr einfach ändern.

In der weiteren Verfolgung der Tätigkeit im Ausland bietet sich darüber hinaus an, daß im Rahmen der jährlichen Botschaftertreffen in der Zentrale ein weiterer Tag als „Parlamentstag" eingeführt wird, der dem Parlament vorbehalten ist und in dem einerseits Botschafter aus aktuell oder strategisch interessanten Ländern dem Auswärtigen Ausschuß zur Verfügung stehen und darüber hinaus die Botschafter durch Teilnahme an einer Informationsrunde auch über den aktuellen parlamentarischen Diskussionsstand in den sie betreffenden Fragen auf dem laufenden gehalten werden. Dabei wäre allerdings das Parlament Veranstalter, um nicht vom Gutdünken der Leitung des Amtes abhängig zu sein.

Zur Sicherstellung einer nicht nur personalbezogenen, sondern auch sachlichen Information sollte ein umfassender Berichts- und Informationsanspruch für das Parlament verankert werden. Dieser Informationsanspruch sollte beinhalten, daß an wichtigen internationalen Konferenzen und Verhandlungen Vertreter des Parlaments als Beobachter oder beobachtendes Mitglied der deutschen Delegation teilnehmen. Man kann auch daran denken, daß bei der Verhandlung internationaler Verträge die Verhandlungsführer verpflichtet werden, dem Parlament Zwischenbericht zu erstatten. Das Parlament könnte so vor einem Vertragsschluß schon Einfluß nehmen und andererseits den Ratifizierungsprozeß beschleunigen.

Noch ein Wort zum Personal: Aus gutem Grund ist der diplomatische Dienst bei uns dem Prinzip des Berufsbeamtentums verpflichtet. Politische Berufungen von außen sind die Ausnahme. Als solche Ausnahmen sind die Botschafter Jenninger und Dressler sowie Botschafterin Seiler-Albring erwähnenswert. Soweit allerdings renommierte und qualifizierte Persönlichkeiten vor allem aus dem parlamentarischen Raum zur Verfügung stehen, können solche Ausnahmen in einem gewissen Rahmen durchaus vorkommen und sind zu begrüßen. Auch hier sollte sich der Auswärtige Dienst ein Stück weit öffnen, wenngleich die Aussicht nicht freuen dürfte, auf interessante Posten Externe gehoben zu sehen. Dies könnte aber zur Stärkung des Dienstes beitragen, da das antiquierte Image einer abgeschlossenen Kaste dadurch überwunden werden könnte und das Bild in positivem Sinne bunter würde.

Public diplomacy, oben schon erwähnt, hilft auch für die Skizze eines zukünftigen Leitbildes des Auswärtigen Dienstes aus parlamentarischer Sicht weiter. Dabei bedarf es eines größeren Maßes an Kreativität, als es bisher erkennbar war. Die übliche Auslandsreise eines Abgeordneten, die von der Deutschen Botschaft im Gastland vorbereitet wird, besteht aus Kontakten zwischen Parlamentariern und von Parlamentariern zur Regierung. Selten kommt es vor, daß Parlamentarier gebeten werden, bei öffentlichen Veranstaltungen aufzutreten, Diskussionen zu bestreiten oder auch Zielgruppen zu besuchen. Noch seltener sind Reisen oder Auftritte außerhalb der jeweiligen Hauptstädte. Vielleicht hängt dies damit zusammen, daß solche Formen der *public diplomacy* auch für die Angehörigen des Auswärtigen Dienstes ungewohnt sind. Medienschulung, Kommunikationstraining und Fragen der Public Relations müssen deswegen Bestandteil von Aus- und Fortbildung werden. Es würde auch weiterhelfen, wenn der Auswärtige Dienst sich einer gewissen Spezialisierung öffnet und Medien- und Kommunikationsexperten ausbildet oder anwirbt. Externe Fachleute – auch auf Zeit angestellt – könnten hier sehr hilfreich sein. Dies kann natürlich auch in Form der Beauftragung einer entsprechenden Agentur bestehen.

Neue Veranstaltungsformen wie beispielsweise bilaterale Seminare unter Einbeziehung der Wirtschaft und von Nicht-Regierungsorganisationen können dem Ziel der Verbreiterung der Wahrnehmung der Politik und der Interessen unseres Landes sehr dienen. Der Botschaft in Pressburg ist hier unter Nutzung von *public-private partnership* mehrfach Modellhaftes gelungen.

Ein weiterer, hier nicht im Detail untersuchter Komplex betrifft die Frage, ob im Bereich Europapolitik Spezialisierungen gefördert werden müssen, um die vielfältigen Fragestellungen bearbeiten können. Es muß befürchtet werden, daß der Auswärtige Dienst bei den Botschaften in EU-Ländern und bei der EU noch mehr von seiner Schlüsselstellung verlieren wird, um aus den verschiedenen Politikbereichen Fachvertreter aus anderen Häusern aufzunehmen. Allerdings darf auch das Parlament erwarten, daß ungeachtet der Frage, wo zukünftig die Europapolitik wie ressortiert, Koordinierung und Steuerung bei den Fachleuten vom Auswärtigen Dienst verbleibt.

Eine grundlegende, revolutionierende Veränderung des Auswärtigen Dienstes ist aus der Sicht des Parlaments also nicht notwendig. Einer Anpassung an die gewachsene Rolle des Parlaments – die man gutheißen mag oder nicht – bedarf es jedoch in kurzer Frist.

Das Wirtschaftsressort

Lorenz Schomerus*

I.

Die Rahmenbedingungen, unter denen der Auswärtige Dienst seine Aufgaben versieht, haben sich nicht erst in den letzten Jahren grundlegend verändert. Dieser Wandel berührt auch den Inhalt der Aufgaben. Bereits Walter Hallstein hat in den Jahren des Wiederaufbaus des deutschen Auswärtigen Dienstes nach dem Zweiten Weltkrieg darauf hingewiesen, daß Außenpolitik ganz wesentlich durch wirtschaftliche Fragen bestimmt wird. Hallstein meinte damit nicht nur den Prozeß der europäischen Integration, der damals auf wirtschaftlichem Feld begann.

Folgerichtig betonte 1971 die Kommission für die Reform des Auswärtigen Dienstes (die sogenannte Herwarth-Kommission): „Eine der dringendsten Anfangsaufgaben war es, der deutschen Wirtschaft die Märkte der Welt wieder zu öffnen. Die volkswirtschaftliche Berichterstattung und die Handelspolitik mit dem Schwergewicht der internationalen Zusammenarbeit gewannen stärkere Bedeutung".

Die Herwarth-Kommission umriß aber auch mit bemerkenswerter Präzision im Detail den sich abzeichnenden Wandel der Aufgaben und der Position des Auswärtigen Dienstes:

- Das bis dahin für die Diplomatie gültige Bild nationalstaatlicher, auf bestimmte Gebiete beschränkter Interessenpolitik gilt nicht mehr.
- Die tatsächliche Abhängigkeit der Staaten voneinander ist durch die auf den wissenschaftlichen und technischen Fortschritt beruhenden Entwicklungen und durch die Verflechtungen politischer, wirtschaftlicher und monetärer Art stärker geworden.
- Entscheidungen werden in supranationale Organisationen verlagert.
- Der technische Fortschritt hat manche klassischen Funktionen der Diplomatie in ihrer Bedeutung zurücktreten lassen.

---

* Dr. jur. Lozenz Schomerus, Staatssekretär a.D., bis 1999 im Bundeswirtschaftsministerium, zuständig für Außenwirtschaftspolitik.

– Es muß das Prinzip gelten, daß überall da, wo im Ausland Institutionen der Wirtschaft, wie insbesondere die Auslandshandelskammern, bestehen, diese die Aufgaben übernehmen, die sie selbst erfüllen können.

Jede dieser Feststellungen der Herwarth-Kommission hat heute mehr denn je ihre Berechtigung. Die damals beschriebenen Entwicklungen haben sich in den vergangenen 30 Jahren erheblich beschleunigt und intensiviert. Neue Sachverhalte sind darüber hinaus dazugekommen und haben zu nachhaltigen Veränderungen der Arbeits- und Wirkungsbedingungen des Auswärtigen Dienstes beigetragen.

II.

In der Folge dieser Entwicklungen haben sich die Anforderungen der Wirtschaft an die Dienstleistungen des Auswärtigen Dienstes nachhaltig verändert. Große, weltweit operierende Unternehmen und Wirtschaftsinstitutionen haben ein eigenes Netz der wirtschaftlichen Informationsbeschaffung aufgebaut. Sie nehmen durch hochprofessionelle Interessenvertretung Einfluß auf nationale Gesetzgebungen, Regulierungen und wirtschaftspolitische Entscheidungen. Ihr Zugang zu den Quellen der Meinungsbildung, der Entscheidungsprozesse und zu den Möglichkeiten der Öffentlichkeitsarbeit ist hoch entwickelt und konkurriert vielfach mit den Möglichkeiten der staatlichen Auslandsvertretungen. Banken, Wirtschaftsforschungsinstitute, Unternehmensberater und kommerzielle Informationsdienste liefern wirtschaftlich relevante Nachrichten und Analyse schneller, effizienter und zielgenauer, als dies durch die Wirtschaftsdienste der Botschaften möglich ist.

Für die Wirtschaftsdienste der Botschaften, jedenfalls in den wirtschaftlich fortgeschrittenen Ländern, tritt vor diesem Hintergrund die allgemeine wirtschaftliche Berichterstattung sowie die Erstellung von Gesamt- und Sektoranalysen stark zurück hinter dem Erfordernis aktueller und originärer Informationen, die von anderer Seite nicht zu erhalten sind.

Die Auslandshandelskammern, kommerzielle Wirtschaftsdienste und Interessenvertretungen haben aus Sicht der Wirtschaft immer häufiger den Vorteil, daß sie in der Lage sind, „auf Knopfdruck" zu reagieren und auf spezielle Bedürfnisse von Unternehmen und Gruppen ausgerichtete (maßgeschneiderte) Informationen und Analysen zu liefern. Dies ist vor allem für die auf Auslandsmärkten engagierten kleinen und mittleren Unternehmen von Bedeutung, da sie in der Regel über keine eigenen Strukturen für Informationsbeschaffung, Analyse und Lobbying im Ausland verfügen.

Auch außerhalb des Bereichs der Wirtschaft im engeren Sinne sieht sich der Auswärtige Dienst durch verschiedenste Konkurrenten herausgefordert. Medien übernehmen die politische Berichterstattung. Nicht-Regierungsorganisationen knüpfen in „diplomatischer" Weise weltweite Beziehungsnetze mit Wirtschaft, Behörden und politischen Institutionen. Mitarbeiter praktisch aller Fachministerien reisen zu Verhandlungen, die im klassischen Verständnis des Auswärtigen Dienstes Diplomaten vorbehalten waren. Der Auswärtige Dienst und seine Mitarbeiter haben ihre Funktion als alleinige Vermittler staatlich/politischer Auslandskontakte verloren.

Zu den neu hinzugekommenen außenpolitischen Akteuren gehören übrigens auch die Bundesländer. Abstimmungsprozesse zwischen dem Freistaat Bayern und Österreich sind in manchen Fällen enger als entsprechende Prozesse im Verhältnis zwischen Bayern und anderen deutschen Bundesländern. Und es ist sicher nicht zu Unrecht festgestellt worden, daß zum Beispiel Hamburg mehr mit Kopenhagen zu tun hat als mit München.

III.

Die Vielfalt der außenpolitischen Akteure ist für die im Ausland tätigen deutschen Unternehmen relevant. Denn viele der neu entstehenden Netzwerke wirken mehr oder weniger stark auch auf die politischen, gesetzgeberischen, regulatorischen Rahmenbedingungen ein, unter denen die Unternehmen im Ausland operieren. Die große Zahl außenpolitischer Akteure führt dazu, daß es eine auf den Auswärtigen Dienst zentrierte Außenpolitik nur noch im begrenzten Umfang gibt.

Die Weltinnenpolitik, die sich mit zunehmender Geschwindigkeit entwickelt, bedeutet, daß heute faktisch keines der klassischen innenpolitischen Ressorts seinen politischen Auftrag mehr wahrnehmen kann, ohne in dem ihm zugewiesenen Gestaltungs- und Verantwortungsbereich auch Außenbeziehungen zu entwickeln und außenpolitisch tätig zu werden. Speziell aus der Sicht der Wirtschaft gewinnt dieses notwendige außenpolitische Engagement von Fachressorts deshalb besondere Bedeutung, weil Rahmenbedingungen für weltweite wirtschaftliche Tätigkeit durch diese Aktivitäten gesetzt werden.

Dies gilt nicht nur für internationale Handelsverhandlungen durch das Bundesministerium für Wirtschaft und Technologie. Auch die Vielzahl formeller und informeller Kommissionen, Expertengremien und Fachkonferenzen lassen Netzwerke entstehen, in denen sich internationale Abstimmungsprozesse, Konfliktlösungsmechanismen und Regelwerke entwickeln.

Weltinnenpolitische Netzwerke, Abstimmungsprozesse, Informationskanäle entstehen mit zunehmender Geschwindigkeit und in immer größerer Vielfalt. Die Vermutung liegt nahe, daß ein vollständiger Überblick über diese Entwicklung kaum noch existiert oder doch wenigstens zunehmend schwieriger zu gewinnen ist. Eine Gesamtübersicht über die politisch relevanten Beziehungen Deutschlands mit dem Gastland wird für deutsche Auslandsvertretungen immer weniger zu realisieren sein. Entsprechendes gilt für die Koordinierungsmöglichkeiten der Zentrale des Auswärtigen Dienstes in Berlin.

Eingespielte außenpolitische Verhaltensweisen und Rollenkonzepte sind somit von der internationalen Entwicklung überholt. Dies gilt vor allem auch für das klassische Bild der wirtschaftlichen Interessenvertretung durch Botschaften und Konsulate. Sicher bleibt es wichtig, in Einzelfällen politische Türöffnerfunktionen zu übernehmen. Dies gilt sicher dann, wenn für deutsche Unternehmen wichtige Auftragsvergaben im Gastland stark politisch beeinflußt werden. In vielen Fällen ist es jedoch ungleich wichtiger, Einfluß zu nehmen auf die Gestaltung von Rahmenbedingungen wirtschaftlichen und unternehmerischen Handelns durch die Netzwerke der Standardisierungsorganisationen, der Umweltpolitiker, der Agrarpolitiker, der Sicherheitspolitiker wie auch der Rechts- und Wettbewerbspolitik. Diese Einflußnahme vollzieht sich in der Regel im direkten Kontakt mit den Experten der Fachressorts, die ihrerseits außenpolitisch tätig sind.

In diesen Prozessen der Einflußnahme und der Abstimmung ist eine flächendeckende Koordinierung durch den Auswärtigen Dienst faktisch unmöglich geworden. Auf vielen Feldern dürfte sie auch nicht zwingend notwendig sein. Wenn die Handlungsbedingungen der Weltinnenpolitik Fachressorts zwingen, ihre politische Verantwortung auch durch Aufbau und Pflege grenzüberschreitender Beziehungen wahrzunehmen, so bedarf dies nicht der lückenlosen Koordinierung durch Diplomaten. Eine aktiv verstandene Arbeitsteilung ist wie unter klassischen innenpolitischen Bedingungen völlig sachgerecht und ausreichend.

Sicher gibt es außenpolitische Grundlinien, Wertentscheidungen und Strategien, die zu beachten sind und die eine koordinierende Verantwortung des Auswärtigen Dienstes erfordern. Diese Notwendigkeit einer Koordinierung durch den Auswärtigen Dienst besteht aber auch auf einigen sehr spezifischen und technischen Gebieten. So beispielsweise auf dem Feld der Kontrolle des Exports sensibler Produkte oder bei der staatlich unterstützten Finanzierung vor allem von größeren Projekten, die im Ausland oder Inland aus den unterschiedlichsten Gründen umstritten sind. Dabei darf aber nicht übersehen werden, daß es dem Auswärtigen Dienst vielfältig erschwert wird, diese koordinierende Verantwortung wahrzunehmen. Dabei spielen vielfältige Elemente eine Rolle.

Da ist zunächst der natürliche Egoismus von Ressortapparaten und die ebenso natürliche Abneigung von Experten, sich von fachfremden Generalisten in vermeintlich reine Sachfragen hineinreden zu lassen. Aber nicht nur dies. Die Experten der Fachressorts arbeiten mit ihren Kollegen in anderen Hauptstädten auf der Basis täglicher direkter Telefon-, Fax- und E-mail-Kontakte sowie persönlicher Begegnungen zusammen. Diese Verbindungen laufen sowohl an den nationalen außenpolitischen Institutionen als auch an den Vertretungen im Ausland völlig vorbei. Damit entfallen oft die Möglichkeiten, einen wirklichen außenpolitischen Abstimmungs- und Koordinierungsbedarf rechtzeitig zu entdecken und zielgerichtet einzugreifen. Aus langjähriger fachlicher Zusammenarbeit mit ausländischen Kollegen entwickelt sich ganz natürlich vielfach auch persönliche Solidarität. Diese Solidarität der Experten, die international oft nur sehr kleine und überschaubare Gruppen bilden, ist ein weiteres Element, das Koordinierung erschwert. Wer als lästig empfundene Einmischung unter vermeintlich fachfremden Gesichtspunkten betreibt, wird nicht selten solidarisch „weggebissen".

IV.

Es wäre eine Illusion anzunehmen, daß diese Entwicklungen, die auf den ersten Blick die Wirkungsmöglichkeiten des Auswärtigen Dienst einzuschränken scheinen, sich rückgängig machen lassen. Alles spricht dafür, daß die hier skizzierten Trends zu einer Weltinnenpolitik sich nicht zuletzt im Hinblick auf die Gestaltung wirtschaftlich relevanter Rahmenbedingungen und Regulierungen fortsetzen werden. Aus Sicht der Wirtschaft stellt sich dabei vor allem die Frage, welche institutionellen Vorkehrungen notwendig sind, um internationale Rahmenbedingungen und Regulierungen zu schaffen, die verantwortliches wirtschaftliches Handeln ermöglichen.

In welchem Maße sich dabei Innenpolitik und außenpolitisch verhandelte Regelwerke gegenseitig durchdringen, hat sich bereits in den vergangenen sogenannten handelspolitischen Verhandlungsrunden der Welthandelsorganisation (WTO) gezeigt. Klassische Handelspolitik an den nationalen Grenzen – vor allem Zölle und mengenmäßige Beschränkungen – haben von Runde zu Runde im Themenkatalog der Verhandlungen an Bedeutung verloren. Im gleichen Maße sind Themen in den Vordergrund gerückt, die nach klassischer Einteilung dem innenpolitischen Feld zuzurechnen sind: Wettbewerbspolitik, Steuer- und Subventionsfragen, arbeits- und sozialpolitische Themen, Urheberrecht, Geistiges Eigentum sowie arbeitsmarkt- und sozialpolitische Fragen.

Diese Entwicklung erfordert neben der Koordinierung dort, wo außenpolitische „rote Linien" berührt sind, eine ganz andere Koordinierung: die rechtzeitige Analyse der Auswirkung möglicher Verhandlungsergebnisse auf das innerstaatliche Regelwerk der beteiligten Staaten: Eine Wertung und Analyse der durch denkbare Verhandlungsergebnisse notwendig werdenden innenpolitischen Weichenstellungen. Agrarpolitische Themen und Arbeitsmarktfragen (z.B. grenzüberschreitender Handel mit Dienstleistungen) sind hier nur die Spitze eines Eisberges. Die Wirtschaft ist in diesem Kontext stärker an einer ausgewogenen ordnungspolitischen Koordinierung der deutschen Verhandlungsposition interessiert als an außenpolitischer Koordinierung. Auch dies stellt neue Anforderungen an einen nur bei oberflächlicher Betrachtung außenpolitischen Koordinierungsprozeß, in dem spezifisch außenpolitische Fragen nur eine Teilmenge sind.

V.

Die geschilderten Entwicklungen bedingen eine sehr grundsätzliche Neubewertung der Rolle des Auswärtigen Dienstes und strukturelle Veränderungen im Verhältnis des Dienstes zu den Fachressorts, die über bisherige Anpassungen an neue Entwicklungen hinausgehen. Selbstverständlich hat es in den vergangenen Jahrzehnten kontinuierliche Reaktionen des Auswärtigen Dienstes auf die gewandelten Rahmenbedingungen seiner Tätigkeit und auf die veränderte Aufgabenstruktur gegeben.

Was zukünftig notwendige Reformen anbetrifft, lohnt sich – jedenfalls was die Vertretung wirtschaftlicher Interessen anbetrifft – abermals ein Rückblick auf die Empfehlungen der Herwarth-Kommission. Ein Eckpunkt ihrer Empfehlungen ist das *outsourcing* wirtschaftsrelevanter Tätigkeiten der Auslandsvertretungen. Die Übertragung wirtschaftlich relevanter Vertretung deutscher Interessen auf Auslandshandelskammern und der Informationssammlung und Aufbereitung auf spezialisierte Institutionen sind unverändert richtige und notwendige Maßnahmen. Sie dienen übrigens auch den Erfordernissen der Einsparung von Haushaltsmitteln. Denn Institutionen wie Auslandshandelskammern oder die Delegierten der deutschen Wirtschaft können in sehr viel stärkerem Maße, als Botschaften und Konsulate dies tun können, auf hochqualifizierte Ortskräfte im Gastland zurückgreifen. Sie kommen daher mit mehrfach geringeren Personalkosten als personell gleich stark besetzte diplomatische Vertretungen aus, ohne daß darunter die Qualität der für die deutsche Wirtschaft relevanten Dienstleistungen leidet.

Das *outsourcing* außenpolitischer Aufgaben dürfte übrigens auch im Innern relevant werden. Der Rezeptionsraum für außenpolitische Vorgänge und Entscheidungen weitet sich unter den Bedingungen der Globalisierung auch innerhalb der wirtschaftlich relevanten Industrieländer immer stärker aus. Damit wächst die Notwendigkeit, auch zu Hause solche Institutionen zu fördern, die außenpolitische Ideen generieren und entsprechende Sachfragen thematisieren. Dazu gehören neben den Nicht-Regierungsorganisationen Universitäten und spezialisierte „Think tanks". Auch die großen Wirtschaftsverbände müssen verstärkt ermutigt werden, außenpolitische Verantwortung zu übernehmen. Es kann für diese Institutionen in der heutigen Zeit nicht mehr nur darum gehen, parochiale Interessen zu wahren. In den großen politischen

Foren, seien es die Europäische Union oder die Vereinten Nationen und ihre Unterorganisationen, haben auch Lobbys ihren Platz. Denn wenn die politische Gegenwart dort abwesend ist, trifft dies letztlich auch die Interessen der Wirtschaft. Ganz allgemein gilt: es müssen mehr außenpolitische Ideen in den Topf der öffentlichen Diskussion geworfen und erörtert werden. Und dies gilt eben nicht nur für traditionelle außenpolitische Themen wie Sicherheits- und Menschenrechtspolitik. Notwendig ist mindestens gleichermaßen Information, Aufklärung und Diskussion über die Rückwirkung von Außenpolitik und Außenwirtschaftspolitik auf die Bedingungen des wirtschaftlichen Handelns innerhalb Deutschlands.

VI.

Die Empfehlungen der Herwarth-Kommission haben allerdings die wechselseitige Durchdringung innen- und außenpolitischer Verantwortungen in allen Ressorts der Bundesregierung noch nicht in dem Maße zur Kenntnis nehmen können, in dem sie sich in den letzten Jahren tatsächlich entwickelt haben. Es bedarf einer breiteren Bewertung möglicher Optionen für neue Strukturen im Auswärtigen Dienst.

Bewährtes sollte erhalten und ausgebaut werden. Das heißt, das *outsourcing* wirtschaftsrelevanter Dienstleistungen an Institutionen der Wirtschaft muß konsequent ausgebaut werden. Dabei dürften die erwähnten Kosteneinsparungen und die längere Verweildauer der Mitarbeiter beispielsweise der Auslandshandelskammern beträchtliche Produktivitätsgewinne mit sich bringen. Zu einem effizienten und den Interessen sowohl des Auswärtigen Dienstes als auch der Wirtschaft dienenden *outsourcing* gehört auch, daß die Wirtschaftsabteilungen der Botschaften und Konsulate einerseits und die Institutionen der Wirtschaft andererseits sich in der täglichen Arbeit vor Ort nicht – wie es immer noch häufig vorkommt – als Rivalen empfinden, sondern daß sie komplementär zusammenarbeiten und nachhaltige Synergieeffekte erzielen.

Zu den bewährten Praktiken der vergangenen Jahre gehört sicher der Personalaustausch zwischen dem Auswärtigen Dienst, der Wirtschaft und den Fachressorts. Allerdings hat die bisher geübte Praxis des Personalaustausches zunehmend sichtbare Schwächen. In der Mehrzahl der Fälle findet der Austausch in Form mehr oder weniger langer, aber in der Regel eben nur einmaliger „Schnupperkurse" statt. Die dabei gewonnenen Kenntnisse, Erfahrungen und Einblicke werden meist nicht systematisch aufgefrischt und verlieren sich im Laufe der Zeit. Auch das Gefühl der Zugehörigkeit zu einer der beteiligten Institutionen und einseitige institutionelle Loyalität bleiben meist erhalten. Dies mindert die positiven Effekte des Personalaustausches.

Notwendig erscheint immer dringender die dauerhafte Ansiedlung außenpolitischer Sichtweisen und international einsetzbaren Sachverstandes in den vielfältigsten wirtschaftlich und innenpolitisch tätigen Institutionen. Was damit gemeint ist, illustriert unter anderem ein Vorschlag, mit dem der Abgeordnete Pflüger in letzter Zeit hervorgetreten ist: er regte eine „parlamentarische Frühwarnstelle" in Brüssel an, in der international geschulte Mitarbeiter Richtlinien und Dokumente frühzeitig daraufhin untersuchen, inwieweit nationale Themen berührt sind, um das deutsche Parlament rechtzeitig informieren zu können. Dieser Vorschlag macht deutlich, daß scheinbar selbst die exzellent besetzte Ständige Vertretung Deutschlands in Brüssel die Fülle des Informationsbedürfnisses politischer und wirtschaftlicher Akteure in Deutschland nicht befriedigen kann. Dieser Hinweis sollte keinesfalls als Kritik gewertet werden, sondern als ein Beispiel dafür, wie groß das Bedürfnis nach eigenem außenpolitischem Sachverstand offenbar selbst bei einer so typisch innenpolitischen Institution wie dem Parlament ist.

Personalaustausch der Zukunft muß diesem Bedürfnis Rechnung tragen. Das heißt, fachlicher Sachverstand und außenpolitische Erfahrung und Praxis müssen stärker, als dies bisher der Fall sein konnte, ineinander verschränkt werden. Dies kann in mehrfacher Weise geschehen. Einmal sollten Mitarbeiter des Auswärtigen Dienstes länger als bisher und auch zu wiederholten Malen in die Apparate anderer Ressorts, aber auch von Unternehmen und Verbänden eingegliedert werden. Dies wird wohl nicht ohne Veränderungen in der Karrierepraxis und den Laufbahnregeln des Auswärtigen Dienstes möglich sein. Es wird voraussetzen, daß Mitarbeiter des Auswärtigen Dienstes die Notwendigkeit akzeptieren, anstelle einer Auslandsverwendung häufiger in Institutionen im Inland ihren Dienst zu tun, aber auch in den Vertretungen anderer deutscher Akteure im Ausland.

Spiegelbildlich sollten Wirtschaftsunternehmen und Verbände auf entsprechender Basis Mitarbeiter an den Auswärtigen Dienst ausleihen können, ohne daß dies den betroffenen Mitarbeitern im entsendenden Unternehmen oder Verband zum Karrierenachteil wird, was heute leider noch oft der Fall ist. Es wäre sicher auch nicht von Nachteil, wenn profilierte und international anerkannte Wirtschaftsmanager zu hohen diplomatischen Aufgaben herangezogen würden. Die Zeiten, in denen außerhalb der Verwaltung nur ehemalige Botschafter für würdig befunden wurden, sich zu außenpolitischen Fragen sachverständig zu äußern, sollten endgültig vorbei sein. Im Interesse einer zunehmenden wechselseitigen Durchdringung innen- und außenpolitischer Erfahrung und Problemkenntnis dürfte es sich auch empfehlen, aus dem Reservoir international erfahrener und anerkannter Beamter der Fachministerien und der Bundesländer leitende Positionen des Auswärtigen Dienstes im In- und Ausland zu besetzen.

In diese Richtung einer stärkeren Verschränkung zwischen außen und innen weist bereits die Tatsache, daß in vielen Auslandsvertretungen die Zahl der nicht aus dem Auswärtigen Dienst stammenden Mitarbeiter ständig wächst und in einigen Fällen die Zahl der „geborenen" Diplomaten sogar überschreitet. Auch dieser Trend sollte fortgeführt werden. Wenn dies konsequent geschieht und gelegentliche Entsendungen ins Ausland in den Fachressorts nicht nur als Belohnung oder als Abschiebemöglichkeit verstanden werden, dann wird im Laufe der Zeit in den Fachressorts ein Reservoir an Mitarbeitern entstehen, die Verständnis für außenpolitische Sachzusammenhänge, Verfahrensweisen und Verhandlungstechniken haben und die fähig sind, sich im internationalen Raum sprachlich und entsprechend der jeweils geltenden Gepflogenheiten zu bewegen.

Ebenso notwendig wird es sein, daß die Fachministerien bereits bei der Rekrutierung ihrer Mitarbeiter besonderes Augenmerk darauf richten, daß die Nachwuchskräfte in fachlicher und sprachlicher Hinsicht für internationale Aufgaben geeignet sind und auch die Bereitschaft mitbringen, damit verbundene Belastungen zu akzeptieren. Dies wird dann in der Folge auch für die Aus- und Weiterbildung sowie für die Verwendungs- und Karriereplanung zu berücksichtigen sein.

VII.

Einer besonderen Überlegung bedarf die Unterstützung und Begleitung des deutschen Mittelstandes bei seinen Auslandsaktivitäten.

Für die deutsche Wirtschaft sind das Auslandsengagement und die Exportaktivität der kleinen und mittleren Unternehmen von besonderer Bedeutung. In kaum einem anderen Industrieland gibt es mehr kleine und mittlere Unternehmen, die in der einen oder anderen Form auf Auslandsmärkten tätig sind. Durch die Globalisierung und durch die Notwendigkeit, neue Märkte zu erschließen, wächst für diese Gruppe deutscher Unternehmen der Zwang, sich im Ausland zu engagieren. Trotz der großen Erfolge vieler kleiner und mittlerer Unternehmen auf Auslandsmärkten stellen auch neuere Untersuchungen fest, daß es der Mehrzahl der mittelständischen Gesellschaften im Auslandsgeschäft an Professionalität fehlt. Selbst in Branchen wie Information und Telekommunikation und im Mediensektor, die allgemein als geborene Globalisierer angesehen werden, gibt es bei der Internationalisierung noch eklatante Defizite.

Dies bedeutet, daß kleine und mittlere Unternehmen bei ihren Bemühungen, ausländische Märkte zu erschließen, einer besonderen Unterstützung bedürfen, die intensiver und anders sein muß als die Hilfestellungen, die große und international erfahrene Unternehmen in Anspruch nehmen.

Für die kleinen Unternehmen ist es vor allem wichtig, möglichst in der Nähe des Standortes ihrer ausländischen Aktivitäten Institutionen vorzufinden, die ihnen beim Erwerb notwendiger Markt- und Kulturkenntnisse behilflich und die in der Lage sind, bei der Überwindung bürokratischer Probleme mit lokalen und regionalen Behörden zu helfen. Einen beträchtlichen Teil dieser Dienst- und Hilfsleistungen können die deutschen Auslandshandelskammern, die Delegierten der deutschen Wirtschaft und die Außenstellen dieser Einrichtungen erbringen.

In vielen Fällen ist darüber hinaus die Hilfe deutscher staatlicher Institutionen notwendig. Vor diesem Hintergrund wäre es besonders aus der Sicht der deutschen mittelständischen Wirtschaft eine Fehlentwicklung, wenn sich die Tendenz zur Schließung deutscher Konsulate im Ausland fortsetzen sollte. Gerade kleine und mittlere Unternehmen sind im Ausland oft nicht landesweit, sondern nur an einzelnen Standorten und Regionen tätig. Dort benötigen sie die vielfältigen konsularischen Dienstleistungen, die im Unternehmensalltag notwendig werden, in möglichst erreichbarer Nähe. Für mittelständische Unternehmen ist die Erreichbarkeit konsularischer Dienste häufig ungleich wichtiger als politische Unterstützung durch die Botschaften in den Hauptstädten.

VIII.

Welche Handlungsnotwendigkeiten für die Anpassung des Auswärtigen Dienstes an die veränderten Rahmenbedingungen seiner Tätigkeit und an die veränderte Struktur seiner Aufgaben zeichnen sich ab? Die hier dargestellten Überlegungen deuten in folgende Richtung:

1. Eine Gesamtübersicht über die internationalen Aktivitäten aller Bundesministerien, ihrer nachgeordneten Behörden, der Bundesländer sowie der wichtigen wirtschaftlichen Verbände ist schon deshalb notwendig, um einen Überblick darüber zu erhalten, wer die Adressaten einer wie auch immer gearteten außenpolitischen Koordinierung sein sollten. Das in der Europäischen Union eingeführte COREU-System könnte hier eine Anregung sein.

2. Auf der Grundlage einer derartigen Übersicht sollte konsequent geprüft werden, welche der Aufgaben, die bislang von Institutionen des Auswärtigen Dienstes wahrgenommen werden, in Zukunft geeigneten Institutionen übertragen werden können. Derartige Überlegungen sollten unvoreingenommen und ohne die Befürchtung angestellt werden, das Gewicht des Auswärtigen Dienstes werde dadurch gemindert. Denn das eigentliche Problem ist nicht ein Ausbluten traditioneller diplomatischer Aufgaben, sondern eine Überfrachtung des Auswärtigen Dienstes mit neuen Aufgaben, die sich aus den Zwängen der Globalisierung ergeben. Dem

Auswärtigen Dienst muß der Freiraum geschaffen werden, sich auf die außenpolitischen Aufgaben zu konzentrieren, die auch in Zukunft nur von ihm wahrgenommen werden können oder die zwingend der außenpolitischen Koordinierung bedürfen.

3. Die außenpolitischen Aktivitäten und Netzwerke der Fachministerien, Wirtschaftsinstitutionen und anderer Akteure sollten nicht als eine Gefahr für die Rolle des Auswärtigen Dienstes angesehen werden, sondern als eine Chance, durch die Entwicklung einer neuen Kooperationskultur auch die deutschen wirtschaftlichen Interessen im Ausland effizienter zu wahren.

4. Kooperationskultur und nicht Zuständigkeitsdenken gewährleistet die optimale Nutzung der Netzwerke, die inzwischen faktisch alle staatlichen und wirtschaftlichen Institutionen um die Welt geknüpft haben.

5. Die Ansiedlung außenpolitischen Sachverstandes in Fachministerien und anderen Institutionen erscheint als ein tragendes Element der notwendigen Kooperationskultur.

   Dieser Prozeß wird Anpassungen des Laufbahnrechts sowie der Personalentwicklungs- und der Karriereplanung im Auswärtigen Dienst erforderlich machen.

   Parallel dazu müssen auch die Fachressorts ihre Rekrutierungseinsatz- und Personalentwicklungsplanungen der Notwendigkeit anpassen, daß heute kein Ressort mehr ein reines Binnenressort ist.

6. Zusätzlich zu den strukturellen und personalwirtschaftlichen Anpassungen an die Herausforderungen der Zukunft sollte der Auswärtige Dienst strategische Linien vorgeben, die in die auslandsbezogenen Sachpolitiken der Fachministerien eingehen. Umgekehrt muß dies auch durch Fachministerien geschehen.

   Beispielsweise schaffen die internationalen Verhandlungen der meisten Fachministerien Faktoren, die sich auf die Operationsbedingungen deutscher Unternehmen im Ausland und im Inland mittelbar oder unmittelbar auswirken. Es wäre daher im Interesse der Wirtschafts- und Außenwirtschaftspolitik, ordnungspolitische Leitlinien zu formulieren, die ebenso wie außenpolitische Leitlinien als Orientierung aller Ressorts dienen.

7. Was institutionelle Vorkehrungen zur Unterstützung der geschilderten Anpassungen anbetrifft, so gibt es sicher vielfältige Optionen.

   Denkbar wäre nach dem Vorbild anderer Länder, in den Fachministerien als eine gesonderte Einheit die Institution „diplomatischer Berater" zu schaffen. Diese Berater wären organisatorisch und hierarchisch so anzusiedeln, daß sie sich mit der notwendigen Autorität in Diskussions- und Entscheidungsprozesse einschalten und, wo erforderlich, die Beachtung außenpolitischer Notwendigkeiten gewährleisten. Sie sollten aber nicht in dieser Beraterfunktion von Einzelweisungen des Auswärtigen Dienstes abhängig sein, da dies ihre Integrations- und Kooperationsfähigkeit im Ressort beeinträchtigen könnte.

Auch die Einrichtung einer Leitstelle im Auswärtigen Amt oder im Kanzleramt könnte alternativ oder kumulativ sinnvoll sein.

8. Die kommunikativen Fähigkeiten und Verhandlungskompetenzen, die die Mitarbeiter des Auswärtigen Dienstes auszeichnen, müssen auch in den Fachressorts konsequent entwickelt werden. Dies wird übrigens nicht nur den Auslandsaktivitäten dieser Ressorts zugute kommen, sondern auch der Herausbildung der heute vielfach noch fehlenden Kooperationskultur zwischen den Institutionen der Bundesregierung.

Die Entwicklungspolitik

Volkmar Köhler*

In den mehr als 50 Jahren des Bestehens der Bundesrepublik Deutschland und ihrer Regierungsordnung haben sich die Strukturen außenpolitischen Handelns aus vielerlei Gründen erheblich ausgedehnt und über den Bereich klassischer Außenpolitik hinaus verbreitet. In der gleichen Zeit kam es zu einer Vermehrung politischer Querschnittsaufgaben, in denen sich auch die gestiegene weltpolitische Verantwortung des Landes spiegelt. Obwohl überwiegend außenpolitisch bedingt, reicht ihre Wirkung weit über die traditionelle Außenpolitik hinaus. Die Folge sind erhebliche Steuerungsprobleme. Die nachfolgenden Überlegungen sollen, vor allem aus der Sicht der Entwicklungspolitik, zu einer angemessenen Definition der Zukunftsaufgaben des Auswärtigen Dienstes beitragen.

I. Der gewachsene Ist-Zustand

1. Die Situation des Auswärtigen Amtes

Nach der „Geschäftsordnung der Bundesregierung" ist das Auswärtige Amt (AA) für die Gesamtheit der deutschen Außenbeziehungen zuständig. Vertreter auswärtiger Regierungen und zwischenstaatlicher Einrichtungen sollen nur nach vorheriger Abstimmung mit ihm empfangen und Verhandlungen mit dem oder im Ausland nur mit seiner Zustimmung bzw. auf Verlangen mit seiner Mitwirkung geführt werden. Es gibt nur eine einzige Einschränkung: Das Kanzleramt kann auf der Basis der Richtlinienkompetenz Problemfelder an sich ziehen. Die heutige Realität entspricht diesen Prinzipien nicht.

Dieses ist längst nicht nur ein Problem zwischen dem Auswärtigem Amt und dem Bundesministerium für wirtschaftliche Zusammenarbeit und Ent-

---

* Dr. Volkmar Köhler, Parlamentarischer Staatssekretär a.D., Bundesministerium für Wirtschaftliche Zusammenarbeit.

wicklung (BMZ), und es ist auch nur teilweise durch die Entwicklung der Europäischen Union entstanden.[1] Gegenwärtig sind in den Ministerien 336 Referate mit internationalen Aufgaben befaßt, davon 279 auch mit Problemstellungen, die über die europäische Innenpolitik hinausreichen (das AA hat 74 Referate!). Zu beobachten ist auch mehr und mehr ein *Upgrading* der internationalen Aufgaben auf höhere Hierarchie-Ebenen. Die operative Mitarbeit in internationalen Organisationen, bei internationalen Konferenzen (bei den Weltkonferenzen der neunziger Jahre lag die Delegationsleitung nur einmal beim AA: Wiener Menschenrechtskonferenz 1993) und enge Beziehungen zu Ressorts anderer Länder sind die Norm. Faktisch ist jedes Fachministerium für sein Politikfeld „Außenministerium". Das Bildungsministerium/BMBF betreibt allein im Mercosur und in Chile 220 Kooperationsvorhaben! Die Fachministerien spielen bereits eine wichtige, zuweilen sogar vorrangige Rolle in der Entwicklungszusammenarbeit. Staatsminister Volmer stellte daher am 21. November 2000 fest: „Längst betreiben alle anderen Ressorts ihre eigene internationale Politik wenig beeinflußbar vom AA. Dessen Zukunft müßte in der Koordination liegen".[2]

2.   Die Situation des BMZ

Im allgemeinen fehlt eine einheitliche, starke und sachkundige Vertretung der Entwicklungszusammenarbeit vor Ort: Deutschland hat im Gegensatz zu anderen, auch kleineren Geberländern keine integrierten *aid-missions*, in denen alle Durchführungsorganisationen vereinigt sind. Das AA hat stets das Monopol als einzige politische Außenvertretung vor Ort verteidigt und „Nebenbotschaften" verhindert. Obwohl in vielen Partnerländern die Entwicklungszusammenarbeit das Hauptvolumen der Beziehungen ausmacht, konnte, aber mußte der örtliche Botschafter als oberster Repräsentant der Bundesrepublik nicht eine von diesem Fachgebiet geprägte Persönlichkeit sein, wobei auf der Skala von wohlwollendem Interesse bis zu wirklicher Fachkompetenz viele Abstufungen möglich sind.

Es hat mit einer Ausnahme nie einen Botschafter gegeben, der aus dem BMZ hervorgegangen ist. Zwischen AA und BMZ besteht keine Laufbahndurchlässigkeit. Es gibt viel zu wenige, zudem meist machtlose Entwick-

---

1   Dazu Näheres in: Dirk Messner, „Globalisierungsanforderungen an Institutionen deutscher Außen- und Entwicklungspolitik", in: *Aus Politik und Zeitgeschichte. Beilage zur Wochenzeitung Das Parlament*, B 18–19/2001, 27.4.2001, S. 21–29, und Joachim Betz, „Die Entwicklungspolitik der rot-grünen Bundesregierung", ebd., S. 30–38. Ferner Dirk Messner, „Der Streit zwischen BMZ und AA ist kurzsichtig", in *E+Z, Entwicklung und Zusammenarbeit*, 42. Jhg, Nr. 2, Februar 2001, S. 35.
2   Zitiert nach *Frankfurter Allgemeine Zeitung*, 22.11.2001.

lungsreferenten.[3] Erst nach langem Streit konnten die immerhin staatlichen GTZ (Gesellschaft für technische Zusammenarbeit) und KfW (Kreditanstalt für Wiederaufbau) als wichtigste Träger der technischen bzw. finanziellen Zusammenarbeit Außenbüros einrichten. Diese können aber nur für ihre jeweils eigene Durchführungsorganisation sprechen, sind dagegen für Koordinationsaufgaben nicht ausreichend legitimiert und stellen keine politischen Büros dar. Mangels Personal und Reisemitteln sind die Länderreferate des BMZ vor Ort nicht ausreichend präsent. Einen hohen Repräsentanten des BMZ, vergleichbar mit dem Delegierten der Europäischen Union gibt es nicht.[4] Die OECD kritisiert seit Jahren die obsolete Aufbauorganisation der deutschen EZ-Organisationen als Zersplitterung und hat diese Kritik im jüngsten DAC-Examen wiederholt. Der Ausschuß für wirtschaftliche Zusammenarbeit des Deutschen Bundestages stellte fest, daß die Präsenz vor Ort nicht für den sektorpolitischen Dialog ausreicht. Auch neuere Überlegungen, die BMZ-Repräsentanz im Empfängerland weitestgehend der GTZ anzuvertrauen, stellen keine Lösung dar, am wenigsten eine politische. Das gilt noch mehr, wenn die Entwicklungspolitik neuerdings nach den terroristischen Ereignissen des September 2001 sicherheitspolitische Dimensionen berücksichtigen soll. Es kann sich dabei schließlich nicht um entwicklungspolitisch etikettierte Versatzstücke handeln, sondern es ist eine Integration der Entwicklungspolitik in den außen- und sicherheitspolitischen Gesamtzusammenhang erforderlich, und das unter wirksamer internationaler Abstimmung. Alles deutet daher auf eine „politischere" Entwicklungspolitik in der Zukunft hin, in der nur noch begrenzt Platz für ideologische Spielwiesen ist. Um so mehr muß die Frage nach der Arbeitsteiligkeit innerhalb der deutschen EZ-Organisationen tatsächlich vom Grundsatz her neu gestellt werden.

Es gibt Probleme des Berichtswesens, das primär Sache der Botschaft ist, zwischen AA, BMZ, NROs, Kirchen und Projektleitern. Eine integrierte Berichterstattung ist selten. Häufiger findet man das Bild sehr unterschiedlicher, zuweilen durch Interessen gefärbter Einzelberichte. Das AA ist nur zur Weitergabe entwicklungspolitisch relevanter Informationen an das BMZ nach eigenem Ermessen verpflichtet. Ein politisches Frühwarnsystem, das ein einheitliches politisches Handeln der deutschen Seite ermöglichen sollte, ist damit außerordentlich erschwert. Das zeigt besonders das Beispiel Ruanda, wo die deutschen Erfahrungen im Gegensatz zu denen der USA und der EU nicht aufgearbeitet wurden, obwohl Deutschland als einer der größten Geber durchaus in diesem Land politische Wirkungen hätte erzielen können.

---

3   Vgl. dazu Reinold E. Thiel, „Die Reformdiskussion – zu zaghaft?", in *E+Z, Entwicklung und Zusammenarbeit* (Frankfurt a.M.), 42. Jhg., Nr. 5, Mai 2001, S. 143.

4   Gemeint ist der Zustand der achtziger Jahre in der Organisationsform der EU. Inzwischen haben die Vertretungen der EU im Ausland im Zuge der Verbreiterung ihrer Aufgaben den Rang von Botschaften erreicht.

Das BMZ leidet unter personeller Auszehrung und beschränkt sich zunehmend auf verwaltungsjuristische Korrektheit. Seit Jahren muß es Einbußen seines sektorpolitischen Potentials infolge der Hindernisse des Laufbahnrechts hinnehmen. Personelle Engpässe und die Ausdünnung der Personalreserven beim BMZ sind das Ergebnis einer seit langem restriktiven Personalpolitik. Gleichzeitig genossen die bundeseigenen Durchführungsorganisationen eine wesentlich größere personalpolitische Freizügigkeit. Folge dieser Gewichtsverschiebung des Fachpotentials ist, daß heute 10 oder 20 „Entwicklungsbotschafter", die man wünschen könnte, im BMZ einfach nicht vorhanden sind. Es ist schon schwer möglich, eine qualifizierte, starke Abteilung für Strukturpolitik aufzubauen. Das BMZ hat daher erheblich an politischer Steuerungsfähigkeit verloren: Die Vorprüfungsmacht der Durchführungsorganisationen hat einen übergroßen Einfluß auf die entwicklungspolitischen Grundentscheidungen gewonnen, obwohl die politische Gesamtverantwortung nach wie vor beim BMZ liegt. Diesen Organisationen ist nun auch die Projektevaluierung überlassen. Das BMZ führt nur noch Schwerpunktevaluierungen durch. Das geeignete Personal für eine Aufwertung und Stärkung des BMZ wäre bei der GTZ vorhanden. Es muß gefragt werden, ob die Grenze zwischen BMZ und GTZ/KfW falsch gezogen ist? Liegt hier nicht der erste Reformbedarf?

II. Zunahme der Querschnittsaufgaben

Internationale Problemlagen und das ideologische Selbstverständnis der Bundesregierung führen zu einer erheblichen, sachlich nicht anzufechtenden Zunahme solcher Aufgaben. Selbst wenn einige davon „Spielwiesen" sein sollten, werden Synergien erforderlich sein. Vorrangig handelt es sich um die im folgenden aufgelisteten.

1. Globale Strukturpolitik

Ein Gesamtkonzept für das BMZ und andere Ministerien fehlt hier. Welche Organisationsform soll dieser großen nationalen und multilateralen Aufgabe gerecht werden? In diesen Fragen haben sich das BMZ und besonders das AA vorrangig und unabhängig von anderen betroffenen Fachministerien engagiert. 1998 wurden der Arbeitsstab „Globale Fragen" und 1999 das Forum „Globale Fragen" beim AA gegründet. Das klassische Spannungsfeld zwischen beiden Ministerien wurde dabei verschärft. Das Instrumentarium im AA und im Kanzleramt reicht zur notwendigen Herstellung der politischen Kohärenz nicht aus. Ein BMZ-Alleingang ist unmöglich, die Vernetzung mit allen anderen Ressorts unerläßlich, wie immer man die Wirkungsansätze globaler Strukturpolitik in den Partnerländern definiert. Das gilt besonders für die Schwellenländer. Das BMZ definiert solche in Lateinamerika übrigens nicht als Schwerpunktländer, sondern statt dessen Bolivien, El Salvador, Honduras, Nicaragua und Peru. Gegenüber den Schwellenländern besteht beim BMZ eine unter dem Gesichtspunkt globaler Strukturpolitik unverständliche Kooperationslücke. Die Policy-Kompetenz des BMZ reicht für Projektpolitik unter dem Aspekt globaler Strukturpolitik nicht aus. Es fehlt an „Wissenspools" unter Einschluß von Wissenschaft, Wirtschaft und NROs. Statt dessen findet man viele unkoordinierte Einzelmaßnahmen verschiedener Ministerien (BMBF und BMU haben „Think tanks", BMBF verfügt im Haushaltsjahr 2001 über 400 Mio. DM für Forschungsvorhaben in diesem Bereich). Es sind keine verzahnten und komplementären Initiativen zur Stärkung nachhaltigen Wirtschaftens im Sinne globaler Strukturpolitik zu finden. Welche Kooperationsstruktur wird die Regierung also in Zukunft wählen?

2. Global governance

Globale Risiken, Friedensgefährdungen und der Begriff der „erweiterten Sicherheit" verschärfen den Ruf nach *global governance*. In diesem Trend liegt auch das Drängen auf *good governance*, um solche Probleme örtlich und regional anzugehen. Folge ist die Notwendigkeit, zwischen klassischer Außenpolitik und den Fachpolitiken zu koordinieren, besonders der EZ, zumal die Bretton-Woods-Organisationen, also ein entscheidender und kraftvoller Teil des Netzwerkes multilateraler Organisationen, neben anderen als *global players* in diesem Sinne agieren. Die Realität von *global governance* liegt zwar noch in weiter Ferne, die globale Übereinkunft, daß *good governance* allgemein zur Lösung nationaler und regionaler Probleme durchgesetzt werden muß, ist aber Realität.

Es ist nötig, die Prioritäten deutscher Beiträge zur *global governance* und internationaler Politik zu klären, um Aktivitäten zu bündeln und Wirkung zu erzielen. Was sind die zentralen Herausforderungen, die vorrangigen Interessen aus deutscher Perspektive? Welche Mittel und welche Partner stehen zur Verfügung (vgl. die Ergebnisse der Enquête-Kommission des Deutschen Bundestages „Globalisierung und Weltwirtschaft")? Das bedeutet notwendig eine andere Qualität der Koordination zwischen AA, BMZ und anderen Fachministerien und macht geeignete Entscheidungsstrukturen erforderlich. Entsprechend sind ein Neuzuschnitt von Ministerien und die Konsequenzen für das Verhältnis deutscher und europäischer Politik zu prüfen.

3. Konfliktprävention, Krisenmanagement, Friedensdienst

Das BMZ erhebt für dieses Aktionsfeld konzeptionelle und personelle Ansprüche. Ein Sonderbeauftragter wurde ernannt, ein neuer Friedensdienst eingerichtet. Dieser Arbeitsbereich soll ein integraler Teil der Länderkonzepte des BMZ sein. Die Ausbildung vom zivilem Personal für alle anderweitigen internationalen Friedensmissionen liegt jedoch beim AA. Der konzeptionelle Ansatz des BMZ erscheint als zu eng gefaßt, da Armut und soziale Disparitäten keineswegs als alleinige Bürgerkriegsursachen betrachtet werden können. Eine neue Legitimation der EZ ist auf dieser Basis schwerlich realisierbar. Die zur Verfügung gestellten Haushaltsmittel sind zudem marginal geblieben oder (siehe Medienprojekte) dienen gleichzeitig verschiedenartigen Zwecken. Ein integriertes gesamtpolitisches Konzept der Bundesregierung fehlt bisher. Die Europäische Union, die Niederlande und skandinavische Länder sind auf dem Weg zur friedenspolitischen Kohärenz der Teilpolitiken vergleichsweise weiter fortgeschritten. In Deutschland hängt dagegen das Problem zwischen den Ressorts. Welche Organisationsform der Regierung ist für den Durchbruch zu einer Gesamtstrategie nötig? Was sind die personellen Konsequenzen?

4. Die akzeptierte, weltweite Rolle der NROs

Sie wird zum Teil als Vorstufe einer weltweiten Zivilgesellschaft und als ein Weg zu *global governance* verstanden. Das liegt der Entwicklungszusammenarbeit besonders nahe, da sie stets als gesamtgesellschaftliche Aufgabe interpretiert wurde. Für das BMZ ergibt sich ein ernstes Koordinationsproblem angesichts einer ständig wachsenden Zahl von Akteuren in der EZ. Das BMZ versuchte bisher, sein Aufgabenfeld als „die Mitgestaltung der Verhältnisse in anderen Ländern" von den internationalen Aufgaben der Fachressorts abzugrenzen, die in der Entwicklung bi- und multilateraler fachlicher Normen lägen. Das trifft längst nicht mehr zu (siehe I.1), ebenso wie die alte Regel, daß AA und BMZ nach außen gerichtet arbeiten, die Fachministerien dagegen nach innen. Eine bessere Koordination von BMZ und anderen Ressorts liegt auch im Interesse des BMZ, vor allem aber des AA. Die Arbeitsteilung zwischen staatlicher EZ und NROs müßte klarer definiert werden. Zur Zeit sind nicht einmal die Schwerpunktländer-Kriterien des BMZ auf NROs und Kirchen anwendbar. Aus den Erfahrungen von Kopenhagen 1995, Seattle und Porto Allegre müssen aber Konsequenzen gezogen werden: Ressortaufsplitterung und wechselnde Federführung sind Strukturen, die dem internationalen NRO-Netzwerk nicht mehr gewachsen sind, auch wenn das BMZ traditionell Erfahrungsvorteile hat.

5. Armutsbekämpfung

Sie war bisher ein klassisches Feld der EZ. Seit 1998 sind allerdings die BMZ-Leistungen für soziale Grunddienste stetig zurückgegangen. Das auf dem Weltsozialgipfel von Kopenhagen 1995 vereinbarte 20 : 20-Ziel wurde in der Praxis verfehlt. Die DAC/OECD-Definition S 21 (Shaping the 21th Century) gilt seit 1998, bekräftigt von der Europäischen Union und den G 8, als verbindliches internationales Ziel. Entsprechend hat das BMZ ein nationales Handlungsprogramm angekündigt. Mit der UN-Millennium-Erklärung vom September 2000 wurde S 21 für den Zeithorizont bis 2015 mit bekannten Einzelzielen untermauert. Anfang 2001 folgte dementsprechend der „Aktionsplan 2015" der Bundesregierung. Die Wirklichkeit der EZ entspricht dem bisher nicht. Es gibt bilateral keine angemessene Mittelallokation; im multilateralen Sektor sind sogar Kürzungen vorgenommen worden. Zusätzliche Mittel vom Bundesfinanzminister wurden nicht zur Verfügung gestellt. Der Bundeskanzler hat dieses Feld inzwischen mehrfach, gerade auch im Zuge der Globalisierungsdebatte, zur Chefsache erklärt und als Querschnittsaufgabe der gesamten Regierung bezeichnet.

Dafür gelten folgende Kriterien:

– Umweltverträglichkeit aller Gesetze,
– Kohärenz der Teilpolitiken,
– Minderung des deutschen Ressourcenverbrauchs,
– Abbau der Agrarsubventionen,
– Marktzugang für Entwicklungsländer (von der EU gegen Widerstand erfüllt),
– Stärkung der Verfügungsmöglichkeit der Entwicklungsländer über genetische Ressourcen.

Das sind Absichtserklärungen, aber noch keine Prioritäten und keine neuen politischen Akzente. Wie kann es in der Realität zur wirksamen Veränderung der Politik kommen? Die Führungsfähigkeit des Kanzleramtes dazu reicht im Detail nicht aus. Welche angemessenen Entscheidungsstrukturen müssen geschaffen werden?

Was bedeuten die neuen sachpolitischen Arbeitsfelder für das Hauptthema dieser Studie, nämlich die Reform des Auswärtigen Dienstes? Die unmittelbaren Folgen sind bisher als gering zu bezeichnen, mittelbar und für die Zukunft spricht jedoch vieles dafür, grundsätzliche Konsequenzen in Erwägung zu ziehen. Natürlich können die aufgeführten Sachfragen auch durch immer neue Sonderprogramme, mindestens zeitweilig, beantwortet werden, vor allem wenn es in erster Linie um Tätigkeitsnachweise geht. Auch können die erwachsenden Aufgaben an vorhandene spezielle Agenturen – speziell multilaterale – delegiert und damit aus dem entscheidungspolitischen Kernbereich ausgespart werden. Die Gefahr ist dabei, daß Alibis aufgebaut werden, eine kohärente Gesamtpolitik aber in Ansätzen steckenbleibt. Gerade die gesamtpolitische Zielsetzung ist jedoch erforderlich, auch wenn ihr Ziel wegen objektiver Friktionen immer nur approximativ erreichbar bleibt.

Kabinetts- und Strukturreformen hängen von vielerlei Faktoren ab. Man sollte solche Reformen nicht zum Hauptziel erheben, auch wenn sie mindestens in Teilen hilfreich sein können. Das gilt zum Beispiel für eine mögliche Inkorporation des BMZ in das Auswärtige Amt. Wirkungsvoll wäre immerhin, daß auf diese Weise die Mehrheit der auswärtigen Aktivitäten zusammengeführt würde. Zugleich würde die ärgerliche und sachlich kontraproduktive Ressorttrennung von humanitärer Hilfe (beim AA), Katastrophenhilfe, Wiederaufbauhilfe und langfristiger Entwicklungsarbeit (in unübersichtlicher Mischung beim BMZ) aufgehoben. Der Aufbau der dafür erforderlichen Außenorganisation würde die Gravitation zu stärkerer Kohärenz auch für andere Politikfelder verstärken. Grundsätzlich muß die Stärkung und Potentialverbreiterung des AA eindeutige Priorität haben. Auch in den europapolitischen Grundsatzpapieren der Parteien, zuletzt sichtbar in dem von Wolfgang Schäuble formulierten CDU-Parteitagsbeschluß, ist heute vom Überflüssigwerden des AA nicht mehr die Rede. Vielmehr zeigen unsere keineswegs vollständigen Zustandsbeschreibungen deutlich, daß zur besseren Erreichung der angestrebten Ziele organisatorische, strukturelle und personalpolitische Änderungen tiefgreifender Art und großen Umfanges erforderlich sind. Dabei sollten die im folgenden aufgezählten Aspekte Berücksichtigung finden.

III. Mögliche Schritte zu Lösungen

1. Über die bereits vorhandenen internationalen Aktivitäten aller Bundesministerien ist ein Gesamtüberblick nötig, den zur Zeit niemand hat. Als Anregung dafür kann das von der EU eingeführte COREU-System[5] dienen, das selbstverständlich beim AA angesiedelt werden, aber auch als Dienstleistung für alle Ministerien wirken muß. Ein solches korrespondierendes Informationssystem sollte beim AA sämtliche Informationen über auswär-

---

5 Im Januar 1997 wurde das alte abhörsichere Fernschreibsystem COREU durch das E-mail-System CORTESY (= COREU Terminal Equipment System) unter Beibehaltung des alten Namens ersetzt. Dieses Informationssystem verbindet die Außenministerien der 15 Mitgliedsländer, das Ratssekretariat (GASP) und die Europäische Kommission, mittelbar auch die ständigen Vertretungen bei der EU in Brüssel und bei den UN, zudem einige deutsche Außenvertretungen. Gegenwärtig wird eine neue Technologie angestrebt, die auch die Direktinformation betroffener Fachressorts ermöglicht. Von den Fachministerien wird bisher die mangelnde Weitergabe der verschlüsselten COREU-Telegramme durch das AA kritisiert. Näheres siehe COREU-Leitfaden des AA.

tige Aktivitäten aller Fachministerien präzise und zeitnah sammeln und muß diesen die für ihre Tätigkeit grundlegenden außenpolitischen Daten ungefiltert und rechtzeitig zur Verfügung stellen. Dem AA kommt die vorrangige Aufgabe zu, Kohärenz herbeizuführen, notfalls durch Kabinettsentscheidung, und die außenpolitische Führungsrolle wahrzunehmen.

2. Die Beibehaltung der Arbeitsweise klassischer Diplomatie durch das AA reicht dazu bei weitem nicht aus.

3. Eine Anreicherung des AA durch sektorale Expertise und Steuerungsmechanismen würde einen riesigen Doppelaufwand bedeuten, ohne Mehrfachstrukturen (besonders durch IWF und Weltbank) zu verhindern.

4. Die Existenz des BMZ ist eine Frage des Glaubens oder des Koalitionsproporzes. Der Ausbau des BMZ zum Querschnittsministerium (schon unter Eppler gescheitert) würde weder die Gesamtheit der Probleme lösen, noch ist das im Regierungsgefüge denkbar. Eine Arbeitsteilung (z.B. AA = Weltpolitik, UN, USA, Europa, Osten – BMZ = Dritte Welt) geht nicht auf, läßt Überschneidungen übrig und wäre nur ein Fortschritt, wenn das BMZ in das AA inkorporiert würde. (Dann könnten z.B. die BMZ-Länderreferate zum AA und die Sektorreferate zu GTZ/KfW gehen.) Bei einer solchen Lösung ist allerdings die Berücksichtigung einiger grundlegender Aspekte unerläßlich. Außenpolitik muß in gewissen Lagen kurzfristig reagieren, übergeordneten Gesichtspunkten Rechnung tragen und Konzessionen machen, um erst in der Zukunft mögliche Problemlösungen nicht zu verbauen, die nur langfristig angestrebt werden können. Entwicklungszusammenarbeit ist ihrer Natur nach operativ langfristig und normativ, taugt wenig zu Ad-hoc-Reaktionen, bedarf der inneren Glaubwürdigkeit in besonderem Maße, was ihre Fähigkeit zu Konzessionen einschränkt, und beruht auf einem in langer Zeit mit wissenschaftlichem Fundament entwickelten Erfahrungswissen. Führt man beide Ressorts zusammen, so ist ein tiefgehender beiderseitiger Lernprozeß erforderlich. Geeignete Ausbildungswege und Entscheidungsstrukturen müssen sicherstellen, daß keine der Denkschulen der anderen unterworfen wird, sondern beide Politikfelder harmonisiert werden. Die weiterbestehenden grundsätzlichen Unterschiede der Arbeitsfelder lassen eine Zusammenführung beider Ressorts jedoch nur in der Form zu, daß der Entwicklungsbereich als eigenständige Verwaltungseinheit unter einem parlamentarisch verantwortlichen Staatsminister des AA zu organisieren wäre. Damit wäre die rationale, nicht aber machtpolitische Lösung von Interessenkonflikten erleichtert.

5. Auch ein weiterbestehendes BMZ bedürfte der Arrondierung. So könnte man die Durchführungskompetenzen bei GTZ/KfW zusammenfassen, Planungspotential dagegen dort abziehen und beim BMZ versammeln. Diese Lösungsmöglichkeit würde auch bei der Inkorporation des BMZ als autonome Einheit in das AA zu erwägen sein.

6. Zuschnittsänderungen der Ressorts durch eine generelle Kabinettsreform stoßen auf enge Grenzen.
7. Die Kohärenzfrage stand stets im Raum und wurde nie gelöst. Denkbar wären immerhin ein Kabinettsausschuß oder ein Dritte-Welt-Kabinett unter Vorsitz des Bundeskanzlers, entsprechend dem niederländischen Vorbild.
8. Dringend erforderlich (unabhängig vom Zuschnitt der Ministerien) ist eine neue Kooperationskultur statt des verbreiteten Zuständigkeitsdenkens. Nur die gemeinsame Orientierung unterschiedlicher Politikbereiche und konstruktives Zusammenwirken sind zielführend. Innerhalb gleichartiger Sektoren ist zwischen dem AA und den Fachministerien ein hohes Maß personalpolitischer Durchlässigkeit geboten. Das Laufbahnrecht ist entsprechend zu reformieren, Personalentwicklungs- und Karriereplanung sind anzupassen, Beförderungsmöglichkeiten zu überprüfen, großzügige Beurlaubungsregelungen zu schaffen, übrigens auch unter der Perspektive eines europäischen Auswärtigen Dienstes. Eine langfristig angelegte Personalrotation zwischen AA und Fachministerien würde zu einer überaus wünschenswerten Verbreiterung von Erfahrungshorizonten und Einsatzmöglichkeiten beitragen. Besonders die Ausbildungsgänge von AA und BMZ sollten stärker angepaßt werden. Entwicklungspolitische Stagen sollten für Mitarbeiter des Auswärtigen Dienstes zur Norm werden. Zusätzliche entwicklungspolitische Ausbildungsgänge könnten für diese Mitarbeiter, wenn sie längerfristig in Entwicklungsländern tätig werden sollen, von den Ausbildungsorganisationen des BMZ bereitgestellt werden. All dies gilt noch mehr im Falle einer Vereinigung beider Ministerien.

In Abwägung aller bekannten Umstände dürften die unter 1. (Stärkung der Koordinationsfähigkeit des AA) und 8. (Entwicklung der Kooperationskultur) genannten Lösungsvorschläge Vorrang verdienen. Sie ziehen zugleich die meisten Konsequenzen für die Reform des Dienstrechts nach sich, die freilich im einzelnen dem Sachverstand einer Kommission von Spezialisten überlassen werden sollte. Als teilweise wirksame Alternativen zur Verbesserung des Ist-Zustandes sind die Vorschläge 5. (Arrondierung des BMZ) und 7. (Dritte-Welt-Kabinett) zu prüfen. Sie stellen aber keine Lösungen für die Grundfragen der Zukunft des Auswärtigen Dienstes dar und sind daher nur am Rande dieser Überlegungen anzusiedeln. Trotz bleibender Bedenken erscheint die unter 4. umrissene Zusammenführung von AA und BMZ mit den unter 1. und 8. aufgeführten anschließenden Maßnahmen als das schlüssigste Konzept.

Die Bundesländer

Gerd Walter und Werner Kindsmüller *

I. Die Länder als Akteure des Auswärtigen

Als die Landesregierung Schleswig-Holstein unter Ministerpräsident Engholm 1988 eine eigene Initiative zur Ostseepolitik einleitete oder als die Länder in den achtziger Jahren eigene Vertretungen in Brüssel einzurichten begannen, machte in Bonn das vorwurfsvolle Wort von der Nebenaußenpolitik die Runde.

Und als der Maastrichter Vertrag ratifiziert wurde, führten einige Länder erbitterte Positionskämpfe mit dem Bund nicht nur über den Artikel 23 GG, sondern auch um die Frage, wer bei welchen Themen im Ministerrat in der ersten Reihe sitzen dürfte – sehr zur Irritation unserer EU-Partner.

Damals fürchtete das Auswärtige Amt um sein außenpolitisches Monopol. Und die Länder sahen die Chance, sich in der Europapolitik das zurückzuholen, was sie über die Jahre im Bund-Länder-Verhältnis an Kompetenzen verloren hatten. In der Zwischenzeit sind solcherart überzogene Reaktionen einer eher nüchternen Betrachtung der sich verändernden Umstände gewichen, die Bund und Länder in der auswärtigen Politik zu berücksichtigen haben:

1. Die Außenpolitik als Domäne des Auswärtigen Amtes wird immer mehr durch vielfältige Aktivitäten einer internationalen Gesellschaftspolitik ergänzt. Auf der Bühne des Auswärtigen agieren inzwischen nicht nur fast alle Ministerien des Bundes, sondern auch die Länder, Städte und Gemeinden sowie die Organisationen und Institutionen der Zivilgesellschaft. Sie alle prägen das internationale Bild der Bundesrepublik Deutschland über den diplomatischen Dienst hinaus mit.

2. Die Dimension der europäischen Integration hat längst die klassische Funktion eines diplomatischen Dienstes gesprengt – auch wenn das Auswärtige Amt nach wie vor die deutsche EU-Politik koordiniert. Die supranationalen europäischen Institutionen mit ihrer eigenen Willens- und Gesetzgebung und ihres in die Mitgliedstaaten hineinreichenden

*   Gerd Walter, von 1992 bis 2000 Minister für Bundes-, Europa- und Justizangelegenheiten des Landes Schleswig-Holstein; Werner Kindsmüller, Amtschef des Ministeriums für Bundes- und Europaangelegenheiten des Landes Nordrhein-Westfalen.

Vollzuges involvieren längst das gesamte gesellschaftliche System der Bundesrepublik Deutschland. Sie fordern nicht nur das politische Entscheidungssystem in allen Fachbereichen und auf allen Ebenen. Sie haben auch ein europäisches Networking hervorgebracht, das in vieler Hinsicht eine Fortsetzung regionaler oder nationaler Aktivitäten mit europäischen Mitteln darstellt.

Die deutschen Länder sind inzwischen vielfältig in diesen Prozeß eingebunden: über den Bundesrat und die Bestimmungen des Artikels 23 GG in die innerstaatliche Willensbildung in Angelegenheiten der EU; über den Ausschuß der Regionen in die europäischen Institutionen; als administrativer Partner der EU-Kommission bei der Umsetzung von EU-Richtlinien und Programmen; und schließlich als Teil des europäischen Netzwerkes, in dem mit eigenen Vertretungen in Brüssel für eigene Interessen geworben wird.

3. Auch über den unmittelbaren Kontext der EU hinaus treten die deutschen Länder als internationale Akteure in Erscheinung:
   - Sie schließen Partnerschaftsvereinbarungen und setzen sie in Projekten um;
   - sie unterhalten eigene Repräsentanzen bzw. Wirtschaftsförderbüros im Ausland;
   - sie betreiben Standortpolitik im Ausland mit Hilfe von gezielten Reisen, von Außenwirtschaftswerbung etc.;
   - sie sind Mitglied in multinationalen, in der Regel interregionalen Zusammenschlüssen;
   - sie sind Akteure in vielfältigen Formen der grenzüberschreitenden Zusammenarbeit usw.

Diese Aktivitäten spiegeln nicht nur das gewachsene Selbstbewußtsein von Regionen im größeren Europa wider, sondern auch die größer gewordenen regionalen strukturpolitischen Gestaltungsmöglichkeiten im Zeitalter der Informationsgesellschaft und des regionalen Wettbewerbs in Europa.

4. Die Länder verfügen über Ressourcen, deren Einsatz für die Verwirklichung wichtiger Ziele der auswärtigen Politik der Bundesrepublik Deutschland mitentscheidend ist:
   - Für einen erfolgreichen internationalen Standortwettbewerb braucht Deutschland leistungsfähige Regionen. In der globalen Ökonomie werden nicht Nationalstaaten wirtschaftlich miteinander konkurrieren, sondern profilierte transnationale Regionen. Kein anderes europäisches Land verfügt über vergleichbare regionale Akteure wie Deutschland. Die Länder sind unter anderem der Schlüssel für die Einbindung Deutschlands in die grenzüberschreitenden Wachstums- und Entwicklungsregionen, wie sie zur Zeit entlang der deutschen Grenzregionen entstehen, zum Beispiel auf den Achsen München–Mailand, Hamburg–Malmö oder NRW–Benelux. Sie werden das Ge-

ailand, Hamburg–Malmö oder NRW–Benelux. Sie werden das Gesicht des künftigen Europa wesentlich prägen.
- Der Weg in die Zukunft der Wissensgesellschaft führt über die Schulen, die Berufsausbildung und die Hochschulen der deutschen Länder.
- Die auswärtige Kulturpolitik braucht die kulturellen Institutionen der deutschen Provinz.
- Und herausragende Aufgaben europäischer Stabilitätspolitik wie die Heranführung der Reformstaaten Mittel- und Osteuropas oder die Politik der guten Nachbarschaft mit Rußland könnten ohne den Beitrag der lokalen und regionalen Gebietskörperschaften, ohne den Know-how-Transfer ihrer privaten wie öffentlichen Akteure bei der Entwicklung von Zivilgesellschaft und Marktwirtschaft gar nicht bewältigt werden.

II. Koordination statt Konkurrenz: Anforderungen an das Auswärtige Amt

Alles in allem werden damit Fragen der Koordination, der wechselseitigen Information und der Arbeitsteilung von Bund und Ländern in der auswärtigen Politik aufgeworfen. Die Antwort darauf darf nicht in eine Einbahnstraße führen: Eine Monopolisierung der auswärtigen Beziehungen durch den Bund wäre genausowenig möglich und vernünftig wie ihre Balkanisierung durch die Länder.

Es gilt vielmehr, die guten Ansätze der vergangenen Jahre weiterzuentwickeln und eine Kultur der Zusammenarbeit zu schaffen, die auf beiden Seiten von dem Bewußtsein geprägt ist, aufeinander angewiesen zu sein:

- Koordinieren, ohne alles zentralistisch zu dominieren;
- innerdeutsche Konflikte national abklären statt international austragen;
- kooperieren, ohne Handlungsunfähigkeit zu riskieren;
- die vielfältigen Instrumente des Föderalismus aktiv nutzen, ohne die Erkennbarkeit deutscher auswärtiger Politiker zu beschädigen.

So kann der deutsche Föderalismus auf der auswärtigen Bühne nicht nur bestehen, sondern auch seinen strukturellen Vorteil gegenüber anderen Staaten entfalten. Deutschland kann sich nämlich anders als andere Staaten in seiner auswärtigen Präsenz auf eine Vielzahl von lokalen und regionalen öffentlichen und nichtstaatlichen Akteuren stützen. Insgesamt wird aber dieses große Potential noch längst nicht ausgeschöpft.

Daraus ergeben sich einige Anforderungen an eine Reform des Auswärtigen Dienstes:

A. Das Leitbild des Auswärtigen Dienstes des föderalen Staatswesens Bundesrepublik Deutschland muß föderal geprägt sein. Die Angehörigen des Auswärtigen Dienstes sind als Vertreter Deutschlands auch Vertreter der deutschen Länder (so wie umgekehrt die Länder wissen müssen, daß die Bundesrepublik Deutschland keine Konföderation unabhängiger deutscher Republiken ist).

B. Das Auswärtige Amt hat eine Servicefunktion gegenüber den Ländern:
   - wichtige Informationen über andere Staaten sollten auch den Ländern zugänglich gemacht werden, die sie im Rahmen ihrer vielfältigen internationalen Aktivitäten im außenwirtschaftlichen Bereich, in der Hochschulkooperation, bei Tourismusprojekten etc. verwenden können. Die Funktion der Botschaften als aktive Wissensmanager für die außenpolitischen Akteure ist weiterzuentwickeln.
   - Die Botschaften und Konsulate sollten in Abstimmung mit den Außenhandelskammern auch als Promotoren der interregionalen Partnerschaften der Länder wirken, wofür es bereits hervorragende Beispiele gibt.
   - Die Ständige Vertretung der Bundesrepublik Deutschland bei der Europäischen Union muß sich auch als Vertretung der Gesamtheit der Länder begreifen und Beschlüsse des Bundesrates zu Europaangelegenheiten in ihrer Vertretungsarbeit berücksichtigen.

   Umgekehrt haben die Länder eine Informationspflicht gegenüber dem Auswärtigen Amt über ihre „außenpolitischen" und außenwirtschaftlichen Aktivitäten.

C. Die Ausbildung des Auswärtigen Dienstes sollte die Erfordernisse einer föderalen auswärtigen Politik berücksichtigen und das wechselseitige Verständnis von Bund und Ländern fördern. Darüber hinaus sollte der Auswärtige Dienst Aus- und Fortbildungsmöglichkeiten für Angehörige der Staatskanzleien der Länder anbieten. Ein zeitlich begrenzter Personalaustausch zwischen Bund und Ländern sollte zur Selbstverständlichkeit werden.

D. Die Präsentation der Bundesrepublik Deutschland im Ausland sollte verstärkt die Darstellung der Länder einbeziehen. Das gilt insbesondere auch für die kulturelle Vielfalt des deutschen Föderalismus im Rahmen der auswärtigen Kulturpolitik.

E. Das Auswärtige Amt muß die auswärtigen Aktivitäten von Bund und Ländern im Sinne einer Clearingstelle koordinieren und aktiv eine politische Arbeitsteilung zwischen ihnen organisieren. Das ist nicht nur im Interesse eines abgestimmten deutschen Auftretens im Ausland oder der föderalen Klimapflege. Es liegt auch im strategischen Interesse Deutschlands:

   Vielfach ist in den Botschaften noch eine „Hauptstadtborniertheit" anzutreffen. Die Bedeutung der Regionen hat aber in den meisten europäischen Ländern zugenommen. Sie sind heute bereits wichtige Partner der deutschen Länder. Für ihre Entwicklung muß der Auswärtige Dienst sensibilisiert werden.

Die Länder können im Rahmen ihrer interregionalen Partnerschaften häufig Wege beschreiten, die der nationalen Außenpolitik noch versperrt sind. Sie konnten zum Beispiel in Kaliningrad schon Partnerschaftsvereinbarungen unterschreiben, als Moskau der deutschen Diplomatie noch Revanchismus unterstellte.

Vor allem aber können die Länder einen wichtigen Beitrag zu einer Außenpolitik leisten, die einem erweiterten Sicherheitsbegriff folgt. Stabilität durch Kooperation – dieses Konzept erfordert auch vielfältige Aktivitäten interregionaler Kooperation. Ob es um die Entwicklung marktwirtschaftlicher und zivilgesellschaftlicher Strukturen, um Projekte des Umweltschutzes, des Kultur- und Wissenschaftsaustausches oder der Verwaltungskooperation geht – es gibt keine wirksamere Methode, als im *people-to-people approach* vielfältige Netzwerke durch lokale und regionale Gebietskörperschaften sowie die auf diesen Ebenen aktiven Institutionen und Initiativen zu knüpfen. Die Verwirklichung ehrgeiziger strategischer außenpolitischer Projekte hängt ganz entscheidend davon ab, ob dieses Potential ausgeschöpft werden kann.

Das setzt allerdings ein Minimum an Abstimmung voraus – so hätten die deutschen Aktivitäten in den baltischen Staaten nach 1989 und in den neunziger Jahren auf dem Balkan sehr viel wirksamer ausfallen können, wenn sich dort die deutschen Länder nicht zeitweise wechselseitig im Wege gestanden hätten.

Aktuell bieten sich für abgestimmte Aktivitäten von Bund und Ländern insbesondere die folgenden Felder an:

- Die Vorbeitritts-Strategie der EU, bei der es nicht nur um die Entwicklung der Europa-Fähigkeit der neuen Mitglieder, sondern auch um die künftigen Einflußsphären im größeren Europa geht.
- Die Rußland-Strategie der EU, die ohne einen *bottom-up process* nicht gelingen kann.
- Die Balkanpolitik, wo Aktivitäten von Ländern den Aufbau zivilgesellschaftlicher Strukturen voranbringen kann.
- Die Chinapolitik, in der die gute Perspektive in den beiderseitigen Beziehungen durch Partnerschaften zwischen deutschen Ländern und chinesischen Provinzen unterfüttert werden kann.
- Die USA-Politik, wo gezielte Austauschprojekte der Länder einer ungeachtet der Solidarität nach dem 11. September 2001 gewachsenen Entfremdung entgegenwirken könnten.
- Die Nord-Süd-Entwicklungspolitik, wo sich von einzelnen Ländern betriebene Partnerschaftsprojekte als besonders nachhaltig erwiesen haben.

Auf allen diesen Gebieten ist eine enge Kooperation zwischen dem Auswärtigen Amt und den Ländern erforderlich. Die Bundesregierung sollte die Länder bereits früh mit dem Ziel einer strategischen Abstimmung einbeziehen. Zwischen Bund und Ländern sollten Absprachen über ein arbeitsteiliges Vorgehen getroffen werden. Ein gemeinsames Wissens- und Informationsmanagement ist zu entwickeln, in das auch andere Akteure der Außenpolitik einbezogen werden sollten.

F. Darüber hinaus sollte das Auswärtige Amt Initiativen zum abgestimmten Einsatz der politischen und administrativen Instrumente der Länder auf Gebieten ergreifen, die eindeutig Kompetenz der Länder sind, aber gleichwohl Auswirkungen auf die auswärtige Politik der Bundesrepublik als Ganzes haben. Das gilt zum Beispiel für Themen wie
  – den Islam-Unterricht an Schulen,
  – die Integration von Ausländern,
  – die Studienangebote an Ausländer,
  – den Einsatz von Auslandslehrern,
  – die Vermittlung von Sprachkompetenz in Bildung und Ausbildung.

G. Im Bereich der EU ergeben sich besondere Anforderungen an das Verhältnis von Bund und Ländern:
  – Die Reichweite der EU-Entscheidungen zwingt die Gesamtheit aller Länder und jedes einzelne von ihnen, die eigenen Interessen zu definieren und zu vertreten.
  – Die Einrichtung des Ausschusses der Regionen bindet die Länder in das institutionelle System der EU ein.
  – Die Kompetenzordnung des GG erfordert eine institutionalisierte Beteiligung der Länder an der innerdeutschen Willensbildung in EU-Angelegenheiten.

In diesem Geflecht von Beziehungen und Einfluß können Bund und Länder durchaus in Konkurrenz zueinander stehen. Die Themen betreffen alle Ressorts. Und das Management der Aufgabe „Deutschland in der EU" hat mit der Funktionsweise des klassischen diplomatischen Dienstes nur sehr wenig zu tun. Schon deshalb wäre die Koordinationsaufgabe im Bundeskanzleramt besser aufgehoben als im Auswärtigen Amt.

Allerdings muß vor Überforderung gewarnt werden: Nicht alles, was in Deutschland in Sachen EU geschieht, kann und muß koordiniert werden. Es gilt vielmehr, vermeidbare Schwächen zu beseitigen, die Deutschland Nachteile in Brüssel bescheren: Der deutsche Entscheidungsprozeß ist zu langsam und schwerfällig, die Europafähigkeit der Verwaltung von Bund und Ländern läßt nach wie vor zu wünschen übrig, und die Austragung innerdeutscher Konflikte auf europäischem Parkett (wie beim Streit um die Sparkassen und Landesbanken) schadet deutschen Interessen – alles zusammen hat in der Vergangenheit weder den Ländern noch dem Bund genützt. Für die Zukunft stellen sich vor allem die folgenden Aufgaben:

– Nach der bewährten Praxis bei der Vorbereitung der Regierungskonferenz und beim Thema „öffentliche Daseinsvorsorge" sollte grundsätzlich in allen bedeutsamen Fragen die deutsche Position in gemeinsamen Arbeitsgruppen formuliert und anschließend gemeinsam vertreten werden.
  Eine frühzeitige politische Abstimmung zwischen dem Bund und den Ländern in beide Seiten betreffenden wichtigen Fragen sollte künftig Konflikte minimieren helfen.

– Die Kompetenzordnung in der EU und die Kompetenzverteilung zwischen Bund und Ländern in Angelegenheiten der EU müssen überprüft werden – Ziel sollte es sein, daß entsprechend dem Subsidiaritätsprinzip und dem Grundsatz der Verhältnismäßigkeit die Aufgaben der EU dort wahrgenommen werden, wo sie am besten gelöst werden können.

– Die Methode der „Offenen Koordination der EU" als intergouvernementales Verfahren zur Abstimmung auf den Gebieten Bildung und Wissenschaft, in sozialen Angelegenheiten und nunmehr auch auf dem Gebiet der Innen- und Justizpolitik betrifft originäre Zuständigkeiten der Länder, ohne daß mit den Mitteln des Artikels 23 GG eine angemessene Mitwirkungsmöglichkeit zur Verfügung steht. Um der Bedeutung der Länder in diesen Politikfeldern Rechnung zu tragen, sollte der Bundesratspräsident als Vertreter der Länder künftig der Delegation Deutschlands im Europäischen Rat angehören, wenn es um Festlegungen in Fragen der Offenen Koordinierung geht.

– Die Europafähigkeit der Verwaltung muß verbessert werden, insbesondere durch

– die Schaffung eines besonderen Ausbildungsweges für „Europabeamte", der – als Zusatzausbildung – den Angehörigen des Öffentlichen Dienstes von Bund und Ländern offensteht.

– Personalentwicklungsmaßnahmen, die die wechselseitige Durchlässigkeit der öffentlichen Dienste in Deutschland und der EU, den Beamtenaustausch mit Brüssel sowie eine planvolle, den Bund und die Länder umfassende abgestimmte deutsche Personalpolitik in Brüssel umfassen.

Die Europäische Union

Horst G. Krenzler*

I. Die Rolle des Auswärtigen Amtes in der Europapolitik

1. Entstehen einer Weltinnenpolitik

Bereits die Definition des Forschungsprojekts, aber auch viele der vorgelegten Beiträge weisen auf zwei grundlegende Phänomene hin, die Aufgabenstellung und Funktionsweise des Auswärtigen Dienstes grundlegend verändern.

Das erste Phänomen ist das Entstehen einer „Weltinnenpolitik", im Rahmen derer fast jedes Ressort der Bundesregierung – wie auch in anderen Regierungen – dazu aufgerufen ist, in Ausübung seiner speziellen Zuständigkeit internationale Kontakte aufzunehmen, internationale Verhandlungen zu führen sowie an internationalen Netzwerken fachbezogen und kontinuierlich teilzunehmen. Dieses Phänomen betrifft auch klassische innenpolitisch ausgerichtete Ministerien wie Justiz-, Innen- und Gesundheitsministerium. Bedeutende Beispiele aus jüngerer Zeit sind die internationale Zusammenarbeit bei der Bekämpfung von internationalem Terrorismus, Drogenhandel und AIDS. Im Zeichen der Globalisierung ist diese Entwicklung noch lange nicht an ihr Ende gekommen.

2. „Europäisierung" der Innen- und Außenpolitik

Das zweite Phänomen, mit dem sich dieser Beitrag hauptsächlich beschäftigt, ist die Europäisierung der Innen- und der Außenpolitik. Die Europapolitik nimmt sich klassischer innenpolitischer Themen an, sobald sie grenzüberschreitenden Charakter haben oder aus anderen Gründen nur auf der europäischen Ebene sachgemäß gelöst werden können. Dadurch wird Europapolitik Teil der Innenpolitik bzw. verschwimmen die klaren Grenzen zwischen Innen- und Außenpolitik. Die Europäisierung der Politik betrifft besonders die Kernfunktion des Auswärtigen Dienstes, die Außenpolitik selbst. Durch die

---

* Dr. Horst G. Krenzler, Generaldirektor a.D. der Europäischen Kommission, Professor für Öffentliches Recht und Europarecht an der Ludwig-Maximilian-Universität München.

noch im Aufbau begriffene Gemeinsame Außen- und Sicherheitspolitik (GASP) der Europäischen Union sowie die Anfänge einer europäischen Verteidigungspolitik ist das Feld rein nationaler Außenpolitik erheblich eingeschränkt worden, wie etwa der Mazedonienkonflikt gezeigt hat. In den allermeisten außenpolitischen Fragen und bei der Bewältigung außenpolitischer Krisen ist das Zusammenwirken der Mitgliedstaaten der EU im Rahmen der GASP unter Einsatz einer Kombination von nationalen personellen und finanziellen Ressourcen mit denen der Europäischen Union zur wirksamsten Antwort geworden. Auch hier ist das Ende der Entwicklung nicht abzusehen.

3. Die Rolle des Auswärtigen Amtes in der Europapolitik ist zentral

Das Auswärtige Amt besetzt nach wie vor eine zentrale Position bei der Gestaltung der Europapolitik. Das gilt unbestritten für die GASP. Das gilt aber auch für die allgemeinen europapolitischen Fragen durch die dem Auswärtigen Amt zusammen mit dem Finanzministerium zukommende Koordinierungsfunktion. Schon immer haben das Landwirtschafts- und Verbraucherschutzministerium, das Wirtschaftsministerium wie auch das Finanzministerium in der Europapolitik in ihrem jeweiligen Ressortbereich aktiv mitgewirkt. Inzwischen hat die vor allem durch den Maastrichter Vertrag bewirkte Ausweitung des Tätigkeitsbereichs der Europäischen Union auf Währung, Wirtschaft, Außen- und Verteidigungspolitik, Umwelt, innere Sicherheit, Justiz, Polizei, Einwanderung etc. nahezu allen Ressorts europapolitische Aufgaben beschert, wobei sich die bisher nahezu ausschließlich mit Innen- und Justizpolitik befaßten Ressorts zum Teil noch auf die explosionsartige Zunahme der Themen einstellen müssen. Alle diese Aufgabengebiete haben auch eine Außendimension, die Teil der auswärtigen Beziehungen der EU wird. Die Koordinierungsfunktion des Auswärtigen Amtes wird damit zu einer immer größeren Herausforderung. Sie reicht dem Umfang der europäischen Politik entsprechend immer weiter in nationale Verwaltungsstrukturen hinein, sei es auf der Bundes-, der Länder- und auch der kommunalen Ebene. Viele dieser Verwaltungsstrukturen sind bisher auf europäische Koordination nicht ausreichend ausgerichtet.

Für die Daueraufgabe der Koordinierung in europapolitischen Fragen ist neben dem Auswärtigen Amt heute das Finanzministerium in Fragen der Handels-, Wirtschafts-, Finanz- und Budgetpolitik das wichtigste Einzelressort, nachdem im Zuge der letzten Regierungsbildung wesentliche Kompetenzen des Wirtschaftsministeriums auf das Finanzministerium übergegangen sind. Es stellt zusammen mit dem Auswärtigen Amt die interne Koordinierung auf Bundesebene sicher. Sie beginnt auf der Referatsebene durch die EU-Koordinierungsreferate im Auswärtigen Amt und im Finanzministerium im Dauerkontakt mit den zuständigen Referatsleitern der anderen Ministerien. Anschließend verhandeln die Abteilungsleiter miteinander. Schließlich folgt der Ausschuß der Europastaatssekretäre unter Vorsitz des Auswärtigen Amtes, der in der Regel die europapolitische Haltung der Bundesregierung festlegt, und, wenn notwendig, das Bundeskabinett als letzte Instanz. Die hier beschlossene Position wird dann im Ausschuß der Ständigen Vertreter und den Ausschüssen des Ministerrats durch den Botschafter der deutschen Ständigen Vertretung oder andere Bedienstete der Vertretung vorgetragen. Auf Ministerebene vertritt im Allgemeinen Rat im Regelfall der Außenminister die deutsche Position.

Erste Schlußfolgerung: Das Mitwirken an der Meinungsbildung in der Europäischen Union, soweit sie die europäische Innenpolitik betrifft, und die Teilnahme an der gegenseitigen Abstimmung und Koordination innerhalb der GASP wie auch deren effektiver Ausführung nach außen wird zunehmend und entscheidend das Berufsbild des deutschen Diplomaten bestimmen.

4. Die Doppelrolle des Auswärtigen Amtes in der Europapolitik

Die Doppelrolle des Auswärtigen Amtes in der Europapolitik ergibt sich aus der Doppelfunktion des Rates für „Allgemeine Angelegenheiten" in Brüssel, der als Außenministerrat sowohl für die Kohärenz aller von der EU ergriffenen außenpolitischen Maßnahmen zuständig ist wie für die Koordinierung der Europapolitik in den innenpolitischen EU-Politiken.

Auch auf dem Gebiet der Außenbeziehungen bewegen sich die Außenminister nur teilweise auf dem Gebiet eigener Zuständigkeit. In Deutschland ist das Auswärtige Amt zwar für die Gemeinsame Außen- und Sicherheitspolitik zuständig, soweit nicht militärische Maßnahmen zu Diskussion stehen, nicht aber für die Handelspolitik (Wirtschaftsministerium) oder die Entwicklungspolitik. Der Außenministerrat hat also auch hier eine Koordinierungsfunktion, die darauf abzielt, die Gesamtheit der außenpolitischen Maßnahmen kohärent zu gestalten und möglichst wirksam umzusetzen.

Zum anderen muß der Allgemeine Rat seiner Rolle als Koordinator für die Gesamtpolitik der Europäischen Union gerecht werden. Er muß die Kohärenz der Politik der EU auf allen Gebieten der Europapolitik sicherstellen. In dieser Funktion ist der „Allgemeine Rat" auch ein Zwischenglied zwischen den Fachministerräten (Agrar, Budget usw.) und dem Europäischen Rat, der sich aus den Staats- und Regierungschefs der Mitgliedstaaten und dem Präsidenten der Kommission zusammensetzt und der die politischen Impulse für die Arbeit der EU und deren Fortentwicklung geben soll.

Selbst im Bereich der Außenpolitik haben die Außenminister oft dann Schwierigkeiten, ihrer Verantwortung für eine kohärente Außenpolitik der

EU gerecht zu werden, wenn andere Ressorts beteiligt sind (z.B. die Finanz- oder Entwicklungsministerien).

5. Bleibt es bei der Koordinierungsfunktion des Auswärtigen Amtes in der Europapolitik?

Erheblich größere Schwierigkeiten hat der Allgemeine Rat jedoch mit seiner Koordinierungsaufgabe in den Bereichen, in denen die Außenminister von vornherein keine eigene Zuständigkeit besitzen. Dieses Thema wird seit einiger Zeit kritisch diskutiert. Schon der Trumpf/Piris-Bericht über die Arbeitsweise des Rates in einer erweiterten Union vom März 1999 weist zu Recht darauf hin, daß die Zeit, die die Außenminister den ständig anwachsenden Querschnittsangelegenheiten der EU widmen können, wegen ihrer ohnehin hohen Arbeitsbelastung viel zu gering ist. Hinzu kommt, daß die Außenminister in den Regierungen ihres Heimatlandes bei Meinungsverschiedenheiten zwischen verschiedenen Ministerien nicht das ausschlaggebende Votum abgeben können. Dies steht dem Kabinett bzw. den Staats- und Regierungschefs zu. Der Trumpf/Piris-Bericht kommt deshalb zu der Feststellung, daß zur Zeit der Rat für Allgemeine Angelegenheiten einige für das reibungslose Funktionieren der Europäischen Union unerläßliche Aufgaben nicht im vollen Umfang erfüllen kann. Dazu gehören die Sicherstellung der Koordinierung und der Kohärenz bei der Vorbereitung des Europäischen Rates; dazu gehören weiter die Aufgabe der Behandlung sektorübergreifender Fragen wie die multidisziplinären Fragenkomplexe des wirtschaftlichen und sozialen Zusammenhalts (Kohäsion), die Führung von Regierungskonferenzen zur Revision von Verträgen oder die Verhandlungen über den Beitritt neuer Mitgliedstaaten zur Union.

Der Bericht des Generalsekretärs Solana vom 7. Juni 2001 (siehe oben) nimmt diese Kritik wieder auf. Er beschreibt die praktischen Schritte, die eingeleitet wurden, um den Rat für „Allgemeine Angelegenheiten" auch nach der Erweiterung durch neue Mitglieder arbeitsfähig zu halten. Dabei kommt er zu dem Ergebnis, daß zwar die vom Europäischen Rat im Dezember 1999 in Helsinki angenommenen Empfehlungen zu ermutigenden Besserungen geführt haben, „doch bleiben die derzeitigen Vorkehrungen insgesamt deutlich hinter dem zurück, was erforderlich ist, falls sich der Rat tatsächlich effiziente Strukturen und Arbeitsverfahren zulegen will, um eine beträchtliche Zunahme seiner Mitgliederzahl bewältigen zu können. Will der Rat auch nach der Erweiterung ein effizientes Legislativ- und Exekutivorgan bleiben, so muß er unbedingt weitere Anstrengungen unternehmen" (Ziffer 4, 5.3). Dieser Bericht stellt auch fest, daß die bisher vorgenommenen Änderungen, vor allem die Zweiteilung der Tagesordnung, die europäischen Außenbeziehungen einerseits und die horizontalen Fragen andererseits, im Ergebnis eher förmlicher und verfahrenstechnischer als operativer Art seien. Sie hätten die Autorität des Rates „Allgemeine Angelegenheiten" bei Querschnittsthemen sowie seinen Einfluß auf sie nur sehr begrenzt gestärkt. Die Außenminister müßten zunehmend mehr Zeit aufwenden, um die Außenbeziehungen und Sicherheits- und Verteidigungsfragen zu behandeln, wobei bei den Verteidigungsfragen auch die Verteidigungsminister hinzugezogen werden. Für die Koordinierung der Querschnittsaufgaben bleibe nicht genügend Zeit übrig.

Zur Lösung dieses Problems ist immer wieder vorgeschlagen worden, einen Rat für „Institutionelle und Horizontale Angelegenheiten" zu schaffen, der sich aus Europaministern mit Kabinettsrang zusammensetzen soll. Diese Minister hätten den gleichen Status wie die übrigen Mitglieder der Regierung und die Befugnis, in Verhandlungen für ihre Regierung verbindlich zu handeln. Einige Vorschläge gehen sogar dahin, daß dieser Rat aus stellvertretenden Regierungschefs zusammengesetzt werden soll, die über ausreichende Autorität verfügen und auch eine Art Schieds- und Entscheidungsfunktion gegenüber ihrer Kabinettskollegen ausüben könnten. Die Außenminister könnten sich dann voll auf ihre Ressortaufgaben in einem Rat für Auswärtige Angelegenheiten konzentrieren. Solche radikalen Änderungen in der Konzeption des Rates für Allgemeine Angelegenheiten könnten die jetzigen europapolitischen Aufgaben der Außenämter erheblich verändern und reduzieren.

Die Diskussion über die Schaffung eines solchen neuen Rates ist noch nicht abgeschlossen. Der Europäische Rat von Laeken hat Generalsekretär Solana aufgefordert, bis zum Europäischen Rat in Barcelona im Frühjahr 2002 neue Vorschläge vorzulegen. In der Reformdebatte, die aufgrund des Mandats von Nizza in Gang gekommen ist, wird auch die Trennung der Exekutiv- und Legislativfunktion des „Allgemeinen Rates" erwogen, die ebenfalls Rückwirkungen auf die Arbeit der Außenministerien haben könnte. Der Europäische Rat in Sevilla in der Endphase der spanischen Präsidentschaft soll die Schlußfolgerungen aus dieser Debatte ziehen.

Es kann nicht Aufgabe dieses Beitrags sein, zu dieser Reformdebatte oder zu der Frage, wo ein Europaminister innenpolitisch angesiedelt sein sollte – ob beim Regierungschef, wie zur Zeit die Europaminister in einigen EU-Regierungen, oder beim Außenminister –, im einzelnen Stellung zu nehmen. Diese letzte Frage kann nicht auf europäischer Ebene, sondern muß innenpolitisch gelöst werden, wobei im politisch-konstitutionellen System der Bundesrepublik die Zuordnung eines eventuell aufgewerteten Europaministers (Kabinettsrang) zum Auswärtigen Amt, das gewohnt ist, Querschnittsaufgaben ressortübergreifend zu koordinieren, eine plausible Lösung wäre. Damit würde sich an der bisherigen Aufgabenstellung des Auswärtigen Dienstes wenig ändern.

6. Verbesserte Wahrnehmung der Koordinierungsfunktion durch das Auswärtige Amt

In dieser Lage und bei sich noch entwickelndem Koordinierungsbedarf ist es aus europapolitischer Sicht vordringlich, die Koordinierungsfunktion des Auswärtigen Amtes soweit wie möglich zu verstärken. Zwar muß nicht jede neue Aktivität in Brüssel notwendig zu neuen komplizierten Koordinierungsstrukturen in der Hauptstadt führen. Wesentlich bleibt Übersicht über die Gesamtheit der europapolitischen Aktivitäten, die Antizipation von Problemen im Auswärtigen Amt und die engmaschige Vernetzung mit anderen Ministerien im europapolitischen Bereich. Die Bestrebungen im Auswärtigen Amt, ein Frühwarnsystem einzurichten, das dafür sorgt, daß die in der innenpolitischen Abstimmung zwischen den Ressorts latent vorhandenen Konflikte frühzeitig erkannt werden, sind daher besonders zu begrüßen. Es muß aber nicht nur möglich sein, die Koordinierung der Ressorts auf Fachbeamtenebene frühzeitig im Sinne einer Konfliktlösung voranzubringen; es muß auch darauf geachtet werden, politische Sensibilitäten frühzeitig zu erkennen und daraus entstehende Konflikte notfalls rechtzeitig im Frühstadium auf Kabinettsebene zu klären. Das ist in der Vergangenheit oft nicht geschehen.

Bei vielen Fragen vor allem gesetzgeberischer Art müssen auch die Bundesländer so frühzeitig wie möglich in den Koordinierungsprozeß einbezogen werden, weil deren Zuständigkeiten berührt sind. Dafür gibt es den Mechanismus der Bund-Länder-Arbeitsgruppe, der ebenfalls der für die europapolitische Koordinierung zuständige Staatssekretär im Auswärtigen Amt vorsitzt.

Zweite Schlußfolgerung: Insgesamt erscheinen – vorbehaltlich der weiteren Reform des „Allgemeinen Rates" in Brüssel – die jetzt eingerichteten Koordinierungsmechanismen ausreichend. Sie müssen aber in der politischen Praxis regelmäßig, rechtzeitiger und verstärkt genutzt werden.

II. Personalausbildung und Personalentwicklungspolitik

Aus der wichtigen Rolle der Bundesrepublik im europäischen Integrationsprozeß sowie der Einbindung der deutschen Außenpolitik in die GASP ergeben sich Konsequenzen für die Ausbildung der Mitarbeiter des Auswärtigen Dienstes.

1. Ausbildung

Es ist geplant, die Ausbildung im höheren Dienst formell auf ein Jahr zu verkürzen. Gleichwohl ist es notwendig, in dieser Ausbildungszeit ein Modul „Europäische Politik und Europarecht" aufzunehmen, das denselben Stellenwert erhalten sollte wie das klassische Völkerrecht mit den Vereinten Nationen. Eine entsprechende Reform, die nach meiner Information vorbereitet wird, ist daher sehr zu befürworten. Wichtig ist, daß in der Ausbildung eine gute Kenntnis des Funktionierens der europäischen Institutionen und des Zusammenspiels der EU mit den Mitgliedstaaten vermittelt wird. Der künftige Diplomat sollte die Strukturen, Verfahrensweisen und Instrumente (gemeinsame Strategien, Standpunkte, Aktionen etc.) der GASP kennenlernen. Zu den Verfahren gehört auch die Frage des gemeinsamen Auftretens gegenüber Drittländern. Die diplomatischen Vertretungen der Mitgliedstaaten und die Delegationen der Kommission in dritten Ländern sowie bei internationalen Organisationen stimmen sich nach festen Regeln darüber ab, wie die Umsetzung der GASP vor Ort am besten gewährleistet werden kann. Jeder Diplomat wird daher in seinem Berufsleben mit den europäischen Außenbeziehungen oder anderen europäischen Politiken in Berührung kommen, auch wenn er nie in seinem Berufsleben in oder bei den europäischen Institutionen tätig wird. Wichtig ist auch ein Überblick über die europäische Innenpolitik, zum Beispiel die Interaktion zwischen nationalen Parteien und europäischen Parteibündnissen und deren Auswirkungen im Europaparlament.

In dem an das erste Ausbildungsjahr anschließenden praktischen Ausbildungsjahr sollten die theoretischen Kenntnisse durch eine Praktikantenzeit im Rahmen der europäischen Institutionen Kommission, Rat, Europaparlament oder auch bei der deutschen Ständigen Vertretung in Brüssel abgerundet werden. Jeder zukünftige Diplomat sollte in seiner praktischen Ausbildung oder spätestens in den ersten fünf Dienstjahren eine europabezogene Tätigkeit ausgeübt haben.

Erwägenswert wäre, Nachwuchsdiplomaten in den ersten fünf Jahren ihrer Zugehörigkeit zum Auswärtigen Dienst oder später in regelmäßigen Abständen zu ein- bis zweimonatigen Kursen in einer „Europäischen Diplomatischen Akademie" zusammenzuziehen, um sie bei dieser Gelegenheit mit den neuesten Entwicklungen der Europapolitik und insbesondere der europäischen Außenpolitik vertraut zu machen. Eine solche Akademie, in der auch die in den Auswärtigen Beziehungen tätigen Kommissionsbeamten ausgebildet werden könnten und die den nationalen Diplomaten der Mitgliedstaaten zur Ausbildung offenstehen sollte, würde gleichzeitig ein transnationales Netzwerk junger europäischer Diplomaten begründen helfen, das in deren Berufslaufbahn immer wieder von Nutzen sein könnte. Ein europäischer Corpsgeist könnte entstehen. Auch die an der europäischen Verteidigungspolitik beteiligten Militärs könnten einbezogen werden. Sicher hängt die Verwirklichung eines solchen Vorschlags nicht allein von der Bundesrepublik ab. Entsprechende Vorschläge, die bereits diskutiert wurden (siehe der Quecedo-Bericht des EP vom 24. Juli 2000 über die Gemeinschaftsdiplomatie, PE 285.624), sollten aber von ihr aktiv unterstützt werden. Hier könnte eine deutsch-französische Initiative helfen. Das schon bestehende europäische Ausbildungsprogramm (European Diplomacy Programme), das eine fünfwöchige Ausbildung vorsieht (eine Woche Brüssel, eine Woche Straßburg, eine Woche Außenministerium eines anderen Mitgliedstaates, eine Woche gemeinsame Veranstaltungen in der Wiener Diplomatenakademie und eine Woche bei der nächsten Präsidentschaft) erscheint nicht ausreichend, um den europapolitischen Kenntnisstand substantiell zu verbessern.

Eine rein auf Europafragen ausgerichtete Ausbildung für Diplomaten, die ihr gesamtes Berufsleben mit europarelevanten Aufgaben zu tun haben würden, erscheint dagegen als eine nicht notwendige Verengung des Berufsbildes. Es ist aber durchaus vorstellbar und in der Praxis bereits geschehen, daß Beamte des Auswärtigen Dienstes den ganz überwiegenden Teil ihrer Berufslaufbahn mit Europaaufgaben verbringen.

2. Personalentwicklungspolitik

Eine auf europapolitische Aufgaben ausgerichtete Personalentwicklungspolitik der Beamten des Auswärtigen Dienstes sollte diejenigen fördern, die persönlich auf diesem Gebiet den Schwerpunkt ihrer Berufslaufbahn sehen. Dazu gehört, daß interessierte Beamte immer wieder in verschiedene Funktionen mit europapolitischen Aufgaben betraut werden, sei es im Amt selbst, sei es bei der deutschen Vertretung in Brüssel oder auf dem Wege der Abordnung in Kommission oder Ministerrat. Zu überlegen wäre, eine solche Abordnung und damit die Beschäftigung mit den komplexen europarechtlichen und -politischen Fragen außerhalb des eigenen Hauses bei der Rückkehr im Sinne einer Spirale auch mit einer Beförderung zu belohnen und so langfristig ein Netzwerk von europapolitisch besonders versierten Beamten im Auswärtigen Amt aufzubauen. Andere europäische Hauptstädte wie Paris und London leben ein solches System in mustergültiger Weise vor.

In weiterem Sinne gehört zur Europäisierung des Auswärtigen Dienstes auch das Austauschprogramm mit den anderen Auswärtigen Ämtern innerhalb der EU bzw. der Kommission. So haben in den letzten fünfzehn Jahren 100 Diplomaten in beiden Richtungen an dem Diplomatenaustausch mit Frankreich teilgenommen. Das Eintauchen in eine andere nationale Sichtweise in Fragen der europäischen Politik sowie in eine andere administrative Kultur wird überwiegend als sehr positive Erfahrung geschildert. Eine Intensivierung dieses Austauschs ist zu empfehlen.

Dritte Schlußfolgerung: Auf der Tagesordnung steht für die nächste Generation eine Europäisierung der nationalen diplomatischen Dienste, nicht jedoch ein europäischer diplomatischer Dienst, der die nationalen Diplomatien ersetzt. Der Berufsdiplomat sollte in Zukunft daher in der Lage sein, sich sicher im europäischen Kontext zu bewegen und europäische Interessen ebensogut wie nationale Interessen zu vertreten. Aus- und Weiterbildung sowie Personalförderung müssen diesem Ziel verstärkt Rechnung tragen.

III. Deutsche Beamte in den europäischen Institutionen

1. Ungenügende Präsenz von deutschen Staatsangehörigen in den EU-Institutionen

Da die europäischen Institutionen im Unterschied zu klassischen internationalen Organisationen ihr Personal im wesentlichen nicht durch die Rekrutierung oder zeitweise Abordnung nationaler Beamter gewinnen, sondern durch allgemeine Auswahlwettbewerbe ein eigenes, unabhängiges Beamtencorps aufbauen, stellt sich die Frage, inwieweit das Auswärtige Amt deutsche Staatsangehörige beim Eingangswettbewerb und als Beamte in den europäischen Institutionen bewußt fördern kann und sollte. Das ist wegen der im europäischen Beamtenstatut vorgeschriebenen Unabhängigkeit des Europabeamten ein Thema, das mit der notwendigen Sensibilität gehandhabt werden muß.

Zunächst geht es darum, die nach wie vor nicht ausreichende Präsenz von deutschen Staatsangehörigen in den europäischen Institutionen zu erhöhen. Im höheren Dienst der EG-Kommission beispielsweise arbeiten ca. 12,5% Deutsche bei einem Bevölkerungsanteil von fast 22% an der EU-Bevölkerung, aber fast 15,5% Franzosen bei einem Anteil von ca. 18% an der EU-Bevölkerung. Die verdienstvolle Studie von Beate Neuss/Wolfram Hilz im Auftrag der Adenauer-Stiftung vom November 1999 über die Präsenz der Deutschen in der Europäischen Kommission analysiert sehr treffend die bestehende Situation und gibt auch einige Anregungen, wie mehr Bewerbern der erfolgreiche Abschluß eines Auswahlwettbewerbs ermöglicht werden könnte. Zu diesen Verbesserungsvorschlägen gehört auch die Anregung, geeignete Bewerber für die Auswahlwettbewerbe gezielt zu fördern. Zu diesen Wettbewerben melden sich zu wenig Bewerber aus Deutschland. Das liegt oft daran, daß die Kandidaten ungenügend vorbereitet sind und auch nicht wissen, wie sie sich auf diesen schwierigen Wettbewerb vorbereiten sollen.

Die Initiative des Auswärtigen Amtes, für die am EG-Eingangswettbewerb interessierten Bewerber einen Vorbereitungskurs einzurichten, kann deshalb nur begrüßt werden. Sie muß kontinuierlich fortgeführt werden. Es ist aber fraglich, ob diese Initiative ausreicht. Andere EU-Mitgliedstaaten machen noch stärkere Anstrengungen. So haben zum Beispiel die Neuanfänger des britischen Foreign Office die Möglichkeit, die ersten beiden Jahre ihrer Diensttätigkeit in einem sogenannten „European Fast Stream"-Programm zuzubringen, das theoretische Ausbildung und praktische Tätigkeit an Europathemen mit dem Ziel kombiniert, auf den EG-Eingangswettbewerb optimal vorzubereiten. Falls dieser Wettbewerb gleichwohl nicht bestanden wird, bleiben diese Beamten im Dienste des Foreign Office oder anderer Ministerien, die sich mit Europafragen befassen.

In Deutschland setzt eine vergleichbare Förderung in Dienststellen der Bundesregierung erst dann ein, wenn der Auswahlwettbewerb bereits bestanden ist. Die erfolgreichen Bewerber können dann offenbar zur Überbrückung in eine A13-Stelle der Bundesverwaltung vorübergehend übernommen werden, bis in den europäischen Institutionen eine Stelle frei wird.

2. Aktive Karrierebegleitung deutscher Beamter

Einmal eingestellte deutsche Beamte sollten während ihrer Karriere aktiv begleitet werden, zum Beispiel durch einen ständigen Ansprechpartner in der deutschen Vertretung bei der EU. Neuerdings ist ein Beamter der Vertretung mit dieser Aufgabe betraut worden. Hin und wieder sollte die Ständige Vertretung die deutschen EG-Nachwuchsbeamten zu einer Veranstaltung einladen. Dies sollte nicht nur im Rahmen einer gesellschaftlichen Veranstaltung geschehen; wichtig sind konkrete Diskussionsveranstaltungen, beispielsweise zur deutschen Europapolitik, bei denen die Nachwuchsbeamten mit eigenen Anregungen oder auch kritisch zur Europapolitik in ihrem Bereich Stellung nehmen könnten. Solche Veranstaltungen wären sowohl sinnvoll für die deutschen EG-Beamten selbst, die sich zum Teil untereinander in der räumlich weit zersplitterten EG-Behörde nicht kennen, aber auch vor allem für die Angehörigen der Ständigen Vertretung, die sich ein Bild von den Beamten und deren Interessen machen können. Die Kontakte sollten auch zur Karriereplanung genutzt werden. Sehr oft werden in der Behörde Posten frei, deren Besetzung mit einem deutschen Staatsangehörigen für die Bundesrepublik interessant wäre. Es fehlt aber an geeigneten Kandidaten, die unterstützt werden können. Eine genaue Übersicht über das Karriereprofil einzelner deutscher Beamter ist deshalb sehr nützlich.

Für die obersten Ränge in der EG-Administration, also Direktoren, stellvertretende Generaldirektoren und Generaldirektoren, gibt es im Bundeskanzleramt eine Koordinierungsrunde unter der Leitung des Staatssekretärs im Kanzleramt. Diese Runde sollte vor allem frühzeitig untereinander abstimmen, welche deutschen Prioritäten man in der Stellenbesetzung hat. Auch bei diesen Rängen sind Besetzungswünsche am ehesten zu erfüllen, wenn man mit einem starken internen deutschen Kandidaten aufwarten kann. Besetzungen von außen sind in diesen Rängen im Unterschied zu den anderen Dienstgraden des höheren Dienstes zwar grundsätzlich möglich, stoßen aber leicht auf Abwehrreflexe innerhalb der Institutionen, so daß auch erfolgreiche Kandidaten von außen innerhalb der Behörde oft ohne Durchschlagskraft bleiben.

Man sollte sich auch vor der Illusion hüten, in jedem Fall deutsche Vorstellungen bei Postenbesetzungen durchsetzen zu können. Kandidaten lassen sich nicht gegen den ausdrücklichen Willen des zuständigen Generaldirektors bzw. Kommissars durchsetzen. Eine zu direkte Einflußnahme kann auch kontraproduktive Wirkung haben. Wichtig ist in jedem Falle, einen fachlich hochqualifizierten Bewerber anbieten zu können.

Vierte Schlußfolgerung: Die deutsche Präsenz in den EG-Institutionen ist nach wie vor ungenügend. Es sind noch nicht alle Mittel ausgeschöpft, um sie quantitativ wie qualitativ zu erhöhen.

IV. Die Rolle der bilateralen Botschaften in der EU unter dem Einfluß der europäischen Integration

1. Sind bilaterale Botschaften in EU-Mitgliedstaaten überflüssig geworden?

Die europäische Integration hat die Rolle der bilateralen Botschaften in der EU tiefgreifend verändert. Die Dichte der persönlichen Beziehungen zwischen den Staats- und Regierungschefs, den Außenministern und anderen Fachministern sowie die direkten Kontakte zwischen den Administrationen und die bestehenden vielfältigen Konsultationsmechanismen haben die klassischen diplomatischen Aufgaben, die normalerweise eine Botschaft in einem Drittland erfüllen muß, überflüssig gemacht. Aus der klassischen Außenpolitik in den bilateralen Beziehungen ist europäische Innenpolitik geworden. Sind damit bilaterale Botschaften in anderen EU-Ländern überflüssig geworden? Diese Frage ist bereits im Auftrag des Bundesaußenministers von Botschafter Paschke im einzelnen untersucht worden. Er kommt in seinem Bericht zu der Schlußfolgerung, daß in der Tat die Botschaften in der Europäischen Union eine ganze Reihe von Aufgaben verloren haben, wie etwa die der formellen Verhandlungen mit der Gastregierung. Bilaterale Konflikte sind selten geworden und werden im Normalfall im Vorfeld auf höchster politischer Ebene besprochen und zu einem Kompromiß geführt. Andere Aufgaben, wie etwa die Standort- und Investitionswerbung, sind dagegen wichtiger geworden. Außerdem sind gerade durch den europäischen Integrationsprozeß neue zusätzliche Herausforderungen entstanden. Dieser Bericht soll sich auf diese neuen Aufgaben beschränken. Im übrigen teilt der Verfasser die Auffassung des Paschke-Berichts, daß die bilateralen Botschaften innerhalb der EU weiterhin notwendig sind, ja daß ihre Rolle sogar noch wichtiger geworden ist.

2. Neue Aufgaben durch die europäische Integration

Aus der europäischen Integrationspolitik ergeben sich für die bilateralen EU-Botschaften hauptsächlich drei neue Aufgabengebiete:

Erstens muß die bilaterale Botschaft eine genaue Kenntnis der offiziellen europapolitischen Positionen Deutschlands sowie jene der maßgeblichen innenpolitischen Kräfte und gesellschaftlichen Gruppen besitzen, um die deutsche Europapolitik überzeugend gegenüber der Administration des Gastlandes vertreten zu können.

Weit wichtiger ist jedoch, zweitens, die Erläuterung und Werbung für die deutsche Europapolitik gegenüber der Öffentlichkeit in den Gastländern und den maßgeblichen politischen Parteien, wirtschaftlichen Gruppierungen, den Medien, kurz allen Akteuren der Zivilgesellschaft. Diese *public diplomacy*-Aufgabe setzt ebenfalls eine sichere Kenntnis der wichtigsten europapolitischen Positionen in der Bundesrepublik voraus. Es ist Aufgabe der Zentrale, das geeignete Informationsmaterial an die bilateralen Botschaften zu senden. Die Missionschefs haben in den Botschaften in der Europäischen Union EU-Beauftragte zur Verfügung. Sie sollten möglichst aus früheren Verwendungen einschlägige Kenntnisse und Erfahrungen mitbringen. Diese EU-Beauftragten wie auch die Missionschefs selbst sollten in regelmäßigen Abständen in Berlin oder auch in Brüssel zusammengezogen werden, um über die neuesten EU-Themen und die zu diesen Themen vertretenen deutschen Positionen auf den letzten Stand gebracht zu werden.

Drittens können die bilateralen Botschaften durch ihre Berichte und Analysen der innenpolitischen Lage im europäischen Gastland einen wichtigen Beitrag zur Erklärung der von dem europäischen Partnerland in einer europäischen Frage vertretenen Standpunkt leisten. Man denke hier etwa an die Vorbereitung eines Europäischen Rates oder an die Regierungskonferenzen über die Änderung der Verträge. Die genaue Analyse der innenpolitischen Lage sowie die Hinweise auf den Meinungsbildungsprozeß in dem betreffenden EU-Gastland und schließlich die Erklärung von strukturellen Unterschieden im verfassungsmäßigen oder administrativen Aufbau sowie in der Gesellschaft des anderen EU-Landes kann wichtige Hinweise darauf geben, welcher Verhandlungsspielraum besteht. Diese Arbeit kann nur aufgrund kontinuierlicher und zeitnaher Beobachtung im Gastland geleistet werden. Es besteht immer die Gefahr, daß man nationale Kategorien oder Vorgehensweisen ohne nähere Prüfung auf das andere EU-Land überträgt und damit eine Verhandlungssituation zu stark aus nationaler Perspektive beurteilt. Nur die bilaterale Mission in einem anderen EU-Land kann dieser „Illusion der Vertrautheit" entgegenwirken (Paschke, S. 9), die durch die regelmäßigen formellen und informellen Kontakte der Politiker und hohen Beamten in den vielen bilateralen Konsultationen und den verschiedenen EG-Treffen entsteht.

Fünfte Schlußfolgerung: Die bilateralen Botschafter in den EU-Mitgliedstaaten müssen durch geeignete Mittel in die Lage versetzt werden, die deutsche Europapolitik gegenüber Regierung und Gesellschaft im Gastland aktiv zu vermitteln. Sie können einen wichtigen Beitrag bei der Erarbeitung und Umsetzung deutscher Verhandlungspositionen durch die Analyse der in der Europapolitik des Gastlandes vertretenen Politiken leisten.

V. Schlußbemerkung

Wie sich aus der Bestandsaufnahme dieses Beitrags ergibt, sind bei der Koordinierung der europapolitischen Standpunkte der Bundesrepublik, in der Diplomatenausbildung sowie bei der Förderung deutschen Personals in den EU-Institutionen Maßnahmen getroffen worden oder in Vorbereitung, die zu einer deutlichen Verbesserung beitragen können. In einigen Punkten ist die Situation jedoch weiterhin unbefriedigend. Dieser Beitrag enthält Anregungen, wie weitere Verbesserungen erzielt werden könnten.

Die Privatwirtschaft und der Auswärtige Dienst

Die Exportwirtschaft

Kurt J. Lauk*

Die deutsche Wirtschaft ist ein wichtiges und oft das sichtbarste Element deutscher internationaler Präsenz. Die deutsche Industrie hat sich in den vergangenen 50 Jahren zu einer führenden Exportkraft in der Welt entwickelt. Viele deutsche Produkte setzen in Image und Qualität internationale Standards. Insbesondere auf den Gebieten des Fahrzeug- und Maschinenbaus, der Pharma- und der Chemieproduktion sind deutsche Erzeugnisse international anerkannt; viele Unternehmen nehmen in diesen Sparten eine Spitzenposition in der Welt ein.

89% der deutschen Ausfuhr an Waren und Dienstleistungen machen Produkte aus, die industriell gefertigt worden sind. Nur 9,9% entfallen auf Dienstleistungen, weitere 0,2% auf den Bergbau und 0,7% auf die Landwirtschaft.

Diese internationale Präsenz ist das Ergebnis einer doppelten Bemühung: um Qualität bei der Fertigung und um Durchsetzung am Markt. Jeder Unternehmer, jedes Unternehmen muß im globalen Wettbewerb im Markt täglich aufs Neue bestehen. Dabei hat jeder Markt, jedes Marktsegment seine eigene Dynamik, seine besonderen Hürden und seine besonderen Erfolgsbedingungen. Gutes Management besteht darin, die Erfolgsfaktoren im jeweiligen Land zu erkennen und geschäftlich zu nutzen.

Der Auswärtige Dienst hat die Bundesrepublik Deutschland im Ausland in hervorragender Weise vertreten. Nach anfänglichem Zögern hat er sich auch in zunehmendem Maße der Aufgabe gewidmet, den Erfolg deutscher Firmen auf ausländischen Märkten zu fördern. Die Auslandsvertretungen sind heute natürlicher Anlaufort für Unternehmen, bieten Rat und Kontakte insbesondere zu den örtlichen Regierungsstellen. Die Unterstützung des deutschen Exports ist zu einer selbstverständlichen Aufgabe des Auswärtigen Dienstes geworden.

---

*   Dr. Kurt J. Lauk, Präsident des Wirtschaftsrats der CDU e.V. und ehemals Mitglied des Vorstands der Daimler-Chrysler AG.

Diplomaten sind keine Lobbyisten

Dennoch muß darüber nachgedacht werden, welche Leistungen die deutsche Diplomatie künftig aus der Sicht der Wirtschaft erbringen sollte und wie der Auswärtige Dienst entsprechend verbessert werden kann.

Dabei wäre es falsch, von den Auslandsvertretungen der Bundesrepublik zu verlangen, Interessenvertretungen einzelner Unternehmen zu werden. Zum einen sind sie für diese Aufgabe weder gedacht noch geeignet; die Diplomaten sind vor allem der Politik und Repräsentanz der Bundesrepublik verpflichtet; ihre Weisungsgeber sitzen im Auswärtigen Amt, nicht in den Unternehmensspitzen. Zu den Interessen des Staates gehört selbstverständlich das Wohlergehen der Volkswirtschaft insgesamt, nicht aber das einzelner Firmen; gelegentliche Verwischungen dieser Abgrenzung haben sich in aller Regel weder für den Staat noch für das betreffende Unternehmen ausgezahlt.

Zum anderen haben die deutschen Unternehmen für Auslandsvertretungen im unmittelbaren Tagesgeschäft auch keinen Bedarf. Dieses Geschäft ist Aufgabe des Managements der jeweiligen Unternehmen. Die Einschaltung von Diplomaten wäre nicht einmal nützlich, sondern nur hinderlich, selbst wenn sie über die erforderliche betriebliche Kompetenz verfügen sollten.

Darüber hinaus gibt es jedoch zusätzliche Rahmenbedingungen, die für einen geschäftlichen Erfolg wichtig und nützlich sind. Hierzu können die Auslandsvertretungen durchaus einen Beitrag leisten.

Die Auslandsvertretungen stehen für geregelte diplomatische Beziehungen zwischen den jeweiligen Ländern und der Bundesrepublik. Dies gibt den Unternehmen für ihre Arbeit im Ausland Rechtssicherheit und ist Voraussetzung für vielfältige andere Abkommen, von der Rechtshilfe bis zu Doppelbesteuerungsabkommen und zum Devisenverkehr. Ein ordnungsmäßiges und geregeltes Geschäftsleben ist davon abhängig. Diese Grundlagen werden in Verträgen zwischen den Regierungen ausgehandelt und von den jeweiligen Parlamenten verabschiedet. Je dichter das Netz der Vereinbarungen, desto verläßlicher und berechenbarer ist die Marktumgebung für die Unternehmen. Die Arbeit des Auswärtigen Amtes und seines Dienstes ist hierbei naturgemäß zentral. Nachdem dieses Netz jedoch geknüpft ist, obliegt es den Unternehmen, die geschäftlichen Entwicklungen voranzutreiben. Für die normalen geschäftlichen Kontakte und das tägliche Geschäftsleben sind Auslandsvertretungen dann kaum mehr von Bedeutung.

Politisches Backing

In einer ganzen Reihe von Umständen kann jedoch darüber hinaus die Mitwirkung der Auslandsvertretungen ausgesprochen hilfreich sein. Dies trifft insbesondere auf Großprojekte im Ausland zu. Wenn die deutsche Industrie in einem solchen Projekt engagiert ist, dann sind politische Begleitung und Hintergrundinformationen für das anbietende Unternehmen oft von hohem Wert. Die Aufgabe, sich im Wettbewerb durchzusetzen, bleibt durchgängig Sache der Unternehmen. So kann es denn auch nicht sein, daß der Wirtschaftsattaché in den einzelnen Botschaften von den Unternehmen vollständig vereinnahmt wird, um deren Projekte zu fördern. Deutsche Botschaften können und dürfen nicht zu Abteilungen irgendwelcher Unternehmen gemacht werden. Dennoch sind Hinweise auf politische Zusammenhänge in Einzelfällen ausgesprochen wichtig.

Zwar haben große Unternehmen in der Regel ihre eigenen, vielfach bestens ausgestatteten Auslandsvertretungen. Meist sind sie jedoch vollauf damit beschäftigt, das jeweilige Projekt im Wettbewerb mit Anbietern aus anderen Nationen durch die verschiedenen Verhandlungsstadien zu bringen. Die Rolle des Auswärtigen Dienstes in diesem Zusammenhang ist minimal.

Jedoch ist eines wichtig: Das jeweilige Gastland muß erkennen können, daß die Bundesrepublik Deutschland ein starkes Interesse daran hat, daß deutsche Unternehmen zum Zuge kommen. Natürlich kann es dabei nicht darum gehen, daß die Bundesrepublik Deutschland durch ihre Auslandsvertretungen ein Projekt durchdrückt. Durch die Unterstützung der Bundesregierung bzw. ihrer Botschaften vor Ort wird jedoch signalisiert, daß es hier auch um Interessen geht, die die Beziehungen zwischen der Bundesrepublik Deutschland und dem jeweiligen Gastland berühren.

Genau dies kann im Zusammenspiel zwischen den Auslandsvertretungen großer Unternehmen, dem Auswärtigen Dienst und den jeweiligen nationalen Regierungen durch geschicktes Taktieren und Verhandeln erreicht werden. Bei großen Projekten kommt es häufig vor, daß die führenden Unternehmensvertreter, entweder der zuständige Vorstand oder der Vorstandsvorsitzende, bei den entsprechenden Ministerien und deren entscheidenden Repräsentanten vorsprechen, um ihr Projekt zu fördern. Die Bereitschaft der jeweiligen Gastländer, diese Personen zu empfangen, ist außerordentlich hoch. An den Gesprächen nehmen bei großen Unternehmen dann die jeweiligen Chefs der Landesvertretungen der Unternehmen ebenfalls teil, nicht aber Vertreter der Botschaften. Dies hat sowohl Vorteile als auch Nachteile. Die Vorteile: Die Bundesrepublik Deutschland greift nicht in geschäftliche Prozesse ein, die von den Unternehmen durchgestanden werden müssen. Der Nachteil: Bei großen Projekten tritt die Bundesrepublik selbst nicht als Befürworter in Erscheinung. Damit fehlt aus der Sicht des Gastlandes der politische Nachdruck aus Deutschland.

Die politische Befürwortung kann auf verschiedene Weise signalisiert werden. Einmal von ganz oben, etwa wenn der Bundeskanzler bei Staatsbesuchen führende Unternehmer sichtbar in seine Delegation aufnimmt, aber auch auf der Ebene der deutschen Auslandsvertretungen. Vielfach dringen die Unternehmenschefs trotz intensiver Bemühungen ihrer örtlichen Repräsentanzen nicht immer zu den geeigneten Gesprächspartner durch. Hier ist die Hilfe des Auswärtigen Dienstes bei der Terminvereinbarung oft ausschlaggebend. Nicht immer sind die Kontakte des Unternehmens ausreichend, um unmittelbaren Zugang zu den Entscheidungsträgern im jeweiligen Land zu erhalten, etwa an der Spitze des betreffenden Ministeriums. Die Unterstützung der Deutschen Botschaft kann hier nützlich, ja entscheidend sein.

Auch deshalb pflegen die guten Unternehmensrepräsentanzen in den einzelnen Ländern von sich aus Kontakte zu den jeweiligen Deutschen Botschaften. Wenn die persönlichen Beziehungen ausreichend sind, funktionieren auf informeller Ebene Austausch und Zusammenarbeit in bester Weise.

Beistand für den Mittelstand

Können Großunternehmen die Unterstützung der Diplomaten nutzen, so sind sie doch nur beschränkt darauf angewiesen. Sie haben zumeist ihre eigenen Strukturen in den großen ausländischen Märkten aufgebaut, machen aktiv davon Gebrauch und sind in den Ländern, in denen sie große Märkte bedienen, so zu Hause wie Botschaftsangehörige. Oft verweilen Unternehmensrepräsentanten zudem sehr viel länger im Gastland als einzelne Diplomaten, ein für die geschäftlichen Verbindungen nicht zu unterschätzender Vorteil.

Anderes gilt für die Unternehmen des Mittelstands. Viele von ihnen sind ebenfalls in Exportmärkten ausgesprochen erfolgreich. Insbesondere deutsche mittelständische Unternehmen, die im Maschinenbau oder im elektromechanischen Bereich tätig sind, haben in vielen Fällen weltweite Marktführerschaft erreicht und hohe Marktanteile gewonnen. Dazu müssen sie in allen großen Märkten aktiv präsent sein.

Im Unterschied zu Großunternehmen können mittelständische Firmen sich jedoch ständige Auslandsvertretungen nur selten leisten. Sie haben sehr viel begrenztere finanzielle Mittel, teure Auslandsvertretungen sind in ihren Budgets nicht unterzubringen. In den meisten Fällen werden ihre Auslandsaktivitäten daher durch Handelsvertreter oder -vertretungen wahrgenommen. Es gibt eine Reihe großer Handelsorganisationen, die mittelständische Unternehmen in vielen Ländern vertreten. Oftmals sind diese auf bestimmte Regionen, beispielsweise Asien, oder einige große Länder fokussiert.

Diese Vertretungen haben jedoch neben dem jeweiligen Produkt des Mittelständlers noch andere Produkte zu betreuen und Interessen wahrzunehmen, wenn auch in der Regel nicht die von Wettbewerbern. Sie sind in vielen Fällen als „Botschafter" des jeweiligen mittelständischen Unternehmens im jeweiligen Land bzw. Exportmarkt ausgesprochen erfolgreich. Sie kennen den Markt, sie kennen die Kunden, sie kennen den Wettbewerb vor Ort und haben ein starkes Eigeninteresse am Verkaufserfolg ihres mittelständischen Kunden.

Sie haben ein ausgeprägtes Gespür dafür, welche Produkte zu welchem Zeitpunkt in welchem Markt laufen. Sie haben ihr eigenes Portfolio an Handelsgütern zusammengestellt und sind in der Lage, sofern sie gut organisiert sind, einzelne Produkte zu verschiedenen Zeiten mit Nachdruck zu vertreiben; nicht jedes Kundenprodukt hat ja über viele Jahre andauernd Konjunktur.

Gute Handelsvertretungen haben ein wirtschaftliches und politisches Beziehungsgeflecht aufgezogen, das einer ständig präsenten Unternehmensrepräsentanz durchaus ebenbürtig sein kann. Viele ihrer Mitarbeiter kommen aus dem Land oder kennen das Land ausgezeichnet, pflegen mit den Kunden oder der nächsten Generation der Unternehmensführungen, beispielsweise in Asien, seit vielen Jahren freundschaftliche Beziehungen.

Dennoch spielt gerade für mittelständische Unternehmen der diplomatische Dienst eine wichtige Rolle, weil er Kontakte zu Ministerien, Ministern und anderen politischen und wirtschaftlichen Entscheidungsträgern herstellen kann. Normalerweise überschreitet dies die Möglichkeiten eines mittelständischen Unternehmers, selbst wenn er Vorsitzender der Geschäftsführung ist.

Deutsche Botschaften können neben dieser besonderen Mittlerrolle für mittelständische Unternehmen helfen, ihnen einen Überblick über die allgemeine wirtschaftliche und politische Situation zu geben, die für die einzelnen Märkte und Marktsegmente, in denen das Unternehmen tätig ist, besonders relevant ist. Gerade letzteres verlangt von den deutschen Auslandsvertretungen einen nicht unbeträchtlichen Aufwand, der oft in keinem Verhältnis zum geschäftlichen Erfolg zu stehen scheint. Er lohnt sich dennoch. Denn auch Umsätze, die in einzelnen Ländern von bescheidenem Umfang sind, können zu einem hohen Weltmarktanteil führen.

Konkret sollte die Unterstützung durch die Botschaften allgemeine Informationen zum Gastland und zu einzelnen Unternehmen, aber auch erläuternde Einweisungen in die Wettbewerbslandschaft und ihre Strukturen enthalten. Vielfach sind die Auslandsvertretungen anderer westlicher Länder in dieser Hinsicht immer noch sehr viel aktiver als die Deutschen Botschaften.

Der kulturelle Anreiz

Ein weiteres Gebiet, auf dem deutsche Außenpolitik und ihre Auslandsvertretungen die Wirtschaft sehr viel stärker unterstützen können und sollten, ist
die Förderung der kulturellen Verbundenheit mit Deutschland. Deutsche
Unternehmen tun sich in Exportmärkten leichter, wenn die deutsche Sprache
und Kenntnisse der deutschen Kultur verbreitet sind. Auch Ausbildungsstät-
ten für Handwerker und Facharbeiter, die in den einzelnen Ländern gebraucht
werden, sollten in wesentlich stärkerem Maße aus Deutschland mit Geld und
Lehrpersonal gefördert werden. Es kann nicht nur darum gehen, die deutschen Orchester und die deutschen Schauspielensembles im Ausland als
kulturellen Beitrag der Bundesrepublik Deutschland für das Gastland vorzu-
stellen. Auch dies wird nach wie vor wichtig bleiben. Es könnte jedoch viel
mehr erreicht werden, wenn die deutsche Sprache und das deutsche duale System der Ausbildung von Facharbeitern in großen Exportmärkten deutlich
akzentuiert werden. Hier haben wir nach wie vor einen guten Ruf, mit dem
wir wuchern sollten.

Ausländische Geschäftspartner, deren führende Mitarbeiter in Deutschland ausgebildet wurden, zeigen große Aufgeschlossenheit gegenüber deutschen Produkten und Geschäftsverbindungen mit Deutschland. Oft ergibt
sich jedoch bei Gesprächen im Ausland, daß Geschäftspartner, die eine hohe
Affinität zu Deutschland haben, zu ihrem Bedauern von den dortigen kulturellen Institutionen kaum angesprochen werden. Ein Potential, das für die
deutsche Exportwirtschaft hohe Bedeutung hat, liegt so in vielen Fällen
brach. Gewiß sind hier gerade Universitäten und andere Ausbildungsein-
richtungen in Deutschland gefordert. Wenn diese jedoch, im Gegensatz zu
den entsprechenden Einrichtungen anderer westlicher Länder, die Aufgabe
nicht wahrnehmen, muß die deutsche Regierung sich selbst bemühen, ein
solches kulturelles Netzwerk zu schaffen. Noch scheint es relativ unterent-
wickelt zu sein. Der Aufbau eines solchen Netzwerks ist sicherlich zeit- und
kostenintensiv. Er wird sich jedoch für alle Beteiligten auf lange Sicht in hohem Maße lohnen.

Nicht jedes Land, insbesondere nicht jedes kleine Land, ist dafür Adres-
sat. Große Länder eignen sich eher, weil dort sowohl die Märkte als auch die
Netzwerke, die aufgebaut und angesprochen werden können, umfangreicher
ausfallen. Damit sind jedoch kleinere Länder nicht ausgeschlossen, in denen
oft wenige Persönlichkeiten einen großen Einfluß auf Wirtschaft und Politik
haben können.

Kulturelle Affinität beruht auf kultureller Anziehungskraft. Vielverspre-
chende Nachwuchskräfte und Studenten sollten vermehrt ermutigt werden, in
Deutschland zu studieren bzw. zu hospitieren. Wer in Deutschland ein Studium oder auch nur einen Teil seiner Ausbildung absolviert hat, hegt nach der
Rückkehr in sein Heimatland nicht selten starke Sympathien für Deutschland.

Vielfältige Kontakte und Erfahrungen im Ausland mit solchen Spitzenkräften belegen dies. Dies setzt aber voraus, daß durch die Auslandsvertretungen der Nachwuchs auch angesprochen wird und Programme initiiert werden, um Deutschland für ausländische Studenten attraktiv zu machen. Langfristig wird sich dies sowohl für die deutsche Wirtschaft als auch für die Anerkennung Deutschlands als Kulturnation als segensreich erweisen. Man kann sich leider oft des Eindrucks nicht erwehren, daß dieses Feld in den vergangenen Jahrzehnten zu sehr vernachlässigt wurde.

Neue Fähigkeiten für Diplomaten

Insgesamt läßt sich feststellen, daß der Auswärtige Dienst bei der Förderung von wirtschaftlichen Beziehungen noch mehr tun kann, als er in der Vergangenheit getan hat. Allerdings müssen dafür die entsprechenden organisatorischen und personellen Voraussetzungen im Auswärtigen Amt und in den einzelnen Auslandsvertretungen geschaffen werden. Dies erfordert auch eine Veränderung, auf jeden Fall eine Ergänzung der Ausbildung für die diplomatische Laufbahn.

Wirtschaftliche Belange sollten in höherem Maße in die Ausbildung einbezogen werden. Auch in der Laufbahnplanung für die ersten Berufsjahre sollte eine engere und intensivere Berührung mit wirtschaftlichen Themen vorgesehen werden. Es wäre auch zu überlegen, ob nicht für einzelne Diplomaten in den frühen Jahren ein Praktikum in großen oder mittelständischen Unternehmen zur Pflicht werden sollte.

Eine Vermischung zwischen Auswärtigem Dienst und deutscher Wirtschaft dagegen ist nicht wünschenswert. Es geht vielmehr um ein besseres Hineindenken in die jeweiligen Bedürfnisse, zum Nutzen gleichermaßen für die deutsche Exportwirtschaft wie für Deutschland als führende Wirtschaftsnation.

Dazu ist es allerdings notwendig, daß in den Auslandsvertretungen Mitarbeiter sitzen, die sich bei großen Projekten in die Materie einarbeiten und sie sinnvoll begleiten können. Komplexe Verträge und komplexe Zusammenhänge wirtschaftlicher Sachverhalte verlangen den Mitarbeitern der Auslandsvertretungen erhebliche Kenntnisse ab. Eine oberflächliche Vertrautheit ist zwar besser als keine. Jedoch ist oft Bedingung für den Erfolg eine intensivere Zusammenarbeit zwischen den Unternehmensrepräsentanten, den nationalen Regierungen und der örtlichen Botschaft.

Gewiß fehlt es bei vielen Unternehmen noch an der Bereitschaft, dem Auswärtigen Dienst etwa bei Großprojekten in ausreichendem Maße Einblick in ihre Verhandlungsvorstellungen zu geben. Aber diese Zurückhaltung beruht nicht nur auf Geheimniskrämerei, sondern auch darauf, daß ein kenntnisreicher Mitarbeiter des Auswärtigen Dienstes nicht immer verfügbar ist.

Die Anforderungen an den Auswärtigen Dienst aus Sicht der Wirtschaft lassen sich somit auf einen Begriff bringen: einfühlsame Begleitung. Hier sind in den letzten Jahren bereits Fortschritte erzielt worden, die auch in der Wirtschaft dankbar vermerkt werden. Aber in diesem Lob schwingt zugleich die Hoffnung mit, daß es damit noch nicht sein Bewenden hat.

Die Tourismusindustrie

Günter Ihlau *

1. Zukunftsbranche Tourismus

Wirtschaftsexperten gehen davon aus, daß der Tourismus die wichtigste Wachstumsbranche der kommenden Jahrzehnte sein wird. Das quantitative Wachstum sowie die qualitativen Veränderungen werden auch die Tätigkeiten des Auswärtigen Amtes und der Auslandsvertretungen nachhaltig beeinflussen. Dies gilt für die Ebenen

- Auswärtiges Amt/Tourismuswirtschaft in Deutschland und in den Zielländern,
- Auswärtiges Amt/Reisende,
- Auswärtiges Amt/ausländische Regierungen.

1.1 Wachsende Bedeutung des Wirtschaftsfaktors Tourismus

- Zunehmende Gästezahlen und Umsätze – Einnahmen und Ausgaben – im internationalen Tourismus

Wachstumsbranche Tourismus weltweit	2000	2020
Internationale Gästeankünfte (in Mio.)	673	1602
Weltweiter Umsatz (in Mrd. US-Dollar)	520	2000

Quelle: World Tourism Organization (WTO).

---

* Günter Ihlau, Direktor Internationale Beziehungen TUI AG, Vorsitzender des Ausschusses „Auslandstourismus" des Deutschen Reisebüro und Reiseveranstalter Verbandes e.V. (DRV).

– Wachstum der internationalen Gästeankünfte nach Kontinenten/Regionen (Durchschnittswachstum pro Jahr 2000–2020, in %)

Europa	+ 3,4
Ostasien/Pazifik	+ 7,7
Amerika	+ 3,1
Afrika	+ 5,6
Mittlerer Osten	+ 5,5
Südasien	+ 5,3
Welt	+ 4,4

Quelle: World Tourism Organization (WTO)

– Daten zur Entwicklung in Deutschland:

Tabelle 1
Entwicklung der Urlaubsreise-Intensität, 1954–2000 (% der Bevölkerung)*

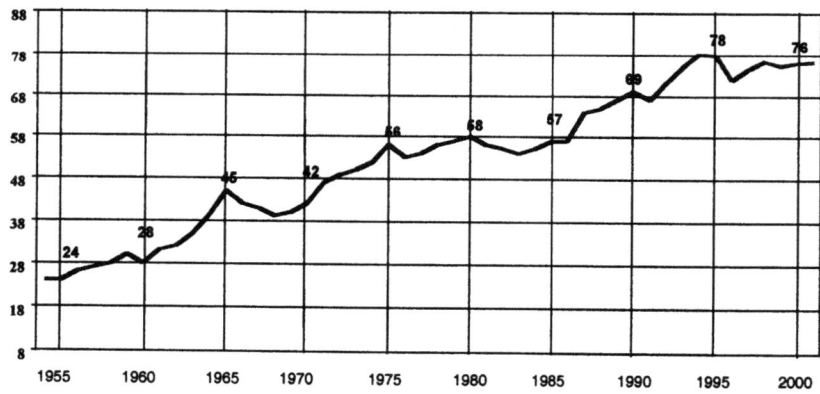

* Anteil der Bevölkerung ab 14 Jahre, der im jeweiligen Jahr mindestens eine Urlaubsreise von mindestens 5 Tagen Dauer unternommen hat.

Quellen: bis 1992 Studienkreis für Tourismus e.V.; ab 1993 Urlaub + Reisen, Forschungsgemeinschaft F.U.R., Hamburg.

Tabelle 2

Entwicklung der Auslands- und Inlandsreisen der Deutschen, 1954–2000 (%)

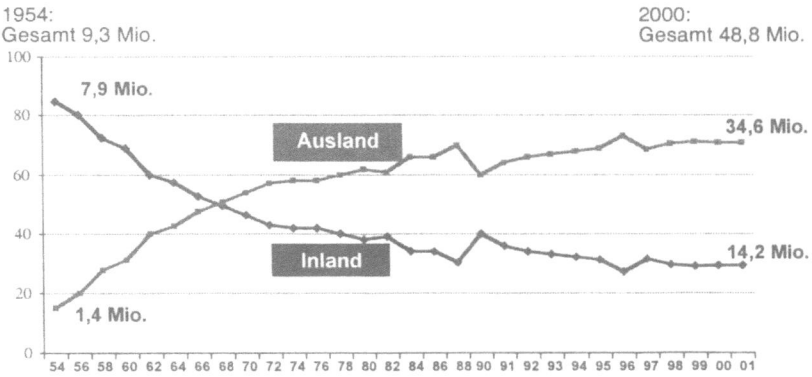

Anm.: Haupturlaubsreisen = Reisen von mindestens 5 Tagen und mehr, Reisende ab 14 Jahre; ab 1990 inkl. neue Bundesländer.

Quellen: bis 1992 Studienkreis für Tourismus e.V.; ab 1993 Urlaub + Reisen, Forschungsgemeinschaft F.U.R., Hamburg.

Tabelle 3

Entwicklung Veranstalterreisen–Individualreisen, 1970–2000 (Anteil in %)

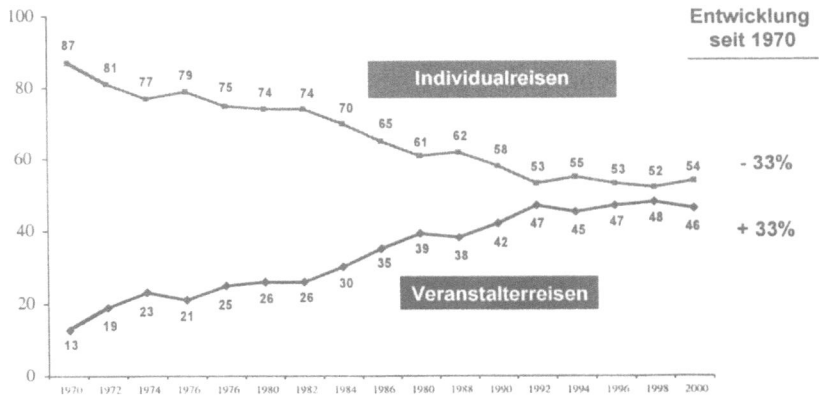

Anm.: Haupturlaubsreisen = Reisen von mindestens 5 Tagen und mehr, Reisende ab 14 Jahre; ab 1990 inkl. neue Bundesländer.

Quellen: bis 1992 Studienkreis für Tourismus e.V.; ab 1993 Urlaub + Reisen, Forschungsgemeinschaft F.U.R., Hamburg.

Tabelle 4
Entwicklung der organisierten Flugurlaubsreisen der Deutschen, 1990–1999

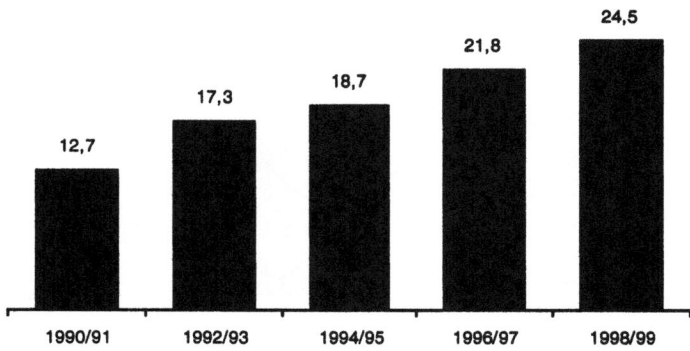

Anm.: Urlaubsreisen von mindestens 5 Tagen und mehr.
Quelle: TouristScope.

Tabelle 5
Entwicklung der Übernachtungen ausländischer Gäste in Deutschland, 1996–2000 (in Mio.)

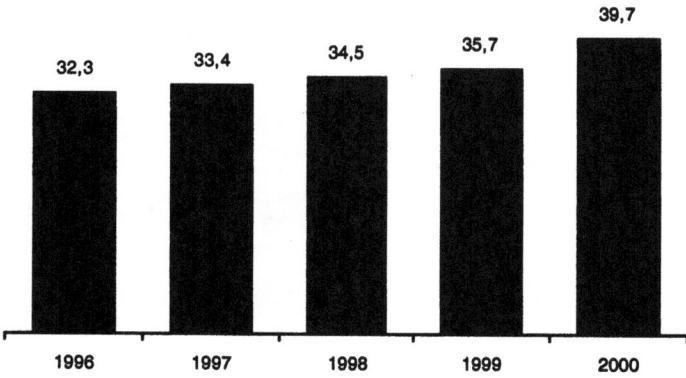

Quelle: Statistisches Bundesamt Wiesbaden.

– Zunehmender Anteil des Tourismus am Bruttoinlandsprodukt in allen Volkswirtschaften weltweit.

Land	Anteil am BIP 1999 (in %)
Österreich	17,6
Frankreich	14,8
Deutschland	10,8
Griechenland	18,3
Italien	16,1
Portugal	19,4
Spanien	22,7
Bahamas	58,7

Quelle: WTTC, World Travel & Tourism Council.

– Zunehmender Beitrag zur Exportwirtschaft, insbesondere der Entwicklungs- und Schwellenländer: Der Tourismus ist wirtschaftlicher Hoffnungsträger für die Regierungen vieler Länder.
– Hohes Potential für zusätzliche Arbeitsplätze – aufgrund der strukturellen Veränderungen und der erweiterten technologischen Basis auch zunehmende Zahl qualifizierter Stellen.
– Insbesondere die aufgrund von Konzentration entstehenden immer größeren Unternehmenseinheiten auch in Form von Strategischen Partnerschaften, Ketten und Kooperationen benötigen ein qualifiziertes Management.

1.2 Wichtige Trends im Reiseverhalten

– Ausdehnung der Entfernungshorizonte und Fragmentierung der Reiseziele

Die wichtigsten Reiseziele der Deutschen:

Reiseziel	im Jahr 1990		im Jahr 2000	
	Rang	Marktant. %	Rang	Marktant. %
Deutschland	1	40,0	1	29
Spanien	2	10,7	2	14,2
Italien	3	8,4	3	9,3
Österreich	4	6,4	4	6,6
Frankreich	5	4,9	6	3,8
Jugoslawien**	6	4,2	8	2,2
Griechenland	7	3,4	7	3,3
Niederlande	8	2	9	1,9
Türkei	9	1,9	5	4,7
Dänemark	10	1,8	10	1,6
Außereurop. Länder*		5,8		9,7
Sonstige		10,5		17,2
Gesamt		100,0		103,5

x Ohne Türkei.
x x Im Jahr 2000 aus Vergleichsgründen Länder des ehemaligen Jugoslawien insgesamt.
Quelle: FUR, Urlaub und Reisen.

– Wachsende Qualitätsanforderungen der Gäste an Einrichtungen und Service in den Quellmärkten und Zielländern:

  – Vielfalt und freie Wahl,
  – Qualitätsniveau,
  – Qualitätssicherheit.

– Wachsender Anteil der organisierten Reisen mit professioneller Betreuung in den Quellmärkten und Zielgebieten.

Konsequenz

Grundsätzlich ist davon auszugehen, daß die stark wachsende Zahl international Reisender zu immer mehr und entfernteren Reisezielen den Betreuungsaufwand der Botschaften und Konsulate im Ausland erhöhen wird.

Die zunehmenden Ansprüche an die Qualität des Reisens werden darüber hinaus auch zu wachsenden Erwartungen an die Betreuung durch das Auswärtige Amt und die Auslandsvertretungen führen.

Auch wenn die Zahl erfahrener und gut vorbereiteter Auslandsreisender zunimmt – es wächst auch die Zahl jener Gäste, die mit geringem Wissensstand, unerfahren und unvorbereitet fernere Länder bereisen und deswegen häufiger mit Problemen konfrontiert werden.

Für die wachsende Zahl organisierter Reisender wird ein großer Teil des Betreuungsaufwandes durch die Informationen der Reiseveranstalter im Vorfeld der Reisen sowie durch die Betreuung durch Reiseleiter während der Reise abgedeckt. Durch die Betreuung seitens der Mitarbeiter der Reiseveranstalter entstehen den Veranstaltergästen zumeist auch weniger Probleme als den auf eigene Faust Reisenden.

Durch die Zusammenarbeit mit den Mitarbeitern der Reiseveranstalter, der Incoming-Agenturen und der Hotellerie vor Ort, insbesondere durch entsprechende Informationsarbeit, können die deutschen Auslandsvertretungen dazu beitragen, das Risiko von Problemen für die Gäste zu mindern.

Die zwingend von den Botschaften bzw. Konsulaten wahrzunehmenden konsularischen Aufgaben lassen sich durch die Zusammenarbeit mit den Mitarbeitern der Tourismuswirtschaft vor Ort darüber hinaus sicher vereinfachen und beschleunigen.

2. Zunehmende Internationalisierung und Globalisierung der Tourismuswirtschaft

Durch die marktbedingte Zusammenarbeit der Tourismuswirtschaft sind im Laufe der vergangenen Jahrzehnte zunehmend enge, internationale Netzwerke entstanden. Vertragliche Vereinbarungen zur Zusammenarbeit sind insbesondere in den neunziger Jahren durch Kapitalverflechtungen ergänzt worden.

Die Zusammengehörigkeit von Unternehmen in der touristischen Wertschöpfungskette wird grenzüberschreitend in jüngster Zeit auch durch einen gemeinsamen Markenauftritt verdeutlicht.

2.1 Internationalisierung auf unterschiedlichen Ebenen

- auf horizontaler Ebene
  - Fluggesellschaften: Beteiligungen und strategische Allianzen
  - Hotellerie
  - Reisebüros
  - Mietwagenunternehmen ⎫ Beteiligungen (Aufbau von Ketten) sowie Franchise-Systeme und Kooperationen

- auf vertikaler Ebene
  - Verstärkter Ausbau integrierter Tourismusunternehmen über mehrere oder alle Stufen der touristischen Wertschöpfungskette hinweg in den Quellmärkten und Destinationen; hier liegt aktuell und in Zu-

kunft ein Schwerpunkt in den Konzentrationstendenzen des Tourismusmarktes;

- auf diagonaler Ebene
  - Branchenfremde Unternehmen, die national und international bislang auf anderen Geschäftsfeldern tätig sind, engagieren sich verstärkt in der Tourismuswirtschaft;
- Ausbau und zunehmende internationale Vernetzung der Infrastrukturen für Verkehr und Telekommunikation als Plattform für die Entwicklung der Tourismuswirtschaft.

2.2 Wachsendes internationales Investitionsvolumen der Unternehmen der Tourismuswirtschaft auf allen Stufen der touristischen Wertschöpfungskette zur Sicherung strategischer Kapazitäten sowie der Qualitätsstandards in den Quellmärkten und Zielgebieten
Die sowohl in Vorwärts- als auch in Rückwärtsintegration entstehenden vertikalen Tourismusunternehmen umfassen die gesamte touristische Wertschöpfungskette:

- Reisebüros und Reiseveranstalter,
- Fluggesellschaften,
- Hotellerie,
- Betreuungsservice vor Ort: Zielgebietsagenturen, Reiseleiter,
- Mietwagenunternehmen etc.,
- Sonstige.

2.3 Wachsende Notwendigkeit des internationalen Einsatzes von Mitarbeitern zur Führung ausländischer Beteiligungsunternehmen

2.4 Wachsende Notwendigkeit für den internationalen Austausch von Führungskräften und Mitarbeitern zur Aus- und Weiterbildung

Konsequenz

Das wachsende Engagement der Tourismuswirtschaft durch Investitionen in touristische Unternehmen in den Zielländern (Hotellerie, Zielgebietsagenturen, Mietwagen etc.) wird dazu führen, daß die Tourismuswirtschaft verstärkt Unterstützung durch das Auswärtige Amt und die Auslandsvertretungen in Anspruch nehmen wird. Dies betrifft vor allem folgende Aufgabenbereiche:

- Informationen über die politischen und wirtschaftlichen Rahmenbedingungen,
- Informationen zur Bewertung von Chancen und Risiken von Investitionen,

- Herstellung von Kontakten zu politischen Entscheidungsträgern und potentiellen Geschäftspartnern (Banken, Investoren, touristische Leistungsträger, Berater),
- Unterstützung des Aufbaus von Beteiligungen und Joint-ventures.
- Hilfe bei der Überwindung von bürokratischen Hemmnissen für die Tätigkeit der Unternehmen der Tourismuswirtschaft und deren Mitarbeiter in den Zielgebieten.

3. Nutzung der Serviceleistungen und Zusammenarbeit mit dem Auswärtigen Amt

3.1 Unterstützung der politischen Wahrnehmung und Anerkennung der Tourismuswirtschaft entsprechend ihrer wirtschaftlichen Bedeutung im In- und Ausland

Als Querschnittsbranche, deren Beiträge zum Bruttoinlandsprodukt unter verschiedenen statistischen Rubriken erfaßt werden, wird die Tourismuswirtschaft in der Öffentlichkeit nicht ihrem tatsächlichen Gewicht entsprechend wahrgenommen.

Aufgrund von Durchflußeffekten schafft der Tourismus Wachstum und Arbeitsplätze nicht nur in den Kernbereichen des Tourismus (Reisebüros, Reiseveranstalter, Hotellerie, Incoming-Agenturen, Mietwagen-Unternehmen, Transport-Unternehmen etc.), sondern auch mehr oder weniger in vielen anderen Branchen.

Nur in wenigen Ländern wird die tatsächliche Bedeutung des Tourismus mit Hilfe von Subkonten in der volkswirtschaftlichen Gesamtrechnung erfaßt. Die Ergebnisse zeigen hier, daß das Gewicht der Tourismuswirtschaft in allen Ländern deutlich höher ist, als die amtlichen Statistiken mit den Beiträgen zum Bruttoinlandsprodukt ausweisen.

Die Arbeitsbelastungen durch den Tourismus, insbesondere der konsularischen Betreuung in den Auslandsvertretungen, prägen in starkem Maße das Bewußtsein der Mitarbeiter des Auswärtigen Amtes. Sie haben beispielsweise zu tun mit dem Verlust von Ausweispapieren, der Erteilung von Visa, Inhaftierungen, Kautionshinterlegungen, Todesfällen und Überführungen.

Die Verdichtung von Problemfällen bestimmt die Einschätzung und Einstellung der Mitarbeiter der Auslandsvertretungen zum Tourismus weit mehr als dessen effektive wirtschaftliche Bedeutung und dessen Zukunftspotentiale. Touristen – das bedeutet vor allem lästige Mehrarbeit.

Da viele Länder – insbesondere viele Entwicklungs- und Schwellenländer – an den Tourismus wirtschaftliche Hoffnungen knüpfen, ist es wichtig, den Prozeß der politischen Wahrnehmung und Anerkennung der Bedeutung der Tourismuswirtschaft im In- und Ausland zu unterstützen:

– innerhalb des Auswärtigen Amts in Deutschland und bei den Auslandsvertretungen,
– bei den internationalen Organisationen – insbesondere auch bei den Organisationen der Europäischen Union,
– bei den Regierungen sowie gegenüber der gesamten Öffentlichkeit in den Zielländern,
– bei der Bundesregierung, den Landesregierungen, den Ministerien sowie sonstigen öffentlichen Bereichen mit intensiven Auslandskontakten. Dies gilt insbesondere für die Zusammenarbeit mit dem
  – Bundesministerium für wirtschaftliche Zusammenarbeit und Entwicklung (BMZ),
  – Bundesministerium für Wirtschaft und Technologie (BMWi) und dem
  – Bundesministerium für Gesundheit.

3.2 Bereitstellung von Informationen durch das Auswärtige Amt in Art und Umfang abgestimmt auf Wachstum und Wandel der Tourismuswirtschaft

Zielsetzungen. Zu den wesentlichen Dienstleistungen des Auswärtigen Amtes gehört die Bereitstellung von Informationen über die verschiedenen Reiseländer. Generelle Ziele der Tourismuswirtschaft im Hinblick auf Informationen über Zielländer sind:
– Wertung der Attraktivität des Landes als Reiseziel im internationalen Wettbewerb der Destinationen,
– Wertung der Chancen und Risiken für die Zusammenarbeit und Investitionen.

– Länderinformationen für den Reisenden
  – Zum besseren Kennenlernen und Verstehen von Land und Leuten,
  – Für ein Verhalten der Reisenden, das auf die Umwelt sowie die sozialen und kulturellen Werte des bereisten Landes Rücksicht nimmt und deshalb bei der Bevölkerung des Gastlandes Akzeptanz findet,
  – Reisemedizinische Informationen: Impfungen, vorbeugendes Verhalten, Hilfe in Krankheits- und Notfällen,
  – Aktuelle Reiseinformationen: Einreisebestimmungen, Regeln für Reisen und Aufenthalt im Land, Informationen über Serviceleistungen des Auswärtigen Amtes in Sonder- und Notfällen, wichtige Adressen für Hilfestellungen im Land während der Reise, Sicher-

heitshinweise und Reisewarnungen, zum Beispiel aufgrund politischer Unruhen oder besonderer gesundheitlicher Gefährdungen.

- Länderinformationen für die Tourismuswirtschaft
  - über Politik, Wirtschaft und Gesellschaft, Umweltsituation, touristische Infrastruktur, Stärken und Schwächen sowie Chancen und Risiken des touristischen Angebotes des Landes,
  - über bilaterale Beziehungen und Einbindung in internationale Organisationen und deren Regeln im Hinblick auf die wirtschaftliche Zusammenarbeit,
  - über staatliche Rahmenbedingungen für den Tourismus und die wirtschaftliche Zusammenarbeit mit ausländischen Investoren
    - Anforderungen der Administration,
    - Kapital- und Gewinntransfer,
    - Einsatz von ausländischen Mitarbeitern etc.,
  - über Organisationen und Entscheidungsträger in Politik und Wirtschaft sowie Möglichkeiten der Kontaktaufnahme.

4. Ansatzpunkte der Zusammenarbeit zwischen den Unternehmen der Tourismuswirtschaft und dem Auswärtigen Amt

Grundsätzlich gilt, daß organisiert reisende Gäste aufgrund intensiverer Vorbereitung und umfangreicher Betreuung durch Mitarbeiter des Reiseveranstalters und durch Geschäftspartner vor Ort während der Reise seltener mit Problemen konfrontiert sind und seltener Serviceleistungen des Auswärtigen Amtes in Anspruch nehmen als Reisende, die auf eigene Faust unterwegs sind.

Die Mitarbeiter der TUI in den Zielgebieten bewerten die Zusammenarbeit mit der Botschaft und den Konsulaten überwiegend positiv. Die Intensität und Qualität der Zusammenarbeit ist allerdings abhängig von

- den Personen, sowohl auf seiten der Botschaft und der Konsulate als auch auf seiten der Mitarbeiter der touristischen Unternehmen,
- der Dauer der Zusammenarbeit, die beeinflußt wird durch den Personalwechsel auf beiden Seiten,
- dem Zusammenhalt der „Deutschen Gemeinde" vor Ort, die wiederum abhängig ist
  - von der Entfernung des Zielgebietes von Deutschland
  - von der Größe der „Deutschen Gemeinde" im Zielland
  - von der Anzahl der Residenten und der zeitweiligen Urlaubsgäste.

Die Beschreibung der Zusammenarbeit mit den Vertretungen des Auswärtigen Amtes in den Zielgebieten durch die Mitarbeiter der Tourismuswirtschaft lassen erkennen, daß es offensichtlich keine durchgängigen Standards für die Gestaltung der Zusammenarbeit gibt. Vieles ist der persönlichen Initiative der verschiedenen Entscheidungsträger und deren Einschätzung der Situation vor Ort überlassen. Positiv bewertet werden von den Mitarbeitern der Tourismuswirtschaft:

- Das Zusammentreffen mit Botschaftsangehörigen und Vertretern aus Politik und Wirtschaft bei offiziellen Anlässen, auch wenn hierbei kaum Gelegenheiten zum Austausch über Sachthemen bestehen.
- Die tourismusspezifischen regelmäßigen Treffen mit Angehörigen der zuständigen Botschaft bzw. der zuständigen Konsulate, die allerdings nur in wenigen Ländern durchgeführt werden.
- Die Unterstützung bei Problemen mit den Verwaltungen der Gastländer, wie Beschaffung von Aufenthalts- und Arbeitserlaubnissen, Erleichterung von Zollformalitäten etc.
- Die Überwindung von bürokratischen Hürden mit Hilfe des kurzen Drahts zur Botschaft und zum Konsulat, insbesondere zum Vorteil von Gästen, die – allein auf sich gestellt – schnell in die Mühlen der Bürokratie geraten.
- Die hohe Bereitschaft zur Hilfe bei außergewöhnlichen Situationen und Notfällen.

Zur Optimierung der Zusammenarbeit zwischen Auswärtigem Amt, Auslandsvertretungen und den Unternehmen der Tourismuswirtschaft bieten sich mehrere Ansatzpunkte an, die im folgenden erläutert werden.

4.1 Abstimmung der Zusammenarbeit bei der Inanspruchnahme von Serviceleistungen des Auswärtigen Amtes durch Unternehmen der Tourismuswirtschaft und deren Gäste

Grundsätzlich ist es wünschenswert, daß sich die wechselnden Mitarbeiter der Tourismusunternehmen vor Ort einen schnellen Überblick verschaffen können über

- den organisatorischen Aufbau der Botschaft/des Konsulats,
- die Mitarbeiter und deren Aufgaben,
- die Erreichbarkeit, Telefon-Durchwahl, Mobiltelefon, Fax, Internet-, Adresse, Öffnungszeiten, Notfall-Nummern etc.

Darüber hinaus bietet es sich an, den Mitarbeitern der Tourismuswirtschaft vor Ort Informationen zur Verfügung zu stellen, die es für Gäste und Residenten möglichst einfach machen, die Serviceleistungen der Auslandsvertretungen in Anspruch zu nehmen, wie zum Beispiel:

– Übersicht über die Dienstleistungen, die von der Auslandsvertretung erbracht oder eben nicht erbracht werden.
– Welche Voraussetzungen erfüllt sein müssen, um diese Dienstleistungen in Anspruch nehmen zu können.
  – Welche Unterlagen mitzubringen sind.
  – Welche Formulare auszufüllen sind (ggf. Verteilung von Mustern).
– Welche Behörden im Land in außergewöhnlichen Fällen und Notfällen anzusprechen sind (Adressen, Aufgaben, Sprachkenntnisse, Erreichbarkeit, Abwicklung, Kosten).

Abgesehen von hoheitlichen Aufgaben wie Ausstellung eines Reiseausweises bei Paßverlust, Beschaffung von Visa etc. werden in der Praxis viele Serviceleistungen für die Gäste in Sonder- und Notfällen sowohl von der Botschaft als auch von den Service-Mitarbeitern der Tourismusunternehmen wahrgenommen. Abstimmungen können hier für die Gäste Schnelligkeit und Bequemlichkeit sicherstellen und dazu beitragen, daß Doppelarbeiten vermieden werden.

Viele der Gäste der Reiseveranstalter verfügen über Reiseversicherungen, die über Unternehmen der Assistance bei Notfällen bestimmte Serviceaufgaben übernehmen und für die notwendigen finanziellen Abwicklungen sorgen. Auch hier besteht Abstimmungsbedarf.

Grundsätzlich gibt es eine Reihe von Notfällen, bei denen der Gast das Gefühl benötigt, gut betreut zu sein. In diesen Fällen ist es häufig angebracht, wenn sich mehrere Stellen um den Reisenden kümmern. Dies gilt zum Beispiel für stationär behandelte Kranke, Opfer von kriminellen Vergehen, insbesondere Gewaltverbrechen, sowie Inhaftierte.

Die vor Ort tätigen deutschen Mitarbeiter touristischer Unternehmen benötigen spezielle Dienste, die über den Service für die Gäste hinausgehen. Dazu gehören: Unterstützung bei der Beschaffung von Aufenthalts- und Arbeitserlaubnissen, Abwicklung von Zollformalitäten, Unterstützung bei privat und beruflich bedingten Kontakten mit Behörden des Landes etc.

4.2 Zusammenarbeit bei der Bereitstellung aktueller Länder- und Reiseinformationen

Interesse der Tourismusunternehmen ist es, den Gästen Länder- und Reiseinformationen zu bieten, die umfassend und auf dem neuesten Stand sind.

Wichtig sind vor allem Informationen, die dem Gast helfen, sich sicher und bequem im Land zu bewegen. Dazu gehören zum Beispiel Informationen über:

- Verkehrsmittel und Verkehrswege einschließlich Verkehrsregeln und Verkehrszeichen,
- Verhaltensregeln im Kontakt mit Einheimischen, insbesondere für den Besuch von religiösen und kulturellen Orten sowie Veranstaltungen,
- Ein- und Ausreiseformalitäten,
- Zahlungsmittel,
- Gesundheits- und Sicherheitsregeln,
- Adressen, Abteilungen und Ansprechpersonen der deutschen Auslandsvertretungen sowie der wichtigsten Behörden im Land,
- Sehenswürdigkeiten und Veranstaltungen,
- wichtige Adressen für Notfälle und Krisen.

Viele dieser Informationen werden die Auslandsvertretungen in Zusammenarbeit mit den betreffenden Behörden des Gastlandes zusammenstellen. Die Unternehmen der Tourismuswirtschaft können aufgrund ihres zumeist weit gefächerten Mitarbeiter-Netzwerkes im Lande zur Bereitstellung aktueller Informationen beitragen.

4.3 Zusammenarbeit in Krisensituationen

Die objektive und subjektive Sicherheit der Reisenden sind die Grundvoraussetzung dafür, daß Touristen ein Land besuchen. Die Risikobereitschaft, die den an Land und Leuten interessierten Gast früherer Jahre ausgezeichnet hat, ist nur noch bei wenigen Wagemutigen vorhanden, hat aber ansonsten bei den Reisenden generell ständig abgenommen. Deutsche Urlauber reagieren auf scheinbare wie tatsächliche Gefährdung der Sicherheit sehr empfindlich.

Empfindlichkeit der Touristen besteht allerdings auch gegen eine „Friedhofssicherheit", die durch umfangreiche Beschränkungen der Bewegungsfreiheit im Land und überall sichtbare bewaffnete Polizei- und Militärkräfte erreicht wird.

Grundsätzlich haben das Auswärtige Amt und die Tourismuswirtschaft das gleiche hohe Interesse an der Sicherheit deutscher Besucher in anderen Ländern. Darüber sollte Einigkeit bestehen, um die Gefahr zu vermeiden, daß Tourismuswirtschaft und Auswärtiges Amt wie auch die Regierungen der Gastländer ihre Zielsetzungen wechselseitig fehleinschätzen. Natürlich verfolgen die Regierungen der Gastländer und die Unternehmen der Tourismuswirtschaft auch wirtschaftliche Ziele, die sich nur realisieren lassen, wenn die Sicherheit der Gäste gewährleistet ist. Unterschiede können allerdings auftreten im Hinblick auf die Bewertung von Risiken. Deshalb sollten Sicherheitshinweise und Reisewarnungen im Krisenfall verstärkt abgestimmt werden.

Es bietet sich an, daß zu diesem Zweck das Auswärtige Amt und die Auslandsvertretungen, die Regierungen in den betroffenen Ländern und die

Verantwortlichen der Tourismuswirtschaft vor Ort und in Deutschland enger zusammenarbeiten.

Es erscheint zweckmäßig, die Verbindungen zwischen dem Krisenstab des Auswärtigen Amtes und den Unternehmen der Tourismuswirtschaft im Krisenfall auch personell sicherzustellen. Dazu bietet sich insbesondere die Zusammenarbeit mit dem Deutscher Reisebüro und Reiseveranstalter Verband (DRV) an.

Die Terroranschläge vom 11. September in New York und Washington sowie die damit verbundenen Reaktionen der USA und der Antiterrorkoalition vieler Länder haben umfangreiche Auswirkungen nicht nur auf den Reiseverkehr mit den USA, sondern weltweit gehabt. Die durch die Terroranschläge entstandene Krise unterstreicht die Notwendigkeit der Zusammenarbeit zwischen den Unternehmen der Tourismuswirtschaft sowie dem Auswärtigen Amt und den Auslandsvertretungen. Gerade bei Ereignissen, bei denen sehr viele Menschen betroffen sind, ist ein koordiniertes Wirken aller Stellen besonders wichtig.

Auch im Krisenfall können die Reiseveranstalter einbringen, daß das Netz der Mitarbeiter vor Ort zumeist weite Teile des Landes erfaßt und sich nicht allein auf die Hauptstadt konzentriert. Das erleichtert die Beschaffung und Distribution von Informationen, vor allem in Sondersituationen.

Im Interesse der Reisenden sollten im Krisenfall die Sicherheitshinweise und die Reisewarnungen aller Beteiligten in einer einheitlichen Sprache gefaßt sein. Dabei kommt es auf ein hohes Maß an detaillierter Darstellung an, um unterschiedliche Wertungen für verschiedene Gebiete innerhalb eines Landes sowie für unterschiedliche Reisearten und Reisenden-Zielgruppen deutlich zu machen.

Um eine schnelle Reaktion im Krisenfall zu gewährleisten, empfiehlt sich die Institutionalisierung der Zusammenarbeit zwischen dem Krisenzentrum des Auswärtigen Amtes und den operativen Abteilungen der Unternehmen der Tourismuswirtschaft.

Die TUI zum Beispiel verfügt über eine eigene Abteilung für Krisensituationen und Notfälle, die 24 Stunden besetzt ist. Diese zentrale Abteilung kann auf eine detaillierte Planung für unterschiedliche Krisen zurückgreifen.

Viele Reiseveranstalter, insbesondere jedoch die integrierten Tourismusunternehmen, verfügen über Mitarbeiter vor Ort sowie entsprechende Einrichtungen und Kapazitäten für schnelle Einsätze im Krisenfall, wie zum Beispiel das Sammeln und die Zurückholung von Gästen.

Für die Auslandsvertretungen des Reiseleiter-Service der großen Tourismusunternehmen, wie zum Beispiel der TUI, gibt es detaillierte Notfallpläne, in die auch die Zielgebietsagenturen und die Hotellerie eingebunden sind.

Die Mitarbeiter der Tourismuswirtschaft vermissen eine vorbereitende Abstimmung zwischen den deutschen Auslandsvertretungen und den touristischen Unternehmen vor Ort für den Krisenfall.

Die Praxis der Zusammenarbeit in Krisen ist nach Aussagen der Mitarbeiter der Tourismuswirtschaft sehr unterschiedlich. Sie ist im Einzelfall auf der Basis bestehender und im Krisenfall gesuchter Beziehungen schnell, flexibel und damit zufriedenstellend.

Mitarbeiter der Tourismuswirtschaft berichten allerdings auch von Fällen, in denen zwischen der Auslandsvertretung und den deutschen Mitarbeitern der Reiseveranstalter vor Ort in Krisenfällen nur unzureichende Kontakte bestehen und jeder nur seinen Aufgaben nachgeht. Dies ist ein Zeichen für das Fehlen abgestimmter Standards.

4.4 Schaffung von Plattformen für Kontakte zwischen Politik und Unternehmen der Tourismuswirtschaft in den Zielländern und der Tourismuswirtschaft in Deutschland

Zur Verbesserung der Zusammenarbeit zwischen den Unternehmen der Tourismuswirtschaft, dem Auswärtigen Amt und den Auslandsvertretungen sowie den ausländischen Regierungen empfiehlt es sich, Plattformen der regelmäßigen Zusammenarbeit zu schaffen:

1. In Deutschland
   Arbeitskreis
   Auswärtiges Amt, führende Verbände und führende Tourismusunternehmen.
   Aufgaben des Arbeitskreises sind:
   - Themen der laufenden Zusammenarbeit, zum Beispiel der Abstimmung von Länderinformationen
   - Abstimmung der Standards der Zusammenarbeit zwischen Tourismuswirtschaft und dem Auswärtigen Amt in Krisenfällen in Deutschland und in den betroffenen Ländern.

2. In den Destinationen
   Organisation regelmäßiger Treffen zwischen den Mitarbeitern der deutschen Auslandsvertretungen und den führenden Mitarbeitern der Tourismusunternehmen vor Ort zur Förderung des kontinuierlichen Informationsaustausches.
   Abstimmung der Zusammenarbeit in Krisenfällen im Rahmen der zwischen dem Auswärtigen Amt und den Unternehmen der Tourismuswirtschaft erarbeiteten Standards.

5. Organisation der Zusammenarbeit

Die Anforderung an die Organisation der Zusammenarbeit zwischen der Tourismuswirtschaft und dem Auswärtigen Amt und den Auslandsvertretungen sind von grundsätzlicher Natur. Eine schnelle, unkomplizierte und kostengünstige Zusammenarbeit erfordert:

- flache Strukturen für kurze Informations- und Entscheidungswege,
- deutliche Darstellung von Verantwortungen, Namen und Funktionen (z.B. Benennung eines Krisenbeauftragten in der Botschaft des Zielgebietes),
- schnelle, unbürokratische Unterstützung,
- Erreichbarkeit auch außerhalb der üblichen Geschäftszeiten, wenn für Reisende und Mitarbeiter der Tourismuswirtschaft vor Ort dringende Hilfe notwendig ist (z.B. häufig benötigt an den Haupt-An- und -abreisetagen),
- 24-Stunden-Erreichbarkeit für Krisen- und Notfälle.

Zusammenfassung

Die stark wachsende Zahl der Reisenden und die Fragmentierung der Reiseziele sowie das zunehmende Engagement deutscher Tourismusunternehmen in den Zielländern führen dazu, daß die Tourismuswirtschaft in Zukunft sicher in verstärktem Maße Dienstleistungen des Auswärtigen Amtes und der Auslandsvertretungen in Anspruch nehmen wird.

Dies steht Überlegungen entgegen, die Anzahl der Botschaften und Konsulate weltweit wesentlich zu reduzieren. Schon heute ist erkennbar, daß eine Reduktion der deutschen Auslandsvertretungen in hoch frequentierten Reisezielen nur schwer möglich sein wird. Das gleiche gilt für Reiseziele, deren umfangreicher Ausbau in den kommenden Jahren bereits heute geplant ist.

Durch eine engere Zusammenarbeit zwischen dem Auswärtigen Amt und den Auslandsvertretungen sowie den Unternehmen der Tourismuswirtschaft lassen sich Doppelarbeiten vermeiden und die allein im Volumen bedingten zusätzlichen Belastungen für alle vermindern.

Gleichzeitig wird diese enge Zusammenarbeit dazu beitragen, die Qualität der Serviceleistungen für die Gäste und die Tourismusunternehmen zu verbessern.

Die Gesellschaft und der Auswärtige Dienst

Die Nicht-Regierungsorganisationen

Volkmar Deile*

Der Staatsminister seufzt: „Längst betreiben alle anderen Ressorts ihre eigene internationale Politik, wenig beeinflußbar vom Auswärtigen Amt. Dessen Zukunft müßte in der Koordination liegen. Der aktuelle Trend indes ist gegenläufig" (Ludger Volmer, 6.11.2000).

Der Staatsminister irrt nicht. Die Koordinationsaufgabe des Auswärtigen Amtes stößt allerdings auf umfassendere Schwierigkeiten als nur auf den Unwillen anderer staatlicher Akteure, die durchaus auch in den Zuständigkeitsbereichen des Auswärtigen Amtes wildern. Es gilt wohl immer weniger, was die Geschäftsordnung der Bundesregierung von 1951 festlegt: „Verhandlungen mit dem Ausland oder im Ausland dürfen nur mit Zustimmung des Auswärtigen Amtes, auf sein Verlangen auch nur unter seiner Mitwirkung geführt werden." Dasselbe fordert das Gesetz über den Auswärtigen Dienst, wenn es darauf dringt, daß die Koordination der Tätigkeiten aller anderen staatlichen Akteure auf der internationalen Ebene Aufgabe des Auswärtigen Amtes sei.

Aber hier handelt es sich nicht nur um Zuständigkeitsrangeleien und normale Konkurrenz. Das ist eigentlich geregelt. Nein, hinter der Klage des Staatsministers steckt mehr. Das läßt sich mit ein paar Zahlen gut belegen. Das Auswärtige Amt hat zu Jahresbeginn 2002 74 Referate und einige Arbeitsstäbe. In den anderen Ressorts der Bundesregierung gibt es über 300 Arbeitseinheiten, die ebenfalls mit außenpolitischen Fragen beschäftigt sind, mit mehr Mitarbeitern und Mitarbeiterinnen, als das Berliner Auswärtige Amt hat. Da wird die lenkende Koordination zu einer kaum zu bewältigenden Herkulesaufgabe.

Ein Blick auf die Federführung bei den großen Weltkonferenzen der Vereinten Nationen der neunziger Jahre des vergangenen Jahrhunderts bestätigt dies. Von acht Weltkonferenzen war das Auswärtige Amt nur bei der Wiener Weltmenschenrechtskonferenz 1993 und bei der Weltkonferenz ge-

---

*   Volkmar Deile, von 1990 bis 1999 Generalsekretär der deutschen Sektion von amnesty international und Mitherausgeber des Jahrbuchs Menschenrechte.

gen den Rassismus in Durban, Südafrika im Jahre 2001 federführend. Alle anderen Weltkonferenzen wurden von anderen Ministerien betreut: Der Weltkindergipfel 1990 vom Familienministerium, der Gipfel für Umwelt und Entwicklung 1992 durch das Umwelt- und das Bundesministerium für wirtschaftliche Zusammenarbeit (BMZ), die Weltbevölkerungskonferenz 1994 vom Bundesinnenministerium, die Weltfrauenkonferenz 1995 vom Frauenministerium, der Weltsozialgipfel 1995 durch das Bundesministerium für Arbeit und Sozialordnung und die Weltkonferenz über menschenwürdiges Wohnen durch das BMZ.

Das heißt nicht, daß das Auswärtige Amt keine wichtige Rolle bei der Vorbereitung und Durchführung dieser internationalen Treffen spielte. Aber es zeigt, daß die Internationalisierung aller Politikbereiche rasant voranschreitet. Staatenwelt und Gesellschaftswelt ändern sich und suchen ein neues Verhältnis zueinander. Die Zahl der Akteure hat sich vergrößert. Und die modernen Kommunikationsmittel tun ein übriges. Das hat auch die Tätigkeiten, die Zuständigkeiten und die Ausrichtung des Auswärtigen Dienstes einem Wandel unterzogen. Jede Reform muß dem gerecht werden.

Neue Herausforderungen: Veränderungen in der Staatenwelt

Das Ende des Kalten Krieges und der bipolaren Weltstruktur 1989 hat eine Reihe von Entwicklungen beschleunigt und neue möglich gemacht. Die Veränderungen in der Staatenwelt lassen sich als zwei Tendenzen darstellen: der Integration in größere, wirtschaftliche und politische Einheiten einerseits und der Fragmentierung und Marginalisierung von Staaten andererseits, von deren Schwächung bis zum Zerfall staatlicher Autorität und des damit verbundenen Gewaltmonopols.

Die europäische Integration schreitet voran und hat zur Folge, daß die Beziehungen aller einzelnen Mitgliedstaaten zu den anderen EU-Mitgliedsländern sich so ändern, daß von traditionellen bilateralen diplomatischen Beziehungen nicht mehr gesprochen werden kann. Traditionelle außenpolitische Beziehungen untereinander haben sich in Richtung einer EU-Innenpolitik weiterentwickelt. Der Druck in Richtung Anpassung, Interessenausgleich und Koordination gemeinsamer Außenbeziehungen der Mitgliedstaaten der EU zu anderen Staaten und Regionen hat zugenommen. Die Wirksamkeit der nationalen Außenpolitiken der EU-Staaten kann sich durch Bündelung erhöhen, wenn das Insistieren auf nationalen Egoismen nicht zu einer „gemeinsamen" Außenpolitik auf dem niedrigsten gemeinsamen Nenner führt. Trotz des Ziels einer Gemeinsamen Außen- und Sicherheitspolitik (GASP) der Europäischen Union besteht aber nach wie vor ein starker nationalstaatlicher Einfluß, der mit der umstrittenen und deshalb ungeklärten Frage der anzustrebenden Intensität der Integration zusammenhängt.

Innerhalb der Europäischen Union ist es für die Mitgliedstaaten und deren Regierungen durchaus noch nicht selbstverständlich, kritische Fragen aneinander zu richten, was sich etwa im Fall der kritikwürdigen französischen Afrika- und Algerienpolitik zeigt, um nur ein Beispiel zu nennen. Der außenpolitischen Abstimmung der EU in der Form der GASP sollte die gegenseitige innereuropäische Selbstkritik entsprechen. Der hoffentlich unaufhaltbare Prozeß der europäischen Integration sollte davon bestimmt sein, daß das gemeinsame Wachstum aller einzelstaatlichen Politiken sich an dem Höchststand orientiert, den ein einzelner Mitgliedstaat bereits erreicht hat. Auch wenn dies bisher noch nicht die Regel ist, kann man schon heute von einer fortschreitenden Europäisierung der nationalen diplomatischen Dienste sprechen, die der europäischen Integration beständig zuarbeitet und umgekehrt. Das hat auch für die internationalen nichtstaatlichen Organisationen in Europa Konsequenzen gehabt. Sie haben heute fast alle Vertretungen in Brüssel, ohne auf die Einflußnahme auf die nationalen EU-Regierungen verzichten zu können und zu wollen.

Der Entstehung und Fortentwicklung größerer politischer und wirtschaftlicher Einheiten auf der einen Seite entspricht die Schwächung nationalstaatlicher Einheiten bis zum Staatenzerfall auf der anderen Seite. Mit diesem Prozeß geht eine Privatisierung der Gewalt einher, die sich in innerstaatlichen und bewaffneten Kriegen und Konflikten in furchtbarer Grausamkeit austobt. Die völkerrechtlichen Instrumente zur Bändigung dieser Form von Gewalt sind nicht vorhanden. Und ein wirkliches Interesse der Gewalttäter an der Herstellung friedlicherer Verhältnisse gibt es nicht, weil sie von der Androhung und Ausübung von Gewalt leben (Eppler). Es ist ihre Existenzgrundlage. Wie die Tendenz zum Staatenzerfall aufgehalten und die Privatisierung der Gewalt gebremst werden kann, ist heute eine außerordentlich wichtige Anfrage an die Politik aller Staaten und ihre internationale Zusammenarbeit.

International wächst der Druck auf Deutschland, seiner wirtschaftlichen Potenz und politischen Bedeutung entsprechend „internationale Verantwortung" zu übernehmen. Worin diese besteht, darum geht der politische Streit – auch mit den nichtstaatlichen Organisationen. Traditionell sind die bestimmenden Faktoren der Außenpolitik die geographische Lage eines Landes, die Größe seiner Bevölkerung, sein wirtschaftliches, technisches und militärisches Potential, das Bildungs- und Ausbildungsniveau seiner Bürgerinnen und Bürger, die Art seiner Grenzen, die strategische Position des Landes im internationalen Kräftefeld, die Leistungsfähigkeit seiner politischen Führung und die politisch-gesellschaftliche Struktur des Landes. Diese für die Stärkung der Institutionen einer Weltordnungspolitik, des Multilateralismus, des fairen internationalen Interessenausgleichs, die Herrschaft des Rechts und der

Menschenrechte sowie die Minderung von Gewalt einzusetzen muß ein Imperativ der deutschen Politik sein.

Die wirtschaftlichen und finanziellen Entwicklungen, die sich im Prozeß der Globalisierung zunehmend staatlicher Regulierung entziehen, üben heute einen immer stärkeren Einfluß auf die Gestaltung der internationalen Beziehungen aus. Dagegen haben sich neue soziale Bewegungen in vielen Ländern gebildet, die in zunehmendem Maße international kooperieren. Die Zahl der international tätigen Akteure wächst. Dabei handelt es sich nicht nur um substaatliche Einheiten wie etwa die Bundesländer, auch Wirtschaftsverbände und Gewerkschaften internationalisieren sich und ihre Arbeit. Das qualitative und quantitative Wachstum zivilgesellschaftlicher Akteure, die zum Teil im Rahmen grenzüberschreitender Netzwerke agieren, nimmt vermehrt und öffentlich Einfluß auf die Politik der Staaten. Insgesamt wird die Anzahl nichtstaatlicher Organisationen aller Art mit 17 000 angegeben (Yearbook of International Organizations). Jedes Konzept von Außenpolitik wird deshalb endgültig das Selbstverständnis eines von der Öffentlichkeit abzuschirmenden überparteilichen Staatsinteresses hinter sich lassen und sich dieser praktischen Form von „Vergesellschaftung" der Außenpolitik stellen müssen.

Daß sich die Unterschiede zwischen Außen- und Innenpolitik zunehmend verwischen und beide Aufgaben kaum noch zu entflechten sind, hat die Anzahl der staatlichen Akteure, die neben dem Auswärtigen Amt auf dem Feld der internationalen Politik aktiv sind, erheblich vergrößert. Notwendige internationale Ordnungsanforderungen in globalisierten Problemfeldern haben diesen Prozeß gefördert.

Schließlich bleibt die mit diesen Veränderungen notwendigerweise einhergehende Verrechtlichung der internationalen Beziehungen – trotz aller Widerstände – nicht ohne Folgen. Sie betrifft fast alle Politikbereiche und verringert die traditionellen Spielräume diplomatischer Flexibilität. In diesem Prozeß werden die Vereinten Nationen als oberste Behörde der notwendigen Weltordnungspolitik immer wichtiger. Die politischen Bemühungen müssen sich darauf konzentrieren, diese gleichzeitig zu stärken und zu demokratisieren.

Wir haben es mit einer Übergangssituation zu tun. Einerseits können eine Reihe von grenzüberschreitenden oder globalen Problemen nicht mehr von den Nationalstaaten allein gelöst werden, andererseits wird die Verwirklichung möglicher Lösungsansätze ohne die Nationalstaaten als Akteure auf der internationalen Ebene aber auch nicht möglich sein. Diese Beobachtung ist nicht neu, verlangt aber heute besonders dringend, daß aus ihr die notwendigen Konsequenzen gezogen werden.

Vor einem vorschnellen Abschied von der nationalstaatlich verfaßten Politik ist jedenfalls dringend zu warnen. Die Staaten sind etwa als Völkerrechtssubjekte, die allein internationale Regeln für das Zusammenleben der Menschen auf diesem Globus und für den Umgang mit den natürlichen Lebensgrundlagen in Kraft setzen können, unverzichtbar. Ohne wirksamen Ersatz für diese Funktion auf regionaler und globaler Ebene ist der weiteren Schwächung der Nationalstaaten oder deren eigener Bereitschaft zur Abgabe von Macht zu widersprechen.

Versuche, zum Beispiel bestimmte menschenrechtliche Regeln zu „Gnadenrechten" herabzustufen – wie das bei dem Angebot des Bundesinnenministeriums an die Kirchen, für den Flüchtlingsschutz sogenannte Kirchenkontingente einzurichten, der Fall ist –, zersetzen die staatlichen Schutzpflichten in diesem Bereich.

Staatenzerfall und die damit einhergehende Privatisierung von Gewalt sind eine dringende Warnung an die Staatengemeinschaft. Diese Privatisierung kennen wir nicht nur aus zerfallenden Staaten. Auch bei uns ist dieser Prozeß im Fortschritt begriffen, wie die andauernde Diskussion etwa um die Privatisierung bestimmter Sicherheitsaufgaben zeigt. Die Verteidigung des demokratisch legitimierten und kontrollierten staatlichen Gewaltmonopols ist auch deshalb richtig, weil nur demokratisch legitimierte Regierungen und Parlamente den Primat der Politik gegenüber allen anderen – auch noch so legitimen Interessen – durchsetzen können. Für das Verhältnis zu den nichtstaatlichen Organisationen heißt das, daß deren Wachstum und das damit verbundene Erstarken zivilgesellschaftlicher Kräfte niemals als Ersatz für die Schwächung demokratisch legitimierter Nationalstaaten begriffen werden sollten. Vielmehr sind aktive zivilgesellschaftliche Strömungen und deren internationale Vernetzung etwa bei den Weltkonferenzen der Vereinten Nationen Voraussetzungen dafür, daß die Staaten ihre Aufgaben im Sinne humaner Anliegen besser und richtiger wahrnehmen können.

Zusammenfassend läßt sich feststellen: Neue politische Herausforderungen, die Zahl der international vernetzten und aktiven Akteure, wachsende Abstimmungs- und Koordinationsanforderungen und die Revolution der Kommunikationsmittel haben die nationale und internationale Politik grundlegend verändert. In Zukunft wird es zuallererst darauf ankommen, dieses zu verstehen. Ohne kulturelle Sensibilität und interkulturelle Lernbereitschaft wird dies nicht möglich sein. Wenn etwa ein früherer deutscher Außenminister vor der Menschenrechtskommission der Vereinten Nationen voller Emphase von einem „Kreuzzug für die Menschenrechte" spricht, zeigt er das Gegenteil. Und ob er das bewußt oder unbewußt tut, hat auf die verheerende Wirkung der Aussage keinen Einfluß. Gleichzeitig gibt es eine Neigung, der kulturellen Relativierung der universell geltenden Menschenrechte immer wieder nachzugeben und etwa von „westlichen Werten" zu sprechen. Das erschwert anderen Regionen und Kulturen den Zugang und negiert die Tatsache, daß die Menschenrechte qua Definition allen Menschen gehören. Deshalb ist es wichtig, daß Festigkeit bei der Vertretung universell gültiger Normen und Regeln auch für Diplomaten selbstverständlich wird.

Die Interdependenz globaler Problemfelder ist der eigentliche Grund für die Notwendigkeit von Reformen, die aber wegen ihres umfassenden Charakters nicht nur den Auswärtigen Dienst betreffen können. Bei einigen Politologen hat die Analyse des Ist-Zustandes sogar zu dem Urteil geführt, daß das Auswärtige Amt im Regierungshandeln der Bundesrepublik Deutschland in globalisierten Politikfeldern nicht mehr die Rolle des zentralen Akteurs spielt.

Dies widerspricht tendenziell der Selbstdarstellung des Auswärtigen Amtes, das sich im Internet (www.auswaertiges-amt.de) vorstellt mit den vier Hauptaufgaben:

- Pflege und Förderung der auswärtigen Beziehungen zu anderen Staaten, Staatengruppen, zwischenstaatlichen Organisationen und internationalen Organisationen,
- „Unternehmen" für Politikgestaltung,
- Dienstleistungen und
- Meinungsbildung.

In der Beschreibung der Aufgabe der Politikgestaltung heißt es: „Der Auswärtige Dienst muß dabei zahlreiche, auch divergierende Interessen bündeln und zusammenführen. Mit seiner Querschnittsfunktion ermöglicht das Auswärtige Amt damit die praktische Koordinierung der vielen Fachpositionen und Einzelperspektiven zu einer geschlossenen deutschen Außen- und Sicherheitspolitik." Gibt es die wirklich? Das Seufzen des Staatsministers spricht eine ganz andere Sprache und die Versuchung liegt nahe, die Aufgabe der demokratischen Zielgebung für die Außenpolitik zurückzustellen zugunsten einer reinen Koordinierung der schier unendlichen Anzahl unterschiedlichster staatlicher und nichtstaatlicher Akteure. Das aber ist zu wenig. Außenpolitik kann die Koordinationsaufgabe nur wahrnehmen, wenn die Zielsetzungen und Interessen klar bestimmt werden.

Der Widerspruch zwischen dem augenblicklichen Zustand und dem Gesetz über den Auswärtigen Dienst von 1990 wird deutlich, in welchem für die deutsche Außenpolitik die Ziele der Friedenssicherung, der Wahrung der Menschenrechte, der Erhaltung der natürlichen Lebensgrundlagen, der Achtung und Fortentwicklung des Völkerrechts, des Aufbaus eines vereinigten Europas und der Wahrung der Einheit und Freiheit des Deutschen Volkes vorgegeben werden.

Diese Ziele sollen durch die Wahrnehmung der folgenden Aufgaben des diplomatischen Dienstes erreicht werden: die Vertretung der Interessen Deutschlands im Ausland, die Pflege der auswärtigen Beziehungen, die Information der Bundesregierung über Entwicklungen im Ausland, die Information über Deutschland im Ausland, Hilfe und Beistand für Deutsche im Ausland, Mitarbeit bei der Gestaltung und Entwicklung der internationalen Rechtsordnung und die Koordination der außenpolitischen Tätigkeiten anderer staatlicher Akteure.

Die strukturell und finanziell durch Bereitstellung von Haushaltmitteln nachweisbaren Funktionen lassen sich im Sinne klassischer internationaler

Aufgaben vor allem für die Auslandsvertretungen als multilaterale (Vereinte Nationen, Europapolitik, NATO, Westeuropäische Union, Europäische Sicherheits- und Verteidigungspolitik, OSZE und GASP), sektorale (Friedens- und Sicherheitspolitik, Völkerrechtspolitik, Menschenrechtspolitik) und direkte operative Aufgaben (Humanitäre Hilfe, Demokratisierungs- und Ausstattungshilfe, Humanitäre Minenräumung, auswärtige Kulturpolitik und Dienstleistungen für andere) beschreiben. Die meisten dieser Aufgaben werden auch von nichtstaatlichen Akteuren bearbeitet. Im Bereich etwa der Humanitären Hilfe hat sich deshalb eine Form der funktionale Kooperation bereits fest etabliert, die die unterschiedlichen Akteure zusammenbringt. Im Koordinierungsausschuß Humanitäre Hilfe treffen sich ca. zweimonatlich Vertreter des Auswärtigen Amtes mit denen anderer betroffener Ressorts und mit Repräsentanten der großen nichtstaatlichen Hilfswerke.

Neue Herausforderungen: Veränderungen in der Gesellschaftswelt Die nichtstaatlichen Organisationen

Die Begriffe Nicht-Regierungsorganisation (NRO) oder nichtstaatliche Organisation sind Oberbegriffe, die für eine große Zahl von unterschiedlichen Organisationen und Initiativen benutzt werden. Die Bezeichnung NRO unterscheidet diese Organisationen nur negativ von staatlichen Organisationen. Nichtstaatliche Organisationen besitzen keine staatlichen Machtmittel und sind von der „hoheitlichen Gewalt" des Staates institutionell unterschieden.

Ein zweites Merkmal, das den Nichtstaatlichen zugeschrieben wird, ist das der Non-Profit-Organisationen, ihre Gemeinnützigkeit. NROs konkurrieren also weder mit dem Staat um seine Machtmittel noch mit Wirtschaftsunternehmen um Profit auf dem Markt. Damit sind NROs zwar negativ abgrenzend definiert, in ihrem Selbstverständnis aber noch lange nicht zutreffend charakterisiert. Die Herausstellung der zwei Unterscheidungsmerkmale von Staat und Markt kann sogar zur Verkennung ihres eigentlichen Charakters verleiten. Denn die NROs stellen weder die Regierungen noch den Markt bzw. wirtschaftliche Erfolge – auch nicht negativ abgrenzend – in die Mitte ihrer Selbstdefinition, sondern Menschen und deren Zusammenleben. Sie sind zuallererst zivilgesellschaftliche Akteure. Die Felder, in denen sie sich engagieren, sind vielfältig. Sie setzen sich für ökologische Ziele, für die Umwelt bzw. die natürliche Mitwelt ein, sie streiten für Frieden und Abrüstung, für Gerechtigkeit und Entwicklung, für eine internationale Regulierung und demokratische Kontrolle der Finanzmärkte, für die Menschenrechte, Frauenrechte, für Rechte von Minderheiten, für kulturelle Angelegenheiten oder Kinderrechte. Nicht nur die Zielsetzungen, sondern auch die Organisationsformen der NROs sind sehr unterschiedlich. Kurz: Die typische NRO gibt es nicht.

Aber schon in der Charta der Vereinten Nationen von 1945 kommen sie vor. Artikel 71 ermöglicht es dem Wirtschafts- und Sozialrat der Vereinten Nationen (ECOSOC), „geeignete Abmachungen zwecks Konsultation mit nichtstaatlichen Organisationen [zu] treffen, die sich mit Angelegenheiten seiner Zuständigkeit befassen". Daß dies in steigendem Ausmaß geschieht, zeigt die stark angewachsene Präsenz der NROs nicht nur bei den Weltkonferenzen der Vereinten Nationen. Auch die jährliche Sitzung der Menschenrechtskommission der Vereinten Nationen wird von einer immer noch wachsenden Zahl größerer und kleinerer nichtstaatlicher Organisationen besucht, die deren Verlauf und Ergebnisse zu beeinflussen versuchen. Dies hat zur Bestreitung ihrer Partizipationsrechte durch eine Reihe von Regierungen geführt, denen die öffentlich vorgetragene Gegenexpertise der NROs nicht genehm ist. Dennoch existieren heute neben dem ECOSOC etablierte Beratungsverfahren mit NROs bei OECD, WTO, IWF und Weltbank.

Es gibt Versuche, die Unklarheit des Begriffs NRO dadurch zu beseitigen, daß man sie als aktiven Teil der Zivilgesellschaft qualifiziert. Aber auch der Begriff „Zivilgesellschaft" ist umstritten und nicht klar definiert. Für manche ersetzt er einfach den Begriff der Gesellschaft bzw. wird mit diesem gleichgesetzt. Diesem Verständnis wird hier nicht gefolgt. Die Bezeichnung Zivilgesellschaft hat nicht nur eine Vorgeschichte im Begriff der *civil society*, sie macht auch nur dann wirklich Sinn, wenn man darunter mehr versteht, nämlich den Versuch der Erweiterung der Demokratie von der Sphäre des Staates in die Sphäre der Gesellschaft hinein. Zivilgesellschaft hat also immer etwas mit der Demokratisierung der Gesellschaft zu tun, und zwar durch solidarisches Agieren innerhalb selbstbestimmter Kooperationsformen. Die Zivilgesellschaft ist der gesellschaftliche Raum gemeinwohlorientierten Handelns in selbstgewählten Formen der Zusammenarbeit (Behlert). Sie besteht zu einem großen Teil aus autonomen, selbstorganisierten, häufig spontanen Assoziationen von Bürgerinnen und Bürgern zur Erreichung nicht-profitorientierter Ziele. In ihnen und durch sie vollziehen sich Formen entstaatlichter politischer Willensbildung in demokratischer Absicht.

Es würde den Begriff Zivilgesellschaft überfordern, wenn man den zivilgesellschaftlichen Akteuren, sozialen Bewegungen und NROs zutraute, eine für unregierbar erklärte Staatenwelt wieder regierbar machen zu können, wie das manchmal in euphorisierenden Überinterpretationen des Begriffs Weltzivilgesellschaft aufzuleuchten scheint. Die öffentlich wirksamen NROs ersetzen staatliches Handeln also nicht, sie ergänzen es. Ihre Aktivitäten zielen auf das Tätigwerden staatlicher oder internationaler Strukturen in demokratischer Absicht.

Auch im Verhältnis zu Wirtschaftsunternehmen haben NROs Kooperationsformen entwickelt, die auf die Wahrnehmung von Monitoring-Aufgaben bei der Einhaltung von Verhaltenskodices durch Wirtschaftsunternehmen zielen oder sich im von den Vereinten Nationen vermittelten *Global Compact* zeigen.

Eine besondere Nähe haben viele NROs zu sozialen Bewegungen. Viele NROs sind „geronnene" soziale Bewegungen, die nach einem Höhepunkt der öffentlichen Mobilisierung in eine Latenzphase eingetreten sind. Soziale Bewegungen und NROs können aber direkt Einfluß auf das Handeln der politischen Strukturen nehmen, indem sie den normativen Charakter der politischen Entscheidungen verändern (Habermas).

Und: Sie machen in zutiefst demokratischer Absicht aus Zuschauern Teilnehmer am öffentlichen Meinungsstreit und an der politischen Willensbildung. NROs sind die Instrumente von Bürgerinnen und Bürgern zur Überwindung der Ohnmacht gegenüber veränderungswürdigen politischen Zuständen und Entwicklungen. Mit NROs versuchen Menschen, einem von ihnen für notwendig erachteten Anliegen Gewicht in der Politik zu geben. Durch das weltweite Wachstum der NROs besonders seit dem Ende des Kalten Krieges sind sie nicht nur innerhalb einzelner Staaten, sondern auch durch ihre internationale Kooperation und ihr öffentliches Auftreten ein Faktor des internationalen Systems der *checks und balances* geworden, an dem die Politik weder vorbeigehen kann noch soll (Wahl). Deshalb ist es auch für den Auswärtigen Dienst von großer Wichtigkeit, über die Leistungsfähigkeit und Kooperationsbereitschaft der NRO gut informiert zu sein.

Warnung vor (Selbst-)Überschätzung

Vor einer Überschätzung der NROs durch Politik und Medien oder durch sich selbst wird jedoch gewarnt. Die politischen Feuilletons haben die NROs – besonders die international agierenden – in den Status von *global players* und einer „dritten Macht zwischen Staat und Markt" hochgelobt, obwohl die meisten NROs gerade damit meist nicht verglichen werden möchten. Sie sind zur „fünften Säule" neben Exekutive, Legislative, Judikative und Medien erklärt worden, und man hat ihnen zugetraut, „Keimzelle einer internationalen Zivilgesellschaft" zu sein. Alles dieses sind sie nicht oder nur zu einem geringen Teil. Der sogenannte dritte Sektor ist viel umfassender als die wenigen großen international tätigen und vernetzten NROs. Dennoch grenzt es an eine unkritisch-romantisierende Überschätzung der NROs, wenn etwa der Generalsekretär der Vereinten Nationen Boutros Boutros-Ghali 1994 sagte: „Nongovernmental organisations are a basic form of popular representation in the present day world. Their participation in international organisations is, in a way, a guarantee of the political legitimacy of those international organisations". Das klingt, als ob durch die Teilnahme von NROs der Anspruch der

UN-Charta „Wir, die Völker der Vereinten Nationen..." praktisch eingelöst würde. Das ist nicht der Fall. Natürlich ist es wahr, daß viele Regierungen in den Vereinten Nationen nicht demokratisch legitimiert sind. Aber die höchst erfreuliche Gegenwart von vielen – hoffentlich unabhängigen – NROs kann und darf das demokratische Defizit dieser Regierungen nicht kompensieren.

„Die" NRO gibt es nicht

Die obengenannten Klassifizierungen übersehen meist die Verschiedenheit der NROs, die es nicht erlaubt, von ihnen als einem einheitlichen Gebilde zu sprechen. Natürlich sagen eine Reihe von NROs „Verschiedenheit ist unser Reichtum", und daran ist auch viel Wahres. Dennoch ist dies nur die eine Seite der Medaille. Denn die NRO-Szene ist gleichzeitig voller innerer Widersprüche, die mit eben dieser Verschiedenheit zu tun haben.

Die NROs des Nordens unterscheiden sich von denen des Südens, es gibt reichere und arme NROs, sie haben einen unterschiedlichen politisch-kulturellen Hintergrund, sie sind reformerischer oder radikaler Ausrichtung, sie haben viele oder wenige Mitglieder und Ressourcen, sie arbeiten vorrangig lobbyorientiert oder als Teil umfassender sozialer Bewegungen (Wahl). Kurz: Die NRO gibt es nicht. Dennoch werden sie immer wieder überschätzt. Nur bei großen internationalen Treffen gelingt es einigen von ihnen, zeitlich begrenzt wirklich miteinander zu kooperieren.

Im Alltag zu Hause sieht es wieder ganz anders aus, wenn es auch gelungen ist, eine große Zahl von Menschenrechts-NROs in Deutschland in ständigen Kooperationsformen wie dem Forum Menschenrechte oder die Entwicklungs-NROs im Verband Entwicklungspolitik deutscher Nicht-Regierungsorganisationen (VENRO) zusammenzubringen. Es darf nicht übersehen werden, daß das Verhältnis der NROs untereinander oft von Widersprüchen, informellen Hierarchien und fehlender Demokratie, Asymmetrie und Konkurrenz (z.B. auf dem Spendenmarkt) gekennzeichnet ist. Viele NROs vertreten aus Angst vor Ideologisierung oder aus anderen Gründen oft *single-issue-* bzw. Ein-Punkt-Anliegen und entziehen sich damit manchmal der Komplexität gesellschaftlich-politischer Veränderungsprozesse. Nirgendwo ist die Kritik an dieser Beschränkung besser ausgedrückt als in dem Satz: „Wer nur vom Regenwald etwas versteht, hat vom Regenwald überhaupt noch nichts begriffen". Dies selbst zu sehen und anzuerkennen bewahrt die NROs vor den Gefahren der Selbstüberschätzung und vor einem pathetischen und hohlen Moralismus, die da und dort anzutreffen sind. Gerade für NROs, die solcher Selbstüberschätzung unterliegen, ist die Begegnung mit der Politik und ihrer Komplexität aber wichtig und sehr hilfreich. Sie sollten deshalb aus dem Diskurs des Auswärtigen Dienstes mit gesellschaftlichen Akteuren auf keinen Fall ausgeklammert werden, auch wenn der Umgang mit ihnen nicht immer leicht ist.

Warnung vor Geringschätzung

Allerdings ist auch vor einer Unterschätzung der nichtstaatlichen Organisationen dringend zu warnen. Zwar sind die Ressourcen der NROs machtpolitisch weiche Instrumente. Sie verfügen aber häufig über

- eine hohe Sachkompetenz,
- das Image von Dynamik und Unverbrauchtheit,
- den Charme des Neuartigen und der Modernität,
- den Ruf moralischer Integrität, der Unbestechlichkeit und des selbstlosen Idealismus,
- hohe Akzeptanz in der Bevölkerung,
- Expertise und Gegenexpertise und die
- Fähigkeit, Öffentlichkeit für diese herzustellen, sowie über
- das Know-how, wirksame Kampagnen für die Durchsetzung ihrer Anliegen durchzuführen,
- die Fähigkeit, sich entwickelnde Krisen früh zu erkennen und vor ihnen zu warnen,
- die Fähigkeit, normative Orientierungen bei Problemlösungen zu vertreten und Solidarität gegen Egoismus und Individualisierung zum Tragen zu bringen.

„Despektierliche Geringschätzung" (Nuscheler) gegenüber den NROs ist also ebenso fehl am Platz. Wie die Parteien, Parlamente und Regierungen tragen sie zusammen mit den Medien als Interessengruppen dazu bei, daß es im freien Meinungsstreit zu vernünftigen Lösungen kommen kann. Dieser Beitrag verleiht ihnen sogar so etwas wie Legitimation, die sie freilich nicht in vergleichbarem Maße wie Parlamente und Regierungen besitzen. „NROs können Legitimation beanspruchen, wenn es ihnen gelingt, die Gesellschaft zu überzeugen, daß sie in einer pluralistischen Demokratie als Sauerteig bürgerlichen Engagements und als Widerpart mächtiger Interessengruppen gebraucht werden – und wenn sie sich selbst nicht als Ersatz, sondern als Ergänzung demokratisch legitimierter Institutionen verstehen. Ihre Popularität zeugt nicht nur von gesellschaftlicher Akzeptanz, sondern auch von einer Krise der repräsentativen Institutionen, die gut daran täten, aus dieser Popularität Lehren zu ziehen" (Nuscheler).

Die NROs können durch praktizierte Kampagnenfähigkeit, durch gewaltfreie Proteste und Provokationen politischen Veränderungsdruck erzeugen, wenn sie artikulationsfähig sind und klare Forderungen erheben, wenn sie für diese Anliegen organisationsfähig sind und ihre Interessen auch langfristig vertreten können, also konfliktfähig sind.

Die Kooperation mehrerer NROs kann diese Wirksamkeit noch erhöhen, wenn sie solidarisch zusammenarbeiten, wenn sie demokratisch organisiert sind, wenn sie dadurch mehr Unterstützung in der Bevölkerung erhalten, wenn sie organisatorisch, politisch und finanziell unabhängig sind und den praktischen Nachweis führen, daß Politik beeinflußbar und veränderbar ist.

Aber der Erfolg hängt nicht immer von Artikulations-, Organisations- und Konflikt- bzw. Kampagnenfähigkeit ab, wie die Verhinderung des drei Jahre in der OECD verhandelten MAI-Abkommens (Multilateral Agreement on Investment) durch eine kleine Anzahl sehr aktiver und flexibler, lose miteinander verknüpfter Gruppen gezeigt hat. Die *Financial Times* sprach von einer „Netzwerk-Guerilla", die dies zuwege gebracht habe. Überhaupt ist bei den NROs zu beobachten, daß eine zunehmende Zahl nichtstaatlicher Akteure sich nicht mehr nur an die traditionellen Adressaten richtet, sondern daß etwa G 8-(oder G 7-)Treffen sowie die Konferenzen der internationalen Finanzinstitutionen zum Objekt von Aktionen gemacht werden.

Wenn die Politik die Kooperation mit NROs sucht, sollte sie allerdings folgende Grundvoraussetzung der Arbeit vieler NROs kennen. Neben der Verwirklichung der Ziele, die in Satzungen oder Grundlagenpapieren der NROs aufgeschrieben sind, haben sie den Hauptzweck, soziales Lernen in Aktionen und Kampagnen zu ermöglichen. Die in den Aktivitäten gemachten Erfahrungen können zur Änderung von Einstellungen und Verhalten der Aktiven beitragen und dadurch die Voraussetzungen für gesellschaftliche Veränderungen schaffen helfen. Deshalb sind Aktionen und Proteste das „Standbein" der NROs, Lobbyarbeit gegenüber Regierungen, staatlichen Akteuren, zwischenstaatlichen und internationalen Organisationen ihr „Spielbein". Das Verhalten vor allem mitgliederstarker und kampagnenorientierter NROs in der Zusammenarbeit mit Regierungen ist nur von hier aus zu begreifen.

Eine „schwierige Kooperation"

Mit dieser Qualifizierung hat der frühere niederländische Außenminister Kooijmans das Verhältnis von NROs und staatlichen Strukturen in der Zusammenarbeit beschrieben und hinzugefügt, daß die Kooperation zwar „keine leichte Partnerschaft" sei, aber dennoch immer wieder gewagt werden müsse. Der frühere deutsche Außenminister Kinkel sprach „von gelegentlich unbequemen Begleitern der Politik" (Presseerklärung des Auswärtigen Amtes 1/98 vom 1.1.1998), um dann die Wichtigkeit der Arbeit von NROs in Menschenrechtsfragen zu betonen. In diesen Äußerungen spiegelt sich das oft spannungsreiche Verhältnis von etablierter Politik und nichtstaatlichen Akteuren im außenpolitischen Feld. Und die NROs können diese Qualifizierung des Verhältnisses, wenn auch aus anderer Sichtweise, durchaus bestätigen.

Wenn die Politik der Ministerien von den Stärken der NROs profitieren will, muß sie sich nicht nur auf die andere Natur und das differente Selbstverständnis der NROs einlassen, sie muß es auch verstehen wollen. Das beginnt mit der Respektierung der Verschiedenheit, Vielstimmigkeit, Unabhängigkeit und Widersprüchlichkeit der NROs und endet bei der Entwicklung von Kooperationsformen, die die NROs weder für andere Interessen der Politik instrumentalisieren noch sie unter einen Konsenszwang stellen, den die NROs nicht akzeptieren können. Beide Seiten müssen die Voraussetzungen der anderen Seite kennen, um zu verstehen, wo Kooperation möglich und gewünscht oder nicht möglich und unerwünscht ist bzw. wo die Grenzen der Zusammenarbeit jeweils verlaufen.

Ein Beispiel: Ein Mitarbeiter des Völkerrechtsreferats des Auswärtigen Amtes hat die gelungene Kooperation mit menschenrechtlich engagierten NROs bei dem Bestreben, einen Internationalen Strafgerichtshof zu errichten, so qualifiziert: „Dauerhafte, fundierte Zusammenarbeit zwischen NROs und Regierungen ist auch bei globalen Aufgaben und Projekten möglich. Dies setzt vor allem übereinstimmende Ziele, gleiche seriöse Sachkunde und wechselseitige Verläßlichkeit voraus". Es stimmt, die Kooperation war fruchtbar und nützlich. Sie war auch vertrauensvoll. Dennoch ist den beteiligten NROs zu raten, daß sie Schwierigkeiten mit den in dem oben angeführten Zitat genannten Kriterien „Zielübereinstimmung, Sachkunde und Verläßlichkeit" haben sollten. Denn die Übereinstimmung in den genannten drei Maßstäben gelingender Zusammenarbeit wirft die Frage auf: Worin unterscheiden sich dann eigentlich noch die staatlichen Akteure von den nichtstaatlichen Kooperationspartnern? Und was ist der originäre Beitrag der NROs, den nur sie in den politischen Prozeß einbringen können?

Aus der Sicht von NROs ist nicht unbedingt die Übereinstimmung in den Zielen das Wichtigste. Übereinstimmung kann es immer nur für begrenzte Zielsetzungen geben. Das Wichtigste für NROs ist, daß sich die verschiedenen Stärken und Blickwinkel der etablierten politischen Strukturen und der NROs bei der Realisierung eines bestimmten Projektes komplementär ergänzen. Der Akzent liegt also auf den verschiedenen Fähigkeiten, die zusammen eine Kraft ergeben, über die keine Seite allein verfügt. Keine NRO, die für den Internationalen Strafgerichtshof eintritt, um der Straflosigkeit bei Völkermord, Kriegsverbrechen und Verbrechen gegen die Menschlichkeit entgegenzuwirken, wird hoffentlich darauf verzichten, zu betonen, daß die eigentliche große Aufgabe der Politik die präventive Verhinderung eben der Verbrechen ist, deretwegen es einen Internationalen Strafgerichtshof geben muß. Ob zum Beispiel in diesem Ziel Übereinstimmung über die durchaus ernst gemeinte verbale Zustimmung hinaus im Sinne der realen und operativen Umorientierung der Politik besteht, muß bezweifelt werden.

Ebenso verhält es sich mit der „gleichen seriösen Sachkunde" und der „wechselseitigen Verläßlichkeit". Bei der Sachkunde sind es wieder die Verschiedenheit der Expertise und der unterschiedlichen Blickwinkel, die die Zusammenarbeit attraktiv und wichtig machen. Regierungen sind in reale internationale Machtstrukturen eingebunden, die ihnen manches erlauben und anderes nicht. NROs sind demgegenüber unabhängiger. Genau dieser Unterschied macht die Kooperation attraktiv und wirksam. NROs werden nicht darauf verzichten können, den Anspruch langfristiger und normativer Orientierung in eine pragmatisch bestimmte Politik einzutragen, ohne vom Kooperationspartner „Zustimmung" dazu zu verlangen.

Auch die gegenseitige Verläßlichkeit hat ihre Grenzen. Es war zum Beispiel sehr schwierig, Mitarbeitern von Ministerien zu erklären, daß eine NRO die staatlichen Akteure um des Überraschungseffektes willen nicht vor dem Start einer Kampagne gegen Menschenrechtsverletzungen in einem Staat X, über das Datum von deren Beginn, analytischen Befund und Zielsetzungen der Aktion informieren wollte. Verläßlichkeit kann für eine NRO kaum heißen, prinzipielle Verschwiegenheit bei der Partizipation an „Herrschaftswissen" zu versprechen. NRO-Vertreterinnen und -vertreter bleiben auch im Falle gelingender Kooperation zuallererst Repräsentanten der von ihnen vertretenen NRO. Letztlich wird sich dies auch für die Vertreter der Regierungsseite sagen lassen.

Trotzdem bleibt das Bemühen um Kooperation in Feldern, in denen zusammen mehr erreicht werden kann als alleine, eine wichtige Aufgabe. NROs lassen sich darauf unter der Voraussetzung ein, daß die umfassende Unabhängigkeit ihrer Organisation vom Partner respektiert und akzeptiert wird. Eine Repräsentantin einer großen Menschenrechtsorganisation hat deshalb von der Notwendigkeit einer Nichtvereinnahmungspolitik (Lochbihler) als Voraussetzung der Kooperation zwischen NROs und staatlichen Akteuren gesprochen. Diese könne Mißverständnisse und Schwierigkeiten verhindern helfen, die logischerweise aus der Zusammenarbeit sehr unterschiedlicher Partner entstehen. Deshalb sollten beide Seiten im Bewußtsein der Grenzen der Kooperation handeln. Eine NRO wird von einer Auslandsvertretung des Auswärtigen Amtes kaum mit Erfolg verlangen können, Schritte zu unternehmen, die die Kontaktfähigkeit der diplomatischen Vertretung zur Regierung des Gastlandes gefährdet. Eben solche Grenzen gibt es auf anderen Gebieten auch für die NROs. Sie müssen in der Zusammenarbeit immer so handeln, daß jederzeit auch deutliche und öffentliche Kritik an ihren Partnern in der politischen Zusammenarbeit möglich ist.

Den NROs ist deshalb zu raten, ihre Unabhängigkeit auf keinen Fall preiszugeben. Sie müssen es vermeiden, zu Beratern im Vorhof der etablierten Politik zu werden und in finanzielle Abhängigkeit von staatlichen Stellen zu geraten. Damit ist nichts gegen gute externe Berater für die Politik auch aus den Reihen der NROs gesagt. Aber: Die Gefahr der Anpassung an die

Politik ist der Verlust der Fähigkeiten, die sie als NRO gerade wirksam machen. Sie wirkt dem Hauptzweck der NROs, soziale Lernprozesse in der Auseinandersetzung um die Erreichung bestimmter Ziele organisieren zu können und ein Instrument ehrenamtlich tätiger Mitglieder zu sein, oftmals entgegen.

Allerdings ist festzustellen, daß in den letzten Jahren Formen offener und flexibler institutionalisierter Dialoge und Kooperationen entwickelt und praktiziert worden sind (z.B. mit dem Menschenrechtsbeauftragten des AA, im „Forum Globale Fragen", bei der Vorbereitung der Weltkonferenzen der Vereinten Nationen und bei den Länderstrategiegesprächen des BMZ), die zeigen, daß die „schwierige Kooperation" möglich ist und fruchtbringend sein kann, wenn dabei von seiten der Politik die folgenden Sachverhalte beachtet werden.

Nähe und Distanz

Die Politik muß akzeptieren, daß NROs konsensuale und konfliktorientierte Strategien gleichermaßen verfolgen. Die NROs suchen die Nähe zur Politik, weil deren Handeln im Sinne bestimmter Zielsetzungen notwendig ist, wahren dabei aber eine Distanz, die ihre Eigenständigkeit und Unabhängigkeit sichern soll. Sie führen den Dialog, ohne auf die Fähigkeit zum Ausüben öffentlichen Drucks zu verzichten. Jede Form der Kooperation schließt die Möglichkeit der Konfrontation ein. Wenn die Politik dies zu akzeptieren lernt, weiß sie um die Grenzen der NROs in der Kooperation und vermeidet so, daß sachlich notwendige öffentliche Kritik an Entscheidungen und Verhaltensweisen von Politikern als Bestreitung der Integrität der Mitarbeiterinnen und Mitarbeiter des Auswärtigen Dienstes mißverstanden wird.

Der Vorwurf des „Alarmismus"

Die Politik sollte gegenüber den NROs zurückhaltend mit dem Vorwurf des Alarmismus sein. Natürlich dramatisieren manche NROs ihre Anliegen in der öffentlichen Darstellung. Das ist auch gerade bei „vergessenen" Staaten und Konflikten notwendig, die nicht im Zentrum der Aufmerksamkeit stehen. Die Mediengesellschaft fördert dies in einer Weise, die dazu (ver-)führt, daß manche NROs mediengerechte Inszenierungen statt sozialer Lernprozesse praktizieren.

Aber es gibt genügend Beispiele, bei denen die Fähigkeit der NROs, Früherkennung und Frühwarnung bestimmter Entwicklungen öffentlich zu machen, mit dem Vorwurf des unberechtigten Alarmismus wirkungslos gemacht worden ist. Es gibt krisenhafte Entwicklungen, bei denen die öffentliche Dramatisierung sich abzeichnender Katastrophen unterblieben ist oder nicht stark genug war, um in das öffentliche Bewußtsein vorzudringen. Erinnert sei nur an den Völkermord in Ruanda 1994, der schon seit 1993 mehrfach als möglich und wahrscheinlich prognostiziert worden ist. Niemand hat darauf gehört. Gerade hier zeigen sich Stärken und Schwächen von NROs besonders deutlich. Ihrer Fähigkeit zu Früherkennung und Frühwarnung potentiell krisenhafter Entwicklungen (early warning) entspricht ihre aus organisatorischen Gründen anzutreffende Unfähigkeit zur rechtzeitigen hilfreichen Handlung (early action). Hierfür brauchen auch die NROs die Politik der Staaten, der zwischenstaatlichen und internationalen Organisationen. Das ist die Grundlage ihrer Bereitschaft zur Kooperation mit Regierungsvertretern.

Professionalisierung und Hierarchisierung

Schließlich ist noch auf einen weiteren Sachverhalt aufmerksam zu machen, der für die NROs wichtig ist. Die Begegnung, der Dialog und die Zusammenarbeit mit Politik, Wirtschaft und Medien zwingen die NROs zu einer Professionalisierung, die in der Gefahr steht, von einem Teil ihrer ehrenamtlich tätigen Mitglieder mehr zu verlangen, als sie geben können und wollen. Das ehrenamtliche Engagement ist aber ein unverzichtbarer Reichtum funktionierender NROs. Die aktiven Mitglieder der NROs sind es, die mit ihren Beiträgen und ihrer praktischen Unterstützung die Existenz, Arbeit und Unabhängigkeit der Organisation ermöglichen. Ihr Handeln ist für die Demokratie von außerordentlicher Wichtigkeit. Professionalisierung und damit einhergehend die Gefahr der Hierarchisierung können in Widerspruch treten zum Anspruch der NROs, soziales Agieren in solidarischen und selbstbestimmten Kooperationsformen möglich zu machen.

Das Problem mit der Legitimation

NROs haben keine Legitimation, die den aus freien und geheimen Wahlen hervorgegangenen Parlamenten und Regierungen vergleichbar ist. Allerhöchstens läßt sich unter Hinweis auf ihre innere demokratische Verfaßtheit als Verein (was auch nicht bei allen NROs der Fall ist!), auf ihre Mitglieder, auf die Resonanz in und Unterstützung aus der Bevölkerung von einer eingeschränkten demokratischen Legitimation sprechen. Dies bleibt ein markanter Unterschied zur demokratischen Legitimation staatlicher Akteure, kann aber kein Grund sein, die Legitimität ihrer Ziele und Aktionen generell in Frage zu stellen. Das wäre letztlich undemokratisch. Vielmehr sind solche Kritiker zu fragen, wie sie es selbst mit ihrer demokratischen Verfaßtheit und mit dem in pluralistischen Gesellschaften selbstverständlichen Meinungsstreit halten. Wirtschaftsunternehmen (Aktionärsversammlungen sind wegen der sehr ungleichen Stimmenverteilung sicherlich keine Akte demokratischer Legitimation) oder auch einige kirchlich-konfessionelle Organisationen (päpstliche Lehrentscheidungen etwa berufen sich auf eine andere Legitimation als demokratische Abstimmungsprozesse) verfügen zwar über erheblich mehr Macht als die NROs, haben aber gewöhnlich noch „weniger" Legitimation als demokratisch organisierte NROs. Die staatlichen Strukturen sollten die NROs deshalb mindestens so wichtig nehmen wie diese und entsprechende Kooperationsformen praktizieren. So wie es Wirtschaftsabteilungen in Auslandsvertretungen des Auswärtigen Amtes gibt, sollten gute Kenntnisse über NROs und Zivilgesellschaft im Entsendestaat wie im Gastland für Mitarbeiterinnen und Mitarbeiter des Auswärtigen Dienstes selbstverständlich sein.

Richtungsangaben und Vorschläge

Hier kann es nicht um die großen Alternativen der Debatte um die Entwicklung des Auswärtigen Amtes gehen. Ob das Amt eher eine Service- und Dienstleistungseinrichtung für andere Akteure im Feld der Außenpolitik ist, ob es vorrangig Fachministerium für Frieden und Sicherheit oder Superministerium für globale Strukturpolitik ist oder ob das Auswärtige Amt auf Steuerungs-, Koordinations- und Gestaltungsfunktionen verzichten sollte oder nicht, für eine Entscheidung zwischen diesen Alternativen geben die Erfahrungen praktischer Lobbyarbeit für die Ziele von NROs in den Strukturen der Regierung und des Parlamentes relativ wenig her. Es kann hier also nicht um eine neue Organisationsstruktur des gesamten Auswärtigen Amtes oder gar einen neuen Stellenplan für den Auswärtigen Dienst gehen. Auch auf die vieldiskutierte Frage, ob das Bundesministerium für wirtschaftliche Zusammenarbeit Teil des Auswärtigen Amtes sein sollte oder nicht, soll hier nicht im Sinne organisatorischer Vorschläge geantwortet werden. Daß die Fragen der Entwicklung und der weltweiten sozialen Gerechtigkeit außerordentlich wichtige Fragen jeder Weltordnungspolitik sind, ist ein Allgemeinplatz, und daß die organisatorische Lösung, die diesen Fragen einen hervorragenden Stellenwert im Politikbetrieb gibt, erstrebenswert ist, das mag hier genügen. Dennoch sollen einige Vorschläge gemacht werden, die vor allem auf der Ebene des Dialogs zwischen NROs und dem Auswärtigen Dienst Bedeutung haben und Anhaltspunkte für das zukünftige Berufsbild der Diplomatinnen und Diplomaten sein können.

Globalisierte Problemfelder müssen als Querschnittsaufgabe wahrgenommen werden

Viele Anliegen der NROs, die an das Auswärtige Amt herangetragen werden, sind meist nur ressortübergreifend zu realisieren. Ob es sich dabei um Demokratie und Partizipation, politische und soziale Menschenrechte, Frieden, Abrüstung, Verhinderung von Rüstungsexporten oder Sicherheitspolitik, um Fragen von sozialer Gerechtigkeit und Entwicklung, um Genderfragen, Ökologie oder die Regulierung und demokratische Kontrolle der Finanzmärkte handelt, stets geht es um globalisierte Problemfelder, an deren Bearbeitung eine größere Anzahl staatlicher Akteure beteiligt ist. Sie können von der Politik deshalb nur ressortübergreifend bearbeitet werden. Es ist wichtig, eine einheitliche Zielvorstellung zu erarbeiten und mit unterschiedlichen Instrumenten umzusetzen, damit die praktischen Absichten eines Ministeriums nicht durch die Handlungen eines anderen Ministeriums konterkariert und damit um ihre Wirkung gebracht werden. Die Übergänge, Wechselwirkungen und Verknüpfungen unterschiedlicher Bereiche sind so wahrzunehmen, daß ein Problem nicht auf Kosten eines anderen gelöst wird. Zwischen den staatlichen Akteuren selbst sollte deshalb eine Kooperationskultur anstatt eines Zuständigkeitsdenkens vorherrschen. Zuständigkeiten sind natürlich zu klären, aber sie müssen in eine Kooperationskultur eingebettet sein. Daß etwa die Menschenrechtsbeauftragten verschiedener Ministerien sich zum ersten Mal bei Treffen mit den im Forum Menschenrechte zusammengeschlossenen NROs begegnen, verrät die Defizite, die hier gemeint sind.

Die Betonung des ressortübergreifenden Charakters der NRO-Anliegen legt es nahe, Anregungen und Empfehlungen zu geben und Anmerkungen zur Diskussion darüber zu machen, ob die Ausbildung für den Auswärtigen Dienst eher den Generalisten oder den Experten bzw. den Spezialisten zum Leitbild haben sollte. Natürlich sind Spezialkenntnisse für die Koordinierung der unterschiedlichen staatlichen Akteure unverzichtbar. Aber das Wissen um die Zusammenhänge der Probleme ist noch wichtiger. Deshalb braucht der Auswärtige Dienst mehr „Generalisten" als „Spezialisten".

Auf keinen Fall sollte der diplomatische Dienst sein Berufsbild auf die Aufgabe des „networkers" frei vagabundierender Interessen reduzieren. Natürlich kommt Außenpolitik nicht ohne Koordination und Kommunikation aus. In der Politik geht es aber um mehr. Es geht um die Gestaltung des menschlichen Zusammenlebens in Frieden und Gerechtigkeit. Diesem Auftrag sollte sich auch der Auswärtige Dienst nicht durch eine Überbetonung einer scheinbar wertfreien Kommunikationsaufgabe entziehen. Verweigert er sich der Instrumentalisierung durch mächtige Interessengruppen und pocht auf seinen (grund-)gesetzlichen Auftrag, kann er sich der Unterstützung vieler NROs sicher sein.

Prävention ist der Imperativ politischen Handelns

Die Prävention von Hungerkatastrophen, Kriegen und bewaffneten Konflikten oder selbstgemachter ökologischer Katastrophen muß oberstes Ziel staatlichen und internationalen Handelns werden. „Die Menschenrechtsverletzungen von heute sind die Kriege und bewaffneten Konflikte von morgen" haben der Generalsekretär und die Hochkommissarin für Menschenrechte der Vereinten Nationen mehrfach festgestellt. Die Politik hat zwar Katastrophentöpfe, aus denen Opfern schnell geholfen werden kann. Diese braucht sie auch weiterhin. Sie hat aber kein Präventionspotential und entsprechende Ressourcen. Und die Ausrichtung der Tätigkeiten der Angehörigen des Auswärtigen Dienstes gilt nur beschränkt präventivem Denken und Handeln. Zu oft werden Probleme erst wahrgenommen, wenn es für ein rechtzeitiges Entgegenwirken bereits zu spät ist. Es sollte die vornehmste Pflicht der Angehörigen des Auswärtigen Dienstes sein, sich anbahnende krisenhafte Entwicklungen so rechtzeitig zu erkennen, zu berichten und in die Mechanismen der internationalen Gemeinschaft einzubringen, daß die Hilfsmittel der zwischenstaatlichen Organisationen so frühzeitig wie möglich zum Einsatz kommen.

Das „Lernen aus Katastrophen", die viele Menschenleben fordern, ist besser als fortdauernde unmenschliche Ignoranz gegenüber dem Elend anderer Menschen. Aber ohne die folgende Aussage idealistisch im Sinne vollständigen Gelingens mißzuverstehen, die Prävention von Katastrophen ist der Imperativ politischen Planens und Handelns. Frühzeitiges Erkennen von Problemen erfordert auch rechtzeitiges Handeln – und die Mittel dafür. Das gilt im Großen wie im Kleinen. Das gilt für die Stärkung der Vereinten Nationen und anderer regionaler Instrumente und zwischenstaatlicher Organisationen. Auch im traditionellen Alltag können Diplomaten etwa durch demonstrative Präsenz oder eine rechtzeitige Demarche in vielen Fällen drohenden Unrechts hilfreich sein. Zum Teil nehmen sie diese Funktion ja auch schon wahr.

Keine Demokratie ohne Transparenz

Die Transparenz politischen Handelns staatlicher Akteure ist für die meisten NROs von außerordentlicher Wichtigkeit. Sie ist eine Voraussetzung gelingender Kooperation. Nachdem sich in der letzten Dekade eine gewisse Dichte an Kontakten und Dialogen entwickelt hat, sollte die Herstellung größerer Transparenz deshalb der nächste Schritt sein. Überprüfung und kritische Beobachtung politischer Entscheidungen und ihrer Implementierung sind für Parlament und Öffentlichkeit wie für die NROs nur möglich, wenn ein Höchstmaß an Transparenz besteht. Manchmal helfen seriöse Medien, falsche Geheimhaltung zu verhindern. Davon profitieren auch die NROs.

Öffentlich zugängliche Berichte über die Arbeit der Ministerien, die der Rechenschaftspflicht gegenüber Parlament und Öffentlichkeit nachkommen, sollten regelmäßig veröffentlicht und nicht durch notwendige Ressortabstimmungen verzögert werden. Dabei sollten nicht nur Absichten verbreitet und schon Bekanntes noch einmal berichtet werden. Auch die Anzahl und der Inhalt von Demarchen und die darauf erfolgten Antworten sind für die Öffentlichkeit von großem Interesse. Was spricht eigentlich dagegen, auch Schwierigkeiten und Mißerfolge bekannt zu machen, um die Mitwirkung anderer bei der Problemlösung zu gewinnen? Und schließlich: Warum ist es nicht möglich, Staatsbesuche aus Berlin und nach Berlin sowie Zeitpunkte wichtiger Entscheidungen und Beratungen so rechtzeitig bekannt zu machen, daß die NROs ihre Expertise ereignisgerecht und zeitig aufbereiten können?

Transparenz ist die Voraussetzung der Partizipation und ermöglicht eine informierte öffentliche Debatte. Beide Anliegen sind zutiefst demokratisch. Und besonders das Parlament sollte sich nicht mit unnötigen Geheimhaltungspraktiken zufriedengeben.

Überhaupt ist der gegenseitige Informationsfluß sicherzustellen. Für die NROs ist es oft eines der größten Probleme, ihre Informationen zur richtigen Zeit an die richtigen Stellen zu bringen. Alles, was helfen kann, dies zu erreichen, sollte getan werden. Die Einrichtung eines dafür vorgesehenen Mechanismus ist zu empfehlen. Allerdings sollte dies kein NRO-Beauftragter des Auswärtigen Amtes sein. Bei der Fülle der Themen und Anliegen, die in der Politik wichtig sind und von NROs bearbeitet werden, würde solch ein Beauftragter sehr schnell zu einer Art „Frühstücksdirektor", der als Alibi fungiert und den Dialog mit den zuständigen Mitarbeitern verhindert. Vielmehr sollten die Mitarbeiter des Auswärtigen Dienstes vor ihrer Ausreise selbst darauf achten, sich bei NROs im Heimatstaat über Anliegen der NROs zu informieren und von deren Kenntnissen über zivilgesellschaftliche Akteure im Gastland zu profitieren. Denn es gibt natürlich auch Schein-NROs, die ein Diplomat erkennen lernen sollte. Die Vermittlung von Grundkenntnissen über die Arbeit der NROs sollte ein fester Bestandteil der Ausbildung der Mitarbeiterinnen und Mitarbeiter des Auswärtigen Dienstes sein. Auch gegenseitige Praktika von NRO-Mitarbeitern im Auswärtigen Amt und Mitarbeitern des Auswärtigen Dienstes in NROs können hierfür hilfreich sein. Und es ist wichtig, den Mitarbeitern des Auswärtigen Dienstes die Angst zu nehmen, sie könnten in der Kooperation und Diskussion mit NROs Fehler machen, die ihrem Image und ihrer Karriere schaden.

Auswärtige Kulturpolitik

Da in der Öffentlichkeit immer wieder Pläne bekannt werden, die Mittel für auswärtige Kulturpolitik zu kürzen oder Institute zu schließen, sei deren Relevanz (inklusive der Arbeit der Stiftungen) aus der Sicht vieler NROs hier unterstrichen. Sie sind für den notwendigen Dialog der Kulturen (der allerdings nicht alle Probleme lösen kann!) von großer Wichtigkeit. Wenn sie den Raum für Diskussionen, Treffen und Konferenzen schaffen, die sonst in dem Gastland nicht oder noch nicht möglich sind, erfüllen sie eine unverzichtbare Aufgabe. Sie stellen der Politik Instrumente zur Verfügung, deren Möglichkeiten zwischen den staatlichen und den nichtstaatlichen liegen. Gerade deshalb können sie äußerst hilfreich sein.

Ein kleines Schlußwort

Im Menschenrechtsbericht der Europäischen Union über das Jahr 2000, der in Ton und Darstellung oberflächlich und deklamatorisch-absichtsvoll ist, stehen einige selbstkritische Worte. Folgende Anforderungen an die zukünftige eigene Menschenrechtspolitik sind darin formuliert: Größere Kohärenz und Konsistenz der europäischen Menschenrechtspolitik. Außerdem: ein stärker fokussiertes und zielgerichtetes strategisches Herangehen an die Probleme, größere Transparenz, Wirksamkeit und nachhaltige Einflußnahme. Dem ist von NRO-Seite kaum etwas hinzuzufügen. Die Reform des Auswärtigen Dienstes sollte diese Einsichten praktisch ernst nehmen.

Die politischen Stiftungen

Uwe Optenhögel *

Bedeutungszuwachs nichtstaatlicher Akteure in einer neuen Kultur internationaler Beziehungen

Das Ende des Ost-West-Konflikts, die Transformation Mittel- und Osteuropas, die fortschreitende Globalisierung, die Vertiefung und Erweiterung der europäischen Integration, die Verdichtung internationaler Kommunikation (Internet) und wachsende ökonomische und ökologische Interdependenzen markieren die dynamische Entwicklung des internationalen Systems seit 1989. Themen, Formen und Teilnehmerkreise internationaler Politik haben sich in diesem Kontext dramatisch verändert. Tradierte Kompetenz-, Organisations- und Aufgabenzuschnitte erweisen sich in vielen Bereichen politischen und sozialen Handelns zunehmend als reformbedürftig. Dies gilt in einer hochgradig interdependenten Welt auch und gerade für die Art, in der Außenpolitik gemacht und gestaltet wird. Der amerikanische Vize-Außenminister der Clinton-Administration, Strobe Talbott, proklamierte in diesem Zusammenhang bereits das „Ende der Außenpolitik", da im Zeitalter der Globalisierung der Begriff „Außen" selbst obsolet zu werden beginne. Es gibt kaum mehr eine nationale, deutsche Politik, nicht einmal die Innen- oder Gesellschaftspolitik, die nicht ihre Wirkungen im Ausland ebenso bedenken müßte wie auswärtige Einflüsse auf ihr Gestaltungsfeld in der Bundesrepublik. Die politischen Stiftungen haben auf diese Entwicklungen mit einer engeren Verbindung ihrer internationalen Arbeit mit der Bildungs-, Beratungs- und Öffentlichkeitsarbeit in Deutschland reagiert.

Konsequenzen aus dieser Entwicklung

In dem Maße, wie sich die Grenzen zwischen Außen- und Innenpolitik verwischen, wird die Formulierung außenpolitischer Positionen Züge jener poli-

---

* Dr. Uwe Optenhögel, Leiter der Abteilung Internationaler Dialog der Friedrich-Ebert-Stiftung.

tischer Verfahren annehmen, die für die Gestaltung von Politik im Innern moderner Gesellschaften längst prägend geworden sind:[1] Verhandlungslösungen innerhalb breiter und zunehmend komplexer Politiknetzwerke statt hierarchischer Steuerung, gesellschaftliche Diskussion von Handlungsalternativen statt Expertenentscheidungen innerhalb bürokratisch-autoritärer Durchführungsstrukturen.[2] Außenpolitik wird auch auf der operativen Ebene ihrer Verfahren und Instrumente der Innenpolitik immer ähnlicher werden. Sie wird weit im Vorfeld der eigentlichen außenpolitischen Institutionen ansetzen müssen und diejenigen Akteure systematisch berücksichtigen, die für die Formulierung von Politiken von zentraler Bedeutung sind: Die organisierten sozialen, ökonomischen und politischen Interessen der jeweils anderen Gesellschaft(en).[3] In dem Maße, wie in den internationalen Verhandlungs- und Entscheidungsprozessen immer öfter Fragen mit erheblichen innenpolitischen Implikationen behandelt werden, wächst die Rückkoppelung dieser Verhandlungs- und Entscheidungsprozesse mit innenpolitischen Konsens- und Opportunitätserwägungen.[4] Letztendlich werden in den internationalen Verhandlungsarenen daher nur solche Ergebnisse ratifiziert, für die sich innergesellschaftlich Akzeptanz finden läßt.

Noch ausgeprägter wird schließlich die Bedeutung nichtstaatlicher Akteure bei der tatsächlichen Umsetzung der außenpolitisch ratifizierten Beschlüsse. Diese Veränderungen machen den Einsatz eines außenpolitischen Instrumentariums erforderlich, das jenseits der klassischen Diplomatie und ihrer Spielarten liegt. Dabei wird es nicht damit getan sein, dass der jeweilige Botschafter in der Lage ist, „auch an Fernseh-Talk-Shows teilzunehmen".[5] Das im Zuge der Reform des Auswärtigen Dienstes neu postulierte Leitbild einer *public diplomacy* wird weit darüber hinausgehen müssen. Gefragt sind

---

1 Vgl. Ernst Hillebrand, „Mikro-Außenpolitik – Über die Rückgewinnung außenpolitischer Handlungsfähigkeit unter den Bedingungen der Globalisierung", in: *Aus Politik und Zeitgeschichte. Beilage zur Wochenzeitung Das Parlament*, B23/99, 4.6.1999, S. 17–22.

2 Vgl. F. W. Scharf, „Über die Handlungsfähigkeit des Staates am Ende des zwanzigsten Jahrhunderts", in: *PVS*, Vol. 32, Heft 4, 1991, S. 621–634; zum Konzept deliberativer Politik siehe auch Jürgen Habermas, *Die Einbeziehung des Anderen*, Frankfurt a.M. 1996.

3 In diesem Sinne auch Außenminister Fischer und Staatssekretär Ischinger anläßlich der Botschafterkonferenz in Berlin. Ischinger erklärte im Deutschland-Radio, Deutschland brauche Botschafter, „die im Stande sind, in die Meinungsbildung und die Entscheidungsfindung des Gastlandes politisch aktiv mit hineinzuwirken". Siehe www.auswaertiges-amt.de/6_archiv/2n/n000904c.htm.

4 Vgl. hierzu William Coleman/Anthony Perl, „Internationalized Policy Environments and Policy Network Analysis", in: *Political Studies*, Vol. 47, No. 4, September 1999, S. 691–709.

5 Staatssekretär Ischinger im Deutschland-Radio, 4.9.2000, www.auswaertiges-amt.de/6_archiv/2n/n000904c.htm.

zielgruppengenaue Kommunikationskanäle und -instrumente, die geeignet sind, die politisch und sozial wichtigen Gruppen in anderen Ländern in konstruktive Dialog- und Problemlösungsprozesse zu integrieren. Stärker denn je ist die „Übersetzungs"- und Vermittlungsleistung von politischen Mediatoren gefragt, die zwischen den Subsystemen verschiedener Gesellschaften vermitteln.[6]

Die Intensivierung der internationalen Beziehungen unterhalb der staatlichen Ebene (Globalisierung) in Wirtschaft, Kommunikation und Kultur erfordert die Vermittlung und Versöhnung gesellschaftlicher Interessen, die schon in ihrer Definitionsphase nicht mehr national bestimmt sind. Frieden erfordert heute neben dem zwischenstaatlichen Management konfligierender nationaler Interessen die frühzeitige Erkennung von Interessen unterhalb der gesamtstaatlichen Ebene durch einen Dialog der Zivilgesellschaften. Es gilt, politische Antworten im Bewußtsein ihrer globalen Rückwirkungen im gemeinsamen Gespräch zu entwickeln und die Anpassungslasten durch internationale Zusammenarbeit präventiv umzuverteilen.

Die Bundesrepublik hat aufgrund ihrer spezifischen politischen und sozialen Traditionen, denen sie erhebliche gesellschaftliche „korporatistische Ressourcen"[7] verdankt, die für diese Art der Gestaltung der Außenbeziehungen mobilisiert werden können, eine sehr gute Ausgangslage. Gerade die im Verlauf der letzten Jahrzehnte gewachsenen Strukturen nichtstaatlicher Außenpräsenz der Bundesrepublik stellen ein Pfund dar, mit dem eine zukünftige „öffentliche Diplomatie" wuchern kann und sollte.

Das Potential der politischen Stiftungen

Die deutschen politischen Stiftungen sind Teil dieser Strukturen. Mit ihnen hat die Bundesrepublik bereits in den fünfziger und frühen sechziger Jahren ihr außen- und entwicklungspolitisches Instrumentarium um ein pluralistisches, wirkungsvolles und international anerkanntes Instrument erweitert,[8] das heute zeitgemäßer denn je ist. Denn ein zentrales Element der Stiftungsphilosophie ist seit Beginn ihrer Tätigkeit ihre Rolle als „Grenzgänger zwischen Gesellschafts- und Staatenwelt".[9] Sie stellten weltweit lange Zeit ein

---

6   Vgl. William Coleman/Anthony Perl, „Internationalized Policy Environments and Policy Network Analysis", S. 707–708.
7   Vgl. Forschungsgruppe Weltgesellschaft, „Weltgesellschaft: Identifizierung eines ‚Phantoms' ", in: *PVS*, Vol. 37, Heft 1, 1996, S. 5–26, hier S. 17.
8   Ebd.
9   Vgl. Sebastian Bartsch, „Politische Stiftungen: Grenzgänger zwischen Gesellschafts- und Staatenwelt", in: Karl Kaiser/Wolf-Dieter Eberwein, *Deutschlands neue Außenpolitik*, Bd. 4: Institutionen und Ressourcen, München 1998, S. 186–198.

einzigartiges Instrument einer auf zivilem Einfluß basierenden Außenpolitik dar, das inzwischen von mehreren Ländern (u.a. USA, UK, Frankreich) kopiert wurde. Ihr politischer Wert dürfte aufgrund der eingangs genannten Veränderungen im internationalen System sogar noch steigen.

Dabei ist es wichtig zu betonen, daß von diesem Instrument nicht nur die hinter den Stiftungen stehenden politischen und sozialen Grundströmungen und Interessen profitieren, sondern auch die deutsche Gesellschaft in ihrer Pluralität insgesamt. Es lassen sich in Deutschland, so Sebastian Bartsch, „kaum relevante gesellschaftliche Gruppen und politische Positionen identifizieren, die nicht durch Stiftungen international vertreten sind".[10] Diese Feststellung – und dies ist angesichts des oben skizzierten Wandels außenpolitischer Entscheidungsprozesse von zentraler Bedeutung – gilt aber nicht nur im Sinne einer Außenvertretung deutscher Gruppen und Interessen. Auch umgekehrt läßt sich feststellen, daß es in den Tätigkeitsländern der Stiftungen kaum gesellschaftliche und politische Gruppen von größerer Bedeutung gibt, zu denen nicht Arbeits- und Gesprächskontakte bestehen. Bei allen Grenzen, die der Wirksamkeit der Auslandsarbeit der politischen Stiftungen gesetzt sind, kann doch festgestellt werden, daß das Netzwerk der Büros der politischen Stiftungen ein wohl einzigartiges Gewebe globalen soziopolitischen „networkings" darstellt, das für die Vermittlung von Positionen und Interessen, von Kontakten und Beziehungen außergewöhnlich leistungsfähig ist.[11]

In dieser Hinsicht erweist sich im übrigen auch der immer wieder hinterfragte politisch-organisatorische Pluralismus der Auslandsarbeit der Stiftungen nicht als Luxus, sondern als Erfolgsvoraussetzung: Vermittlung in internationalisierten Politikfeldern gelingt dann am besten, wenn die beteiligten Akteure auf eine Grundsubstanz *gemeinsamer* Werte und Erfahrungen zurückgreifen können. Erfolgreiche Mediation setzt voraus, daß der Mediator in beiden Gemeinschaften als legitim akzeptiert wird. Diese Art der Legitimität, so Coleman und Perl, „will thrive from having both adequate expertise and a socialisation experience that permits straddling the boundaries of the communities concerned."[12] Eine derartige soziale und inhaltliche Affinität ist aber nur durch Pluralität erreichbar. Ein „One size fits all"-Ansatz würde eine fatale Geringschätzung der zunehmenden sozialen und ökonomischen Differenzierung anderer Gesellschaften darstellen und die Wirksamkeit des Instruments der politischen Stiftungen erheblich beeinträchtigen. Gerade *weil* das System der politischen Stiftungen pluralistisch aufgebaut ist, kann es im Sinne des oben beschriebenen Formwandels von Politik ein wirksames

---

10 Ebd., S. 192.
11 Vgl. Joseph Nye, „Soft Power", in: *Foreign Policy*, No. 80, 1990, S. 153–171.
12 William Coleman/Anthony Perl, „Internationalized Policy Environments and Policy Network Analysis", S. 708.

Kommunikationsinstrument darstellen – und damit auch einer auf gesellschaftlichen Einfluß aufbauenden Außenpolitik nützliche Dienste leisten.

Alte und neue Arbeitsfelder der politischen Stiftungen

Angesichts der dichter werdenden Interdependenzen in einer sich globalisierenden Welt werden auch die politischen Stiftungen ihre Aufgabenstellung schärfen und teilweise neu ausrichten müssen. Waren sie in der Vergangenheit – bis Ende der achtziger Jahre – in weiten Bereichen unabhängige Entwicklungsagenturen in den Ländern des Südens und in Einzelfällen auch Frühwarnsystem und Vorfeldorganisationen deutscher Außen- und Entwicklungspolitik, wird sich ihre Tätigkeit in der Gegenwart und Zukunft stärker als bisher auf Funktionen der Vermittlung zwischen den Gesellschaften und Wirtschaften ausrichten müssen. Dabei liegt ein „komparativer Vorteil" im Vergleich zu anderen nichtstaatlichen Institutionen im Netz der Auslandsbüros. Diese sind heute in die transnationalen Kommunikationsstrukturen ihres politischen und gesellschaftlichen Umfeldes in Deutschland und im Ausland eingebunden. Der Zugang zu Eliten in den Projektländern und in Deutschland erlaubt Dialognetze, die über entsprechende Themenwahl und angepaßte Diskussionsmedien (zwischen Kamingespräch und *Chat-room*) wichtige Inputs zur Interessenabklärung und damit zur Politikvorbereitung und -abstimmung sowie zur Konfliktprävention geben können. Die langfristige Zusammenarbeit mit politischen und gesellschaftlichen Partnern im Ausland hat ein Vertrauenskapital geschaffen, das auch in Krisenzeiten und über politische Differenzen hinweg zur sachgerechten Lösung von Problemen eingesetzt werden kann. Themen können parallel im Inland und Ausland von beiden Seiten aufgegriffen werden. Dieses Potential macht die Stiftungen als Akteure und Ansprechpartner in den Verfahren „deliberativer Politik" – gerade in den Augen ausländischer Partner – attraktiv.

Für die Gegenwart und Zukunft zeichnen sich für die Stiftungen folgende fünf Arbeitsfelder als Prioritäten ab, die zugleich das aktuelle Rollenverständnis der Organisationen beschreiben.

1. Demokratieförderung: Die weltweite Demokratisierung ist und bleibt als Element der Friedensbewahrung und der Entwicklungsförderung eine der zentralen Zielgrößen von Außenpolitik. Demokratisierung ist in vielen Ländern der einzig vorstellbare Weg zur Einhegung des internen Konfliktpotentials, insbesondere der Entschärfung sozioökonomischer Interessengegensätze.[13] Gleichzeitig steigt – rationales Politikverständnis unterstellt – das Eigeninteresse der Staaten der OECD-Welt an einer erfolgreichen Demokratisierung in anderen Teilen der Erde: Gerade weil die weltweite Problemverflechtung zunimmt, besteht ein berechtigtes Interesse, daß auch die Politik der übrigen Welt auf demokratischen Werten und Institutionen fußt und den Verfahren rational-diskursiver Politikformulierung zugänglich bleibt bzw. wird. Dies gilt für Südosteuropa und die GUS-Staaten ebenso wie für die Dritte und Vierte Welt. In diesem Bereich lag und liegt einer der Aufgabenschwerpunkte der politischen Stiftungen.

Zunehmend wird sich aber in diesem Bereich der Fokus verändern müssen. War die letzte Phase der Demokratieförderung geprägt vom Aufbau demokratischer politischer Institutionen, wird in Zukunft der Schwerpunkt auf eine Vertiefung der Demokratie in Richtung sozialer und kultureller Teilhaberechte gelegt werden müssen. Im Kern geht es um die Frage, welches Demokratieverständnis in der Arbeit der westlichen Demokratiehilfe dominiert: ein formelles, auf politische Teilhaberechte und Menschenrechte der ersten Generation zentriertes, oder ein substantielles, das auch soziale und kulturelle Teilhaberechte und Menschenrechte der zweiten und dritten Generation mit einschließt. Die Erfahrung der „Dritten Welle" der Demokratisierung zeigt, daß formale Demokratie – zumindest zeitweise – von der Verarmung breiter Bevölkerungsteile, Oligarchisierung, massiver Korruption, faktischer Abwesenheit von Rechtsstaatlichkeit und sich akzentuierender Geschlechterungleichheit begleitet sein kann. Ein kontinentaleuropäisches Verständnis von Demokratie kann daher dort nicht stehenbleiben. Entsprechend muß sich die politische Zusammenarbeit um eine Vertiefung des Demokratisierungsprozesses in Richtung auf soziale Teilhaberechte und die De-facto-, nicht nur De-jure-Existenz von Rechtsstaatlichkeit und -gleichheit bemühen. Scheitert diese Realfundierung demokratischer Institutionen, so ist die Demokratisierung selbst gefährdet. Die Rolle von Verbänden, NROs und anderen Institutionen der Zivilgesellschaft ist für die Konsolidierung von Demokratien von entscheidender Bedeutung.[14] Dabei sollte man sich über die Zeithorizonte keine falschen Vorstellungen machen. Perioden von 30 bis 40 Jahren, ehe von einer echten Konsolidierung demokratischer Institutionen auf den verschiedenen Ebenen von Staatlichkeit gesprochen werden kann, sind durchaus nicht unwahrscheinlich. Gerade als Grenzgänger zwischen den Welten können die politischen Stiftungen in beiden Bereichen – dem politischen und

---

13 Vgl. auch Heinrich W. Krumwiede, *Zu den Regulierungsmöglichkeiten von Bürgerkriegen: Fragen und Hypothesen,* unveröffentlichtes Manuskript, Ebenhausen: Stiftung Wissenschaft und Politik, 1997.

14 Vgl. Philippe C. Schmitter, *Intermediaries in the Consolidation of Neo-Democracies: The Role of Parties, Associations and Movements,* Barcelona 1997. Siehe auch Gero Erdmann, *Demokratie- und Menschenrechtsförderung in der Dritten Welt,* Bonn 1999, S. 73–170.

dem zivilgesellschaftlichen – ansetzen. Es spricht einiges dafür, daß die bis dato geringe „Rückfallquote" von demokratischen Transitionsgesellschaften sowohl in Osteuropa wie in der Dritten Welt nach dem Ende des Kalten Krieges auch dem Einsatz von Institutionen wie den politischen Stiftungen mit ihrer breiten, sowohl im politischen wie im gesellschaftlichen Bereich ansetzenden Handlungs- und Unterstützungsstrategie zugeschrieben werden kann.[15]

2. *Dialogagentur:* Globalisierungsprozesse greifen tief in das ökonomische, soziale und kulturelle Gefüge von Gesellschaften weltweit ein. Die Fähigkeit, diesen Prozessen Richtung und Dynamik zu geben, ist dabei hochgradig ungleich verteilt. Dialog und Kommunikation zwischen den Gesellschaften werden als moderierende und konfliktbegrenzende Elemente unter diesen Bedingungen immer wichtiger werden. Hier sind politische Stiftungen aufgrund ihrer langjährigen Kontakte und ihrer Einbindung in die gemeinsamen Wertesysteme transnationaler *policy communities* als Vermittler besonders geeignet. Zunehmend wichtig wird dabei zweierlei sein: Erstens wird sich diese Vermittlungsfunktion in Zukunft von der bisher im Vordergrund stehenden Vernetzung der politisch-administrativen Funktionseliten etwas lösen müssen.[16] Neue Akteure (wie internationale NROs und ihre Netzwerke, Wirtschaftsinteressen) und entstehende Gegeneliten – oft genug mit explizit antiwestlicher oder anti-emanzipatorischer Stoßrichtung – sind im Sinne der Dialogfunktion verstärkt in diese Prozesse einzubeziehen. Gleichzeitig wird der regionale Schwerpunkt sich von den bisherigen Schwerpunkten – den transatlantischen und europäischen Beziehungen – etwas entfernen müssen. Die Staaten der Dritten und Vierten Welt – zumal die Schwellenländer mit hoher regionaler Bedeutung, wachsendem ökonomischem Gewicht und steigendem Umweltverbrauch – sollten in diese Prozesse stärker integriert werden.

3. *Vermittlung in zwischengesellschaftlichen Interessenkonflikten:* Eine besondere Aufgabe wird Mittlerorganisationen in denjenigen Bereichen zukommen, in denen sehr intensive Problem- und Politikverflechtungen bestehen. Das können Sicherheits- und Umweltzusammenhänge sein – wie etwa mit Osteuropa – oder politische und ökonomische Interaktionszusammenhänge, wie unter den G-7-Staaten. Beide Staatengruppen sind für Frieden, Prosperität, Sicherheit (im weiteren Sinne) und für die Bewahrung der Lebensgrundlagen in Europa von besonderer Bedeutung. Dabei können sich

---

15 Philippe C. Schmitter, „Von der Autokratie zur Demokratie. Zwölf Überlegungen zur politischen Transformation", in: *Internationale Politik*, Vol. 50, Heft 6, Juni 1995, S. 47–52.

16 Vgl. Sebastian Bartsch, „Politische Stiftungen: Grenzgänger zwischen Gesellschafts- und Staatenwelt", S. 190f.

zumal in den europäisch-amerikanischen Beziehungen in Zukunft neue Turbulenzen ergeben, die aus den Veränderungen in der ökonomischen Sphäre herrühren.[17] Aber auch und gerade innerhalb des sich erweiternden und vertiefenden Europa entsteht ein Spielfeld, das durch Binnenmarkt, Währungsunion und Politikkoordination (vor allem Wettbewerbspolitik) immer stärker eingeebnet wird (*level playing field*), während die Spieler – spätestens nach der bevorstehenden Osterweiterung – immer heterogener sein werden. Das verleiht dem neuen Spiel eine erhöhte Konfliktträchtigkeit, da die Verteilungswirkungen und Anpassungslasten immer tiefere gesellschaftliche Bereiche (z.B. soziale Sicherungssysteme, Arbeitsbeziehungen) erreichen.

Diese Konflikte sind vorläufig nur durch zwischen*staatliche* Konsensformeln lösbar. Bei der Aushandlung dieser Konsensformeln werden aber nichtstaatliche Akteure eine besonders wichtige und intensive Rolle spielen. Nirgendwo sonst in der internationalen Politik existieren derartig komplexe und intensive transnationale „Zonen der Deliberation" wie in den Verdichtungsräumen des EU-Mehrebenensystems und in den transatlantischen Beziehungen. Nirgendwo sonst wird sich aber damit auch die *soft power* von nichtstaatlicher Einflußsuche[18] so nachhaltig auf die Ergebnisse politischer Verhandlungsprozesse auswirken wie in diesem Bereich. Politische Stiftungen als Organisationen, die mit einem Bein in der Politik, mit dem anderen in der „Gesellschaftswelt" der Verbände, Nicht-Regierungsorganisationen und Interessengruppen stehen, sind hier mit wichtigen Moderatoren- und Organisationsaufgaben konfrontiert.

4. Globale Vernetzung: Die Beteiligung zivilgesellschaftlicher Gruppen an den entstehenden Strukturen und Prozessen der *global governance* (UN-System, internationale Organisationen) ist ein Mittel, das gravierende Demokratie-Defizit denationalisierter Politik zumindest ansatzweise zu überwinden.[19] Diese Lösung mag in ihrer Wirkung begrenzt, hochgradig symbolisch und mit erheblichen Legitimitätsproblemen belastet sein.[20] Dennoch ist in der Schaffung transnationaler Netzwerke von Bürgerorganisationen, NROs und

---

17 Vgl. Hans-Joachim Spanger, „Der Euro und die transatlantischen Beziehungen – Eine geo-ökonomische Perspektive", in: *Internationale Politik und Gesellschaft*, Nr. 2, 1999, S. 130–142.
18 Vgl. Joseph Nye, „Soft Power".
19 Vgl. Hilmar Schmidt/Ingo Take, „Demokratischer und besser? Der Beitrag von Nichtregierungsorganisationen zur Demokratisierung internationaler Politik und zur Lösung globaler Probleme", in: *Aus Politik und Zeitgeschichte. Beilage zur Wochenzeitung Das Parlament*, B43/97, S. 12–20; auch Michael Zürn, *Regieren jenseits des Nationalstaats: Globalisierung und Denationalisierung als Chance*, Frankfurt a.M. 1998, S. 233–255.
20 Vgl. Achim Brunngräber, „Über die Unzulänglichkeit kosmopolitischer Demokratie in einer transnationalen Welt", in: *Peripherie*, Vol. 18, Nr. 71, September 1998, S. 69–92.

issue groups eine der wichtigsten Neuerungen internationaler Politik in den letzten Jahrzehnten zu sehen. Diese Entwicklung wird noch an Bedeutung gewinnen. Politische Stiftungen wirken an diesem Prozeß der Vernetzung mit und übernehmen eine wichtige Vermittlerfunktion zwischen und innerhalb der internationalen „Gesellschaftswelt" und der Staatenwelt. Gleichzeitig stellen die Verfahren internationaler Politik Anforderungen an die teilnehmenden Strukturen, die von kleineren NROs rein finanziell gar nicht zu bewältigen sind.[21] Auch hier können die politischen Stiftungen – zumindest was die NROs des Südens betrifft – durch ihre Unterstützung einen Beitrag zur Pluralisierung von internationaler Politik und zur Konkretisierung des „Demokratiepostulats" der internationalen Politik im Rahmen des UN-Systems und seiner Ableger leisten.[22]

5. *Think tank*: Die politischen Stiftungen haben ihre internationale Zusammenarbeit schon immer analytisch begleitet. Ihre Forschungsinstitute lieferten insbesondere in der Entwicklungsländerforschung wichtige Beiträge. Im Zuge der Konzentration der Stiftungsarbeit wurden diese eher akademischen Kapazitäten jedoch abgebaut, die analytische Arbeit wurde neu orientiert: weniger Wissensproduktion, dafür mehr Wissensvermittlung an der Schnittstelle von Forschung, Öffentlichkeit und Politik mit dem Ziel, Analyseergebnisse in die Politikberatung und in den öffentlichen Diskurs einzuspeisen. Mit dem dabei weiterhin wichtigen Anteil eigener Produkte in der Angebotspalette kommen die Stiftungen den Ansprüchen ihrer Partner besser entgegen, die in ihnen mehr als nur einen Gesprächspartner und Beratungsvermittler sehen.

Diese Partnerbindung auf der Grundlage gemeinsamer gesellschaftspolitischer Grundanschauungen und Werte bildet die Vertrauensbasis, auf der Politikberatung und Meinungsaustausch erst effektiv funktionieren können. Gerade wo potentielle Interessenkonflikte involviert sind, werden Fakten und Zusammenhänge nicht wertfrei analysiert, sondern müssen in politischen Kräftefeldern interpretiert werden. Politikberatung richtet sich in diesem Kontext nicht nur als technokratische Expertise an Verwaltung und professionelle Politik, sondern ist essentieller Beitrag zu einem öffentlichen Diskurs, dessen Wahrnehmungen und Präferenzen in der Mediendemokratie die Politik mehr beeinflussen als die minutiöse Evaluierung von Handlungsoptionen.

---

21 Vgl hierzu beispielsweise die Schilderung der Probleme der Entwicklungsländer mit den Verhandlungsverfahren der WTO: Rashid Kaukab, „Die real existierende Rolle der Entwicklungsländer in der WTO", in: *epd-Entwicklungspolitik*, 9, 1999, S. 30–34.
22 Zu den Problemen der Nicht-Regierungsorganisationen in und mit dem UN-System siehe Global Policy Forum, *NGOs and the United Nations*, New York, Juni 1999.

Grundlagen im Verhältnis Auswärtiges Amt – politische Stiftungen

Die internationale Arbeit der politischen Stiftungen wird zu ca. 10% aus Haushaltsmitteln des Auswärtigen Amtes und zu ca. 90% aus dem Haushalt des Bundesministeriums für wirtschaftliche Zusammenarbeit und Entwicklung finanziert. In der Abgrenzung zwischen den beiden Titeln überwiegt die regionale die funktionale Dimension. Die Mittel aus dem Auswärtigen Amt werden heute zum größten Teil in den westlichen Industrieländern für Dialog und Beratungsprogramme mit den dortigen Eliten eingesetzt. Die Mittel des BMZ dienen der Förderung von Demokratie, Entwicklung und Transformation in den Ländern der „Dritten Welt" und in Mittel- und Osteuropa. Das Auswärtige Amt hat aber im Hinblick auf seinen Teil der Stiftungsaktivitäten nicht nur umfassende Informations- und Gestaltungsmöglichkeiten. Auch jedes vom BMZ finanzierte Projekt der Stiftungen (wie übrigens auch anderer Zuwendungsempfänger des BMZ) wird im Zuge der Beantragung und Prüfung in der Regel der Botschaft vor Ort vorgelegt, die die „außenpolitische Verträglichkeit" zu prüfen hat. Bei der Durchführung der Auslandsarbeit der Stiftungen nehmen die jeweils zuständigen Deutschen Botschaften eine teils unterstützende und in administrativen Fragen teils kontrollierende Funktion (z.B. Bestätigung der „Angemessenheit und Ortsüblichkeit") wahr. Der Informationsaustausch zwischen Botschaften und Stiftungen vor Ort ist in der Regel intensiv und vertrauensvoll. Die Stiftungen wünschten sich manchmal mehr Offenheit und Unterstützung auf seiten der Botschaften im Umgang mit ihren häufig nicht-offiziellen, weil zivilgesellschaftlichen Partnern. Dies gilt besonders für Situationen in Krisenländern oder -regionen, wo die Stiftungen als Vorfeldorganisationen mit Partnern gelegentlich experimentieren müssen.

Der Stiftungsstatus in den jeweiligen Ländern ist nicht Gegenstand von Regierungsverhandlungen, auch wenn die Stiftungen in manchen Ländern Verträge mit den Regierungen der Gastländer ausgehandelt haben, die den entsandten Mitarbeitern zuweilen ähnliche Rechte wie Diplomaten einräumen oder die Tätigkeit der Stiftungen privilegieren. Die Stiftungsvertretungen im Ausland funktionieren auf der Grundlage der jeweiligen nationalen Gesetze.

Zukünftige Arbeitsfelder für das Amt und Möglichkeiten der Kooperation mit den Stiftungen

Die skizzierten Veränderungen in der internationalen Politik lassen aus Sicht der Stiftungen neue Arbeitsfelder für das Auswärtige Amt entstehen, die bei einer Reform bzw. Anpassung des Dienstes berücksichtigt werden sollten. In diesen neuen Bereichen gibt es weitere Schnittstellen für die Kooperation mit den politischen Stiftungen.

Kooperationsformen beim Wissensmanagement. Mit der gewachsenen Verantwortung des wiedervereinigten Deutschland in der internationalen Politik steigt der Bedarf an professioneller Politikberatung. Im Vergleich etwa zu den USA oder auch zu anderen großen westeuropäischen Ländern hat die Bundesrepublik hier einen Nachholbedarf.

Angesichts der immer größeren Bedeutung politischer Analysen gegenüber bloßen Informationen stellt sich für das Amt die Frage der Zusammenarbeit mit „Wissens- bzw. Analyseproduzenten". Der reinen Information über Entwicklungen im Ausland kommt angesichts der Informationsmöglichkeiten, die das Internet und die zeitnah und qualifiziert berichtenden Printmedien bieten, immer weniger Bedeutung zu. Für eine qualifizierte Interessenvertretung und um bereits vorhandenes Wissen für die Politik nutzbar zu machen, wird es immer wichtiger werden, neue Kooperationsformen an der Schnittstelle zwischen Ministerium und Wissenschaft zu schaffen.[23] Der Aufbau eigener personeller Kapazitäten auf diesem Feld scheidet nicht nur aus Haushaltsgründen aus. Er wäre auch angesichts der weltweiten Privatisierung der Ideenproduktion wenig sinnvoll und erfolgreich. Nachgedacht werden sollte über problemorientierte Kooperationsansätze mit privaten Know-how-Trägern. Das hätte den angenehmen Nebeneffekt, daß die eigenen Finanzen geschont würden. In Großbritannien hat man gute Erfahrungen mit *task forces* gemacht, die kurzfristig und unbürokratisch mit einer thematischen wie zeitlichen Zielvorgabe Wissen zusammentragen und Analysen zu spezifischen aktuellen Problemlagen produzieren. In einem solchen Kontext könnten sich auch die politischen Stiftungen beteiligen. Speziell über die Auslandsbüros kann lokales und regionales Know-how auch sehr kurzfristig mobilisiert werden. Darüber hinaus verfügen die Stiftungen in ihren Zentralen in Deutschland über Analysekapazitäten und langjährige Expertise auf den Feldern der Außen-, Sicherheits- und Entwicklungspolitik.

Intervention in Krisensituationen. Im Zuge der Entstehung neuer Konflikttypen – von zwischenstaatlichen Konflikten zu häufig ethnisch oder religiös motivierten innergesellschaftlichen Auseinandersetzungen – scheint das Amt die direkte Kooperation mit den Konfliktparteien zu suchen. Als Referenzfall mag hier die Entwicklung in Südosteuropa während der vergangenen zehn Jahre dienen. Nach dem Kosovokrieg hat die Bundesregierung durch das Auswärtige Amt mit dem Stabilitätspakt für Südosteuropa ein integriertes außen-, sicherheits- und entwicklungspolitisches Konzept vorgelegt. Darin

---

23 Vgl. Dirk Messner, „Globalisierungsanforderungen an Institutionen deutscher Außen- und Entwicklungspolitik", in: *Aus Politik und Zeitgeschichte. Beilage zur Wochenzeitung Das Parlament*, B 18–19/2001, 27.4.2001, S. 21–29.

werden Konsequenzen aus den Erfahrungen mit der Transformation in den übrigen mittelosteuropäischen Ländern gezogen. Betont wird die gleichgewichtige Notwendigkeit von demokratisch-politischer, ökonomischer und sicherheitspolitischer Entwicklung, um einen einigermaßen erfolgversprechenden Weg zu Demokratie und Marktwirtschaft zu ermöglichen. Im Rahmen dieses Konzeptes hat das Auswärtige Amt sich in einigen Ländern der Region (vor allem in den Nachfolgestaaten des ehemaligen Jugoslawien) direkt in die Demokratieförderung eingeschaltet. Dabei hat das Amt versucht, selbständig oder über Trägerorganisationen aus dem Bereich der international aktiven deutschen Nicht-Regierungsorganisationen die demokratischen und multiethnisch orientierten Kräfte in den Zielländern zu fördern.

Diese Ergänzung der Diplomatie um Formen direkter Kooperation mit gesellschaftlichen Kräften hat auch die vor Ort tätigen politischen Stiftungen einbezogen. Aus Stiftungssicht stellt sich für die Zukunft die Frage, ob das Auswärtige Amt beabsichtigt, in anderen Krisenregionen (Nahost, Zentralasien, Kaukasus, Zentralafrika etc.) seine Aktivitäten in einem ähnlichen Sinne zu modifizieren bzw. auszuweiten. Sollte dies der Fall sein, bestehen gute Voraussetzungen für eine Zusammenarbeit mit den politischen Stiftungen. Sie unterhalten im Rahmen ihrer Demokratieförderprogramme oft bereits gute Kontakte zu den jeweiligen gesellschaftlichen Kräften, die sich für einen demokratischen Weg ihrer Länder engagieren. Wünschenswert wäre in solchen Fällen eine gute vorherige Abstimmung. Das BMZ hat im Hinblick auf die Konsultation mit Organisationen der Zivilgesellschaft im Laufe der Zeit Instrumente und Verfahren entwickelt, die sehr tragfähig sind.

Prozesse internationaler Verrechtlichung – völkerrechtliches ‚backstopping‘. Eine herausragende und wichtige Rolle könnte dem Auswärtigen Amt im Gefüge einer zunehmend facetten- und akteursreicheren deutschen Außenpolitik in einer Art juristischen, völkerrechtlichen *backstoppings* zukommen: Das Amt als zentrale Institution, die die fortschreitende Integration Deutschlands in ein Weltsystem von der juristischen Seite her begleitet und managt; eine Institution, die dafür sorgt, daß die Vereinbarungen der Fachministerien konform gehen mit anderen internationalen Normen und Verpflichtungen, etwa mit europäischem Recht, mit Normen von WTO und dem Kyotoprotokoll und dem zukünftigen transatlantischen Freihandelsabkommen. Dieser Komplex von Regulierungen wird eine zunehmend eigenständige Dimension in den auswärtigen Beziehungen erhalten: das entstehende Weltsystem, seine Institutionen und Normen. Hier bedarf es eines spezifischen, abrufbaren Fachwissens, das entkoppelt ist vom technischen Fachwissen über Handelsfragen, Umweltpolitik oder soziale Fragen. Darauf könnte sich das Amt spezialisieren und dieses Wissen denjenigen Akteuren zur Verfügung stellen, die es brauchen. Das bedeutet personalpolitisch, daß Fachwissen, Expertise, Erfahrungswissen und Personalreserven für internationale Verhandlungsprozesse bereitgehalten werden. Das Amt könnte wie ein spezialisierter Dienstleister funktionieren: Politische Akteure jedweder Art, die im internationalen Raum Verträge schließen oder Verpflichtungen eingehen müssen, könnten sich die Zuarbeit des AA erbitten (oder erkaufen?).

Eine solche Expertise- und Servicefunktion würden in den bilateralen Fragen in den einzelnen Ländern dann die Botschaften spielen. Sie hätten ihre Spezialisierung weniger als bislang in der Analyse politischer Prozesse zu suchen, sondern stärker in der Bereithaltung von Spezialwissen über die rechtlichen und völkerrechtlichen Fragen, über internationales, regionales und nationales Handels-, Investitions- und Umweltrecht etc.

Personalaustausch mit anderen Institutionen. Angesichts der steigenden Zahl auch deutscher Akteure in den internationalen Beziehungen sollte ein verstärkter Personalaustausch anvisiert werden. Die Situation schafft wachsende Informations-, Abstimmungs- und Vernetzungsnotwendigkeiten. Der Austausch von Personal müßte sich nicht nur auf das AA und die politischen Stiftungen beschränken. Er könnte sich ebenso beziehen auf Fachleute aus anderen Ministerien, aus Wissenschaftsinstitutionen, aus Verbänden und NROs. Darüber würde nicht nur gegenseitiges Verständnis für die Arbeit geschaffen. Es könnten sich auch Synergieeffekte zum Vorteil des fachlichen wie finanziellen Ressourceneinsatzes einstellen.

Nach der Erfahrung der politischen Stiftungen, die oft sehr „lebensnah" mit Partnern aus verschiedenen gesellschaftlichen Milieus arbeiten, könnte der Personalaustausch die Sensibilität für die spezifischen Anforderungen an die Auslandstätigkeit im Auswärtigen Amt erhöhen.

Aktuelle Herausforderungen: Klärungsbedarf bei den staatlichen Außenstrukturen

Durch ihre Nähe zu wichtigen politischen Kräften und Eliten in den Projektländern hat die Tätigkeit der Stiftungen unabhängig von der Quelle ihrer Finanzierung in Deutschland häufig außenpolitische Implikationen, die das Verhältnis der Länder zu Deutschland beeinflussen. Damit steht die Stiftungstätigkeit im Spannungsfeld von Außen- und Entwicklungspolitik sowie, in Krisenregionen, ansatzweise auch der Verteidigungspolitik, die dort zunehmend zivile Staatsaufgaben zu übernehmen beginnt. Das Verhältnis von Außen- und Entwicklungspolitik ist in den unterschiedlichen Geberländern unterschiedlich ausgestaltet. Häufig ist die Entwicklungspolitik organisatorisch Teil der Außenpolitik (etwa als Abteilung oder nachgeordnete Behörde des Außenministeriums, deren Haushalt Teil des Haushalts dieses Ministeriums ist). In Deutschland hat sich die Entwicklungspolitik im Laufe der Zeit von dieser Unterordnung „emanzipiert". Die Abgrenzung ist aber nach wie vor alles andere als eindeutig. Im Gegenteil: In Zeiten globaler Unsicherheit wird das Verhältnis zwischen Außen-, Sicherheits- und Entwicklungspolitik neu definiert werden müssen, zumal in einer globalisierten Politik, in der sich ein erweiterter Sicherheitsbegriff durchsetzt und Entwicklungspolitik zu globaler Strukturpolitik wird.

Wie oben erwähnt, unterliegen die entwicklungspolitischen Projekte der Stiftungen einer außenpolitischen Vorprüfung. In Westeuropa, den USA und Japan wird die Stiftungstätigkeit ausschließlich vom AA finanziert. Mit der Öffnung Mittel- und Osteuropas war Anfang der neunziger Jahre zunächst unklar, ob dort primär das AA oder das BMZ zuständig ist. Ein ähnliches Problem wird sich stellen, wenn Länder durch wirtschaftliche Entwicklung und demokratische Konsolidierung als nicht mehr „hilfebedürftig" eingestuft werden, am klarsten etwa erkennbar durch ihre Aufnahme in die EU oder die OECD. Für derartige Entwicklungsstufen gibt es in der jüngeren Vergangenheit Beispiele, die als Referenz dienen können. So wurde die BMZ-Finanzierung der Stiftungstätigkeit in Portugal, Spanien und Griechenland noch sechs bis acht Jahre nach deren EU-Beitritt fortgeführt und anschließend, mit modifizierten Arbeitsschwerpunkten, vom AA übernommen. Dafür gab es seinerzeit überzeugende politische Gründe, die auf die heutigen Kandidatenländer aus dem mittelosteuropäischen Raum mit ihren Transformationsgesellschaften noch viel mehr zutreffen. Hier hat die Erfahrung gezeigt, daß gesellschaftliche Entwicklungszyklen länger sind – eine Frage von Jahrzehnten, wenn nicht Generationen – als Konjunktur- bzw. wirtschaftliche Wachstumszyklen. Die Länder haben, anders als die Südeuropäer in den siebziger und achtziger Jahren, gleichzeitig eine vollständige ökonomische und eine politisch-gesellschaftliche Transformation zu bewältigen. Und dieser Prozeß läuft noch dazu unter wesentlich schwierigeren internationalen Rahmenbedingungen ab: Globalisierung, vertiefte EU-Integration und Wegfall des Ost-West-Konflikts. Selbst in den fortgeschrittenen Transformationsstaaten ist der gesellschaftliche Umbau bei weitem nicht abgeschlossen, das politische System nicht konsolidiert. Noch gibt es mehr Verlierer als Gewinner der Transformation.

Im Sinne der eingangs erläuterten Erweiterung der Außenpolitik in Richtung *public diplomacy* wird es notwendig sein, bestimmte (wenn auch nicht unbedingt alle) Teile des differenzierteren Instrumentariums der meist BMZ-finanzierten Projekttätigkeit der Stiftungen auch in den zunehmend weniger „hilfebedürftigen" Ländern weiterhin zur Verfügung zu haben. Darüber hinaus wird die gesellschaftspolitische Kooperation mit den konsolidierten Demokratien in einem globalisierten internationalen System – wie oben deutlich gemacht wurde – langfristig im friedens-, sicherheits- und auch wirtschaftspolitischen Interesse Deutschlands sein. Wenn die Anzahl der Länder zunimmt, die dabei aus dem Zuständigkeitsfeld des BMZ herauswachsen, wird dies eine Entscheidung der Politik erfordern, wie die Fortsetzung der Aktivitäten der Stiftungen finanziert werden soll. Spätestens mit der Osterweiterung stellt sich dieses Problem in massiver Form, wenn man die Zusammenarbeit mit Ländern wie Polen, Tschechien oder Ungarn nicht aufgeben bzw. aushöhlen will.

Ein konzeptionell alternativer Zugang wäre ein erweiterter funktionaler Begriff von „Entwicklungspolitik" als Summe aller Politiken, die die inneren Verhältnisse von Partnerländern mit zivilen Mitteln mitzugestalten versuchen.[24] Damit erhielte das BMZ eine erweiterte Kompetenz, die auch Aufgabenbereiche umfassen würde, die heute etwa beim AA oder BMWi liegen. Das BMZ würde dann alleiniger Zuwendungsgeber für die gesamte internationale Arbeit der Stiftungen sein, auch in den „entwickelten" Ländern, wozu dann allerdings auch die dafür notwendigen Mittel bereitzustellen wären.

Dies ist nicht der Ort für ein Plädoyer für die eine oder andere dieser Konzeptionen. Ihre Darstellung soll nur auf Inkongruenzen und Lücken in der historisch gewachsenen Aufgaben- und Haushaltsstruktur hinweisen, die es im Interesse einer effizienten und effektiven Vertretung deutscher Interessen in einer entgrenzten Welt zu beseitigen gilt. Wünschenswert wäre im Hinblick auf die Akteure der Übergang von einer Zuständigkeitskultur zu einer Problemlösungskompetenz. Ein derart modifiziertes Leitbild für die staatlichen Außenstrukturen befände sich nicht nur im Einklang mit der inzwischen bestehenden Realität. Es würde auch den Weg ebnen für eine transparente und fruchtbare Zusammenarbeit zwischen staatlichen und nichtstaatlichen Akteuren in Sachfragen, sofern die Interessenpositionen dies ermöglichen.

Das alte Bild einer 40 Jahre lang dreigeteilten Welt (die erste Welt dem AA, die zweite [Ostblock] dem BMVg und die Dritte Welt dem BMZ zugeordnet) ist spätestens seit dem Fall des Eisernen Vorhangs obsolet geworden. Wie bereits angedeutet erfüllt heute zum Beispiel das Militär Konsolidierungsaufgaben in Entwicklungs- und Transformationsländern, die das BMZ dann „entwickelt". Das Auswärtige Amt beginnt, in Krisenregionen direkt auf gesellschaftliche Akteure einzuwirken bzw. diese zu unterstützen. Zivile „Intervention", zu deren Kernsäulen die politischen Stiftungen zählen, sollte nicht Opfer überholten Schubladendenkens werden. Hier sind – wenn nicht konzeptionelle, so doch zumindest pragmatische – Anpassungen erforderlich, soll diese Aufgabe angemessen erfüllt werden.

In einer Realität, in der die Außenbeziehungen von Ländern zunehmend durch zivile Akteure mitgestaltet werden, werden diese Akteure und mit ihnen die politischen Stiftungen stets zwischen Distanz und Nähe zu den staatlichen Strukturen changieren, ohne dabei ihre Autonomie als Existenzvoraus-

---

24 So entwickelt von Adolf Kloke-Lesch, „Funktionale Positionsbestimmung der Entwicklungspolitik", in: *ipg*, 3, 1998, S. 324ff, insbesondere S. 328.

setzung aufgeben zu können. Das Auswärtige Amt sollte die Vielfalt und Kompetenz deutscher nichtstaatlicher Akteure als komparativen Vorteil im Wettbewerb um politische Konzepte und Interessen sehen, zumal der Erfolg auf diesem Felde maßgeblich davon abhängen wird, was ein Land an *soft power*[25]-Kompetenzen mobilisieren kann.

---

25 Vgl. Joseph Nye, „Soft Power".

Die Wissenschaft

Hanns W. Maull*

Die Neuordnung des Auswärtigen Dienstes ist *ein* Aspekt der Selbstbehauptung des politischen Gemeinwesens Bundesrepublik Deutschland unter den veränderten Rahmenbedingungen der Weltpolitik zu Beginn des 21. Jahrhunderts. Insgesamt geht es darum, die Interessen der Bevölkerung möglichst wirkungsvoll zu vertreten und zur Geltung zu bringen. Wie diese Interessen zu definieren und zu formulieren sind (und wer überhaupt zur „Bevölkerung" zählt, um deren Interessen es geht), darüber hat die Politik zu befinden; die Formel von (womöglich vorgängigen) „nationalen Interessen" hilft hier nicht sehr viel weiter. Allerdings ergeben sich aus dem Begriff der Selbstbehauptung sowie aus der Bestimmung der neuen Rahmenbedingungen der Weltpolitik bereits einige grundlegende Leitlinien, deren Konkretisierung, Ausgestaltung und Umsetzung dann der Außen- und Sicherheitspolitik im allgemeinen und Diplomatie im besonderen obliegt.

Das Kernproblem der „neuen Weltpolitik": Überforderung des Staates

Inwiefern wird die Selbstbehauptung der Bundesrepublik durch die neuen Rahmenbedingungen der Weltpolitik gefährdet? Die Veränderungen im System der internationalen Beziehungen, deren kumulative Wirkungen etwa seit Ende der achtziger Jahre die Weltpolitik in eine Phase der „Turbulenz" haben eintreten lassen, führten im Ergebnis zu einer Lage, die mehr „neu" als „kontinuitätsbestimmt" ist. Diese „neue" Qualität entstand zunächst natürlich durch den Wegfall des die Weltpolitik strukturierenden (und damit auch Berechenbarkeit und Stabilität erzeugenden) Ost-West-Gegensatzes. Aber der Zusammenbruch des Sowjetreiches war selbst eher Symptom als Ursache ei-

---

* Professor Dr. Hanns W. Maull, Lehrstuhl für Internationale Beziehungen/Außenpolitik an der Universität Trier.

nes tiefgreifenden Strukturwandels in den internationalen Beziehungen und in der Politik überhaupt, der heute generell mit dem Begriff „Globalisierung" beschrieben wird. Der politische Kern dieses Strukturwandels ist die tendenzielle Überforderung moderner Staatlichkeit durch die Anforderungen einer sich globalisierenden Welt. Die Konsequenz dieser Überforderungen sind Staatskrisen und Staatszerfall, aber auch die Rekonfiguration von Staatlichkeit in neuen, komplexen und den Territorialstaat übergreifenden Formen. Die „Selbstbehauptung" der Bundesrepublik Deutschland kann aus dieser Sicht also gar nicht identisch sein mit der Bewahrung des Nationalstaates und seiner überkommenen Strukturen und Interessendefinitionen im herkömmlichen Sinne. Es geht vielmehr darum, neue Formen der politischen Selbstbestimmung und Steuerung zu entwickeln, in denen die spezifischen Interessen des politischen Gemeinwesens Bundesrepublik und seine Identität zukunftssicher gewahrt und gestärkt werden können. Vorstellbar ist dies nur durch eine konsequente Vertiefung der internationalen und supranationalen Zusammenarbeit in regionalen, funktionalen und globalen Institutionen und Kooperationsprozessen. Paradoxerweise setzt nationale „Selbstbehauptung" unter den Rahmenbedingungen der Globalisierung also die Bereitschaft und die Fähigkeit voraus, autonome nationale Entscheidungskompetenzen an internationale Kooperations- und Integrationsprozesse abzugeben und diese effektiv auszugestalten.

Die zentrale Gestaltungsaufgabe der Außenpolitik ist vor diesem Hintergrund die Neukonfigurierung der internationalen Ordnung über die Reform von Staatlichkeit. Selbstbehauptung erfordert die Fähigkeit zu erfolgreichem Krisenmanagement, aber auch zur Strukturbildung. Außenpolitik sollte sich stets auch als ordnungspolitische Gestaltungsaufgabe im Weltmaßstab verstehen.

Konsequenzen für die deutsche Außenpolitik

Aus dieser knappen Bestandsaufnahme ergibt sich Handlungsbedarf für die deutsche Außenpolitik in drei Richtungen:

1. Defizitäre Staatlichkeit ist heute zur wohl wichtigsten Krisen- und Bedrohungsursache in den internationalen Beziehungen geworden. Der Zerfall bzw. die Perversion des Staates in Ländern wie Afghanistan, Irak oder Nordkorea (im Sinne der nicht mehr gegebenen Wahrnehmung der essentiellen Schutz- und Wohlfahrtsaufgaben des Staates gegenüber der eigenen Bevölkerung) führt nicht nur zu humanitären Katastrophen, sondern auch zu vielfältigen Bedrohungen nationaler und internationaler Sicherheits- und Wohlfahrtsinteressen – siehe etwa die Terroranschläge

von al-Qaida in New York und Washington oder die Verbreitungstendenzen bei Massenvernichtungswaffen, aber auch die Migrationsströme und die wirtschaftlichen und gesellschaftlichen Negativkonsequenzen, die durch Staatszerfall bzw. Staatsperversion ausgelöst werden (könnten). Die damit verbundene Herausforderung für die Außenpolitik und die internationale Ordnungspolitik ist die Eindämmung dieser Zerfalls- und Perversionsprozesse durch vorbeugende, nachhaltige Entwicklungspolitik (wobei der Aspekt der Institutionenbildung und der *good governance* von zentraler Bedeutung ist) sowie die Wiederaufrichtung bzw. der Aufbau zerstörter oder dysfunktionaler Staatlichkeit mit Hilfe von außen. Wie die Beispiele des Balkans, aber auch Afghanistans zeigen, ist erfolgreiches *state building* eine, vielleicht sogar *die* zentrale ungelöste Aufgabe der internationalen Politik.

2. Die zweite Herausforderung besteht in der Vertiefung und Erweiterung multilateraler Strukturbildungs- und Institutionalisierungsprozesse, im Auf- und Ausbau des Systems regionaler und internationaler Organisationen, Regime und Prozesse der Zusammenarbeit zur Bewältigung gemeinsamer Probleme. Dabei geht es wesentlich auch um die Aufgabe der Effektuierung: Viele Ausprägungen der internationalen Zusammenarbeit sind weit davon entfernt, wirksam und kosteneffizient zu arbeiten. Die Ursachen hierfür liegen sicherlich in intrinsischen Schwierigkeiten dieser Formen der politischen Zusammenarbeit, wesentlich aber auch in mangelndem politischem Willen der Mitgliedstaaten, diesen Institutionen die erforderliche Verantwortung und eine angemessene Ressourcenausstattung zuzugestehen. Internationale Zusammenarbeit wird generell noch immer viel zu sehr für spezifische (sachfremde) nationale Zielsetzungen instrumentalisiert denn als Teil des Regierens angesehen, also der wirksamen politischen Bearbeitung von Problemen. Auch der deutschen Außenpolitik ist dies keineswegs fremd, doch entspricht die andere, sachbezogene Sichtweise der multilateralen Zusammenarbeit als Form des Regierens dem traditionellen außenpolitischen Selbstverständnis der Bundesrepublik mehr, als dies anderswo der Fall ist. Deutschland hat hier also eine günstige Ausgangsposition, aber auch eine besondere Verantwortung.

3. Schließlich ergibt sich drittens „außen"-politischer Handlungsbedarf auch nach innen. Denn der Anpassungsdruck, den die Prozesse der Globalisierung auf „den Staat" ausüben, betreffen auch die Bundesrepublik Deutschland – und natürlich auch den Auswärtigen Dienst als Teil des Staatsapparates. Voraussetzung für eine wirksame Eindämmung der Risiken des Staatszerfalls und für die Ausweitung, Vertiefung und Effektuierung internationaler und supranationaler Zusammenarbeit ist der Umbau des Staates und spezifisch des Auswärtigen Dienstes – einerseits sicherlich im Sinne der Effizienz- und Effektivitätssteigerung, zum ande-

ren und vor allem aber im Interesse der Bewahrung und Erweiterung der Chancen zur Selbstbehauptung der Bundesrepublik.

Thesen zur Anpassung des Auswärtigen Dienstes an die neuen außenpolitischen Gegebenheiten

Aus diesen allgemeinen Überlegungen ergeben sich für die Strukturreform des Auswärtigen Dienstes eine Reihe von Schlußfolgerungen, die im folgenden in Thesenform zur Diskussion gestellt werden sollen.

1. Das außenpolitische Management der Globalisierung im Sinne der Selbstbehauptung ist eine Aufgabe von atemberaubender Komplexität. Um sie mit Aussicht auf Erfolg zu bewältigen, muß der Auswärtige Dienst vor einer Überfrachtung mit Aufgaben bewahrt werden.
Eine Gefahr in der gegenwärtigen Reformdiskussion besteht darin, daß der Auswärtige Dienst mit neuen Koordinations-, Querschnitts- und Vernetzungsaufträgen überfrachtet wird. Die modischen Diskussionen um *public/private partnership* und *global public policy networks* tragen den Risiken der „Politik-Verflechtungsfalle" oft nicht genügend Rechnung. Tatsächlich aber wird es bei der Reform des Auswärtigen Dienstes wesentlich darauf ankommen, ihm weniger statt mehr aufzugeben, seine Tätigkeit abzuspecken und zu fokussieren und ihm zugleich zu ermöglichen, seine Aufgabe der strategischen Steuerung der deutschen Außenpolitik, auch als internationaler Ordnungspolitik, autoritativ nachzugehen. Dies kann nur dadurch geschehen, daß erstens klare Auftragstellungen vorgegeben und deren Einhaltung und Stimmigkeit systematisch überprüft werden und zweitens auch Aufgaben und Entscheidungskompetenzen des Auswärtigen Dienstes zur Disposition gestellt werden. Dies kann, je nach Politikfeld, funktional und lateral – zum Beispiel an andere Ministerien, aber auch an nichtstaatliche Akteure wie NROs –, nach oben auf die zwischenstaatliche bzw. supranationale Ebene (etwa an die EU), aber auch nach unten (etwa an Bundesländer, beispielsweise im Bereich der Einwerbung von Auslandsinvestitionen oder auswärtiger Kulturpolitik) geschehen.
Zwei spezifische Bereiche, bei denen ein Abspecken von Aufgaben des Auswärtigen Dienstes besonders sinnvoll erscheint, sind die Außenwirtschaftsförderung und das Politikmanagement. Die enge Verquickung von Auswärtigem Dienst und Außenwirtschaftsförderung schaffte in der Vergangenheit immer wieder Interessenkollisionen und engte auch die politischen Handlungsspielräume der Diplomatie problematisch ein (klassische Beispiele liefern die deutsche und die europäischen Chinapolitiken). Die staatliche Flankierung der Außenwirtschaftsbeziehungen mag sinnvoll und notwendig

sein, die Verquickung der Aufgaben des Auswärtigen Dienstes mit den spezifischen Interessen der Wirtschaft ist es sicherlich nicht. Hier wäre eine deutlichere Trennung der Aufgaben und damit zugleich auch eine Entlastung des Auswärtigen Dienstes sinnvoll.

Der zweite Entlastungsbereich betrifft die Vermischung von Außenpolitik und Politikmanagement. Politikmanagement stellt die innenpolitische Unterstützung der Außenpolitik im Rahmen der Regierungskoalition und des Parlamentes sowie im parteipolitischen Kontext sicher. Dies ist unerläßlich (dazu später mehr), zugleich aber auch eine deutlich andere Aufgabenstellung als die oben skizzierten. In der Praxis hat sich eine recht intensive Verquickung von Amtstätigkeit und Politikmanagement ausgebreitet, die weit über die ursprünglich für derartige Aufgaben geschaffene Position des parlamentarischen Staatssekretärs (heute: Staatsminister) hinausreicht. Außenpolitik steht in der Folge oft zu sehr unter dem Primat der Partei- und Koalitionspolitik. Der Auswärtige Dienst sollte sich auf Problemlösungen und das dazu erforderliche internationale Politikmanagement konzentrieren können; die Einwerbung von innenpolitischer Unterstützung ist eine davon deutlich abgesetzte, wenngleich ebensowichtige Aufgabe der Politik. Aber auch hier wäre also zu prüfen, wie eine stärkere Trennung der Funktionen gewährleistet werden könnte.

2. Staatlichkeit für die Gegebenheiten der Globalisierung zu rüsten impliziert, daß der Auswärtige Dienst die Möglichkeiten bekommt, sich auf die Planung, Steuerung und Überprüfung der Außenpolitik angemessen zu konzentrieren und diese autoritativ umzusetzen.

Neben der Entlastung des Auswärtigen Dienstes geht es also auch darum, ihm eine stärkere Fokussierung und längerfristige Ausrichtung zu ermöglichen. Das setzt klare Entscheidungszuständigkeiten voraus. Während es in den Phasen der Deliberation und der Umsetzung außenpolitischer Ziele sinnvoll ist, andere staatliche und nichtstaatliche Akteure gleichberechtigt einzubeziehen, gilt dies für die Entscheidung selbst nur begrenzt. Zu prüfen wäre in diesem Zusammenhang eine Aufwertung bzw. Neuformierung des Bundessicherheitsrates mit Blick auf die außenpolitische Selbstbehauptung Deutschlands unter den Rahmenbedingungen der Globalisierung. Für den Auswärtigen Dienst geht es darum, die institutionellen Voraussetzungen für die Politikplanung, die Politikimplementierung und die Zielüberprüfung zu verbessern.

Außenpolitik ist Komplexitätsmanagement *par excellence* – aber der Umgang mit Komplexität wird viel zu wenig ernst genommen. Komplexität ist, so Franz Reither, „unüberschaubar, vernetzt, eigendynamisch, undurchsichtig, wahrscheinlichkeitsabhängig und instabil".[1] Die Steuerung sozialer Systeme – wie Unternehmen oder Staaten – unter diesen Bedingungen erfor-

---

1   Franz Reither, *Komplexitätsmanagement. Denken und Handeln in komplexen Situationen*, München 1997, S. 14 und passim.

dert die Fähigkeit, mit komplexen Situationen umzugehen und sich in ihnen angemessen zu verhalten. Diese Fähigkeiten sind, wie empirische Untersuchungen insbesondere im Bereich der Unternehmensführung zeigen, keineswegs selbstverständlich vorhanden;[2] in Modellversuchen dominierten eindeutig probleminadäquate Formen des Verhaltens. Diese Fähigkeiten – wie angemessene Formen der Problemanalyse, der Steuerung und der Überprüfung der Ergebnisse der eigenen Steuerleistungen – können jedoch grundsätzlich erlernt und geübt werden. „Komplexitätstraining" sollte dementsprechend in der Ausbildung und vor allem in der Fortbildung des Auswärtigen Dienstes insbesondere in den oberen Etagen besonders gefördert werden.

3. Der Auswärtige Dienst muß sich rüsten für die Internationalisierung und Supranationalisierung der Diplomatie. Hierzu braucht die Bundesrepublik eine klare Strategie zur Effektuierung internationaler Institutionen, nicht zuletzt durch die Bereitstellung hervorragenden Personals.

Diese These zielt zunächst auf die Aus- und Fortbildung des Auswärtigen Dienstes, daneben aber auch auf die Rekrutierung hochqualifizierten Personals für Aufgaben in internationalen Organisationen. Die individuelle Fähigkeit, zu überzeugen, kooperative Lösungen auszuhandeln und multilaterale Institutionen zu effektuieren, ist für die Chancen der Selbstbehauptung und der internationalen Ordnungspolitik von großer Bedeutung. Dies setzt voraus, daß die Besten für derartige Tätigkeiten gewonnen werden müssen – eine Anforderung mit vielfältigen Konsequenzen für Besoldung, Ausbildung, Fortbildung, Personalbetreuung und Personalführung sowie für die Flexibilisierung von Laufbahnen.

Ein zweiter Aspekt betrifft die Rekrutierung bzw. Einbeziehung von hochqualifiziertem Personal aus anderen Politikbereichen, aus der Wirtschaft und aus der Wissenschaft auf einer zeitlich begrenzten Basis für spezifische Aufgabenstellungen der Diplomatie. Im Grundsatz gibt es dies bereits – etwa in Form von Personalaustausch zwischen Auswärtigem Dienst und anderen Ministerien sowie Streitkräften und Unternehmen, aber auch in Form von Programmen mit anderen Diplomatischen Diensten. Doch könnte diese Logik sehr viel weiter getrieben werden: Personalpolitik sollte nicht primär auf Staatsangehörigkeit und Laufbahnanforderungen abstellen, sondern auf Qualifikation und Befähigung.

4. Die für die Außenpolitik derzeit bereitgestellten personellen und materiellen Ressourcen sind unzureichend. Die Außenpolitik muß besser ausgestattet werden; sie bedarf dazu der innenpolitischen Unterstützung, die die Politik zu mobilisieren und die Gesellschaft bereitzustellen hat.

Effektive Außen- und Sicherheitspolitik ist – wie jede Politik – auf Unterstützung angewiesen; diese ist derzeit jedoch strukturell unzureichend

---

2   Vgl. ebd. und Dietrich Dörner, *Die Logik des Mißlingens*, Reinbek 1989.

entwickelt. Bislang beruhte die Ressourcenzuweisung für Außenpolitik auf der Formel: „Fortschreibung der alten Ansätze minus Friedensdividende minus Haushalts-Sanierungsbeitrag". Es muß aber zumindest die Frage aufgeworfen werden, ob die gegenwärtige Mittelverteilung zwischen innen- und außenpolitisch orientierter Staatstätigkeit einer Lage angemessen ist, in der die Zukunftschancen und Zukunftsrisiken Deutschlands ganz wesentlich durch das internationale Umfeld bestimmt werden. Die Reform der Außenpolitik muß deshalb innenpolitisch ansetzen – bei einer von der politischen Führung insgesamt getragenen Werbekampagne für die Bedeutung von Außenpolitik (die hier wie insgesamt natürlich die Außenwirtschaftspolitik einschließt). Erst wenn die Bedeutung der Außenpolitik für die Zukunft der Lebensbedingungen in Deutschland in der Bevölkerung angemessen wahrgenommen wird, kann Außenpolitik die erforderliche materielle und ideelle Unterstützung finden. Dabei ist die angemessene Ausstattung des Auswärtigen Dienstes auch, aber keineswegs nur und nicht einmal in erster Linie eine finanzielle Frage. Zunächst geht es um eine veränderte Einstellung in der Gesellschaft zur Außenpolitik, dann einer Öffnung des Auswärtigen Dienstes für die Bereitschaft der Gesellschaft, sich für Außenpolitik zu engagieren. Diese Veränderung der Einstellungen kann nur durch Aufklärung, durch Information und das Werben für Außenpolitik erreicht werden.

Veränderungen der Einstellung gegenüber der Außenpolitik, die ihren Stellenwert angemessen anerkennen, lassen sich durch konkrete Programme und Maßnahmen vorantreiben. Zu erwägen wäre beispielsweise die Schaffung eines internationalen Zivildienstes (etwa nach dem Modell des amerikanische Peace Corps) sowie von Möglichkeiten, auch während des Berufs (in Analogie zu Wehrübungen) spezialisierte Aufgaben in außenpolitischen Zusammenhängen zu erfüllen.

5. Außenpolitik braucht spezifische Kapazitäten zur Bewältigung von Problemen des Staatszerfalls und des Staatsumbaus.
In einer Reihe von Politikfeldern wird der Diplomatische Dienst bei der Implementierung außenpolitischer Ziele zunehmend als Katalysator und Koordinator gemeinsamer Bemühungen nicht nur zwischen Staaten und internationalen Organisationen, sondern auch zwischen staatlichen Akteuren, internationalen Organisationen und anderen Akteuren (Wirtschaft, NROs, Militär, Polizei etc.) fungieren müssen. Die Wiederaufrichtung zerfallener Staatlichkeit durch kooperative Anstrengungen von innen und außen ist eine hochkomplexe Aufgabe, die koordiniert vielfältiger, über längere Zeiträume konzipierter Anstrengungen bedarf. Die knappste Ressource ist in diesem Zusammenhang Expertenwissen und Expertenerfahrung – etwa im Aufbau von Polizei, Gefängnissen, Rechtswesen, Medien, Verbänden, Parteien und Verwaltung, um nur einige Beispiele zu nennen. Um diese Aufgaben angemessen wahrnehmen zu können, sollte – spezifisch im Zusammenhang mit den Pro-

blemen des Staatszerfalls – geprüft werden, ob und in welcher Form hier integrierte, aufeinander eingespielte personelle Ressourcen und Kapazitäten vorgehalten bzw. für den Krisenfall bereitgestellt werden sollten, wie das etwa das THW in begrenztem Rahmen bereits durchaus eindrucksvoll tut. Zu prüfen wären in diesem Zusammenhang die Möglichkeiten der Abstellung qualifizierten Personals etwa aus Unternehmen auf zeitlich begrenzter Basis im Rahmen einer gesellschaftlichen Dienstverpflichtung (in Analogie zur Wehrübung), aber auch Formen der Einbeziehung von aus der Wirtschaft und Gesellschaft selbst vorgebrachten Initiativen.

Die kulturellen Mittlerorganisationen

Christian Bode *

Die Einladung, Gedanken zur Reform des Auswärtigen Dienstes beizutragen, ist für einen Vertreter einer vom Auswärtigen Amt institutionell geförderten Mittlerorganisation gleichermaßen reizvoll wie verlegenheitsstiftend: schon der mögliche Verdacht, daß der Autor eventuelle Kritik eher taktisch dosiere und Reformvorschläge eher pro domo lanciere, lassen es geraten erscheinen, sich auf einige Beobachtungen zur Entwicklung des Politikfeldes zu beschränken und dann in aller Bescheidenheit eines Außenstehenden zu fragen, inwieweit sich daraus neue und andere Anforderungen an die äußere Organisation und innere Verfassung des Auswärtigen Dienstes ergeben könnten. In diesem Sinne beginnen wir mit der jüngst wieder verschärft diskutierten Frage:

I.   Was ist und wozu nutzt Auswärtige Kulturpolitik?

1. Die Auswärtige Kulturpolitik (AKP) oder – wie sie neuerdings im Sinne eines erweiterten Kulturbegriffs und zum Unwillen des Bundesbildungsministeriums bezeichnet wird – die Auswärtige Kultur- und Bildungspolitik (AKBP) wird spätestens seit ihrer parlamentarisch-politischen Wiederentdeckung Anfang der siebziger Jahre die „Dritte Säule" der Außenpolitik genannt, die freilich von den zuständigen Ministern wie auch von den meisten ihrer Mitarbeiter eher als ein ästhetischer denn ein wirklich statisch relevanter Pfeiler ihres Politik-Gebäudes verstanden worden ist – und das hat sich bis heute nicht geändert, wie ein Rückblick auf die Haushaltszahlen zeigt: Das wiedervereinigte Deutschland mit seiner oft beschworenen größeren weltpolitischen Verantwortung und Ausstrahlung gibt für seine AA-finanzierten kulturellen, bildungspolitischen und wissenschaftlichen Auslandsinvestitionen etwa denselben Nominalbetrag aus wie die (Teil-) Bundesrepublik vor

---

*   Dr. Christian Bode, Generalsekretär des Deutschen Akademischen Austauschdienstes.

dem 3. Oktober 1990 – wobei der Nominalvergleich die Lage stark beschönigt. In Wirklichkeit ist der Anteil des AA-Kulturetats am gesamten Haushalt des Bundes oder gar am Bruttosozialprodukt in dieser Zeit um ein Drittel gesunken: Rund 550 Mio. Euro, das sind ca. 0,003 Prozent ihres BSP, läßt sich die Republik ihre kulturelle Außenrepräsentanz kosten, weniger als das, was die beiden Städte München und Berlin für die kulturellen Bedürfnisse ihrer Bürger zur Verfügung haben.

Freilich ist mit diesem vom AA verantworteten Betrag nicht das ganze Bild der Außenkulturpolitik umrissen, zu dem noch viele Akteure auf Bundes-, Landes- und kommunaler Ebene, Stiftungen, Vereine und nicht zuletzt auch der kommerzielle Sektor beitragen. Allein der Bundesbeitrag soll sich nach der Ausgaben-Klassifizierung des Bundesfinanzministers auf ca. 1,75 Mrd. Euro, also auf gut das Dreifache des AA-Betrages belaufen, woraus das Ressort gelegentlich weitergehende Koordinierungs- oder gar Zuständigkeitswünsche abgeleitet hat. Davon wird noch zu reden sein – hier soll zunächst dem Definitionsbedürfnis Genüge getan werden, und zwar in ganz pragmatischer Weise: Für Zwecke dieses Aufsatzes wird als AKBP nur das zugrunde gelegt, was derzeit und in absehbarer Zukunft unstreitig zum Handlungs- und Finanzierungsbereich des Auswärtigen Amtes gehört. Und auch hier beschränken wir uns auf die größeren, von sogenannten Mittlerorganisationen mitverantworteten Sektoren, wobei dann schließlich auch, der Kompetenz des Autors entsprechend, authentisch nur der Bildungs- und Wissenschaftsbereich kommentiert werden kann. Das schränkt die Geltungsansprüche der notierten Beobachtungen und Empfehlungen zweifellos ein, andererseits sind Parallelen in anderen Sektoren und damit gewisse Transfermöglichkeiten offenkundig.

In diesem Sinne also zählen wir hier zur AKBP zunächst die kulturellen Aktivitäten des Goethe-Instituts Inter Nationes (GIIN) sowie die kleineren Organisationen ifa (Institut für Auslandsbeziehungen), den Deutschen Musikrat und – partiell – auch die deutsche UNESCO-Komission, zum zweiten den Bereich der Bildungs- und Wissenschaftskooperation mit den Trägern DAAD (Deutscher Akademischer Austauschdienst), Alexander von Humboldt-Stiftung (AvH) und schließlich den Sektor der Auslandsschulen, der administrativ der Zentralstelle für das Auslandsschulwesen ZAV, einer Dienststelle des Bundesverwaltungsamts, übertragen ist. Hinzu kommen projektorientierte Finanzierungen anderer Organisationen wie der Deutschen Forschungsgemeinschaft, der Carl Duisberg Gesellschaft, der politischen Stiftungen und anderer, nicht beim AA institutionell ressortierender Akteure.

2. Die Ziele der Auswärtigen Kulturpolitik waren seit den schon zitierten Debatten der großen Koalition insofern unstreitig in des Wortes doppelter Bedeutung, als sie eigentlich selbsterklärend erschienen und tatsächlich auch von niemandem ernsthaft hinterfragt wurden: Nach der Katastrophe von Holocaust und mörderischem Weltkrieg ging es mit allen Mitteln darum, wieder

in die zivile Weltgemeinschaft zurückzufinden und da war das kulturelle Erbe des einst so genannten „Volkes der Dichter und Denker" (die Musiker nicht zu vergessen) der wohl sicherste Pfad. Alsbald kam die Auseinandersetzung mit dem anderen Deutschland hinzu, das seinerseits die selbstvereinnahmte kulturpolitische Erbschaft des „besseren" Deutschlands als Waffe des Kalten Krieges instrumentalisierte. Schließlich, wenn auch eher schamhaft verschwiegen, mögen auch die wachsenden Exportverflechtungen, -interessen und -abhängigkeiten der wiedererstarkten deutschen Wirtschaft eine motivierende Rolle für ein stetig wachsendes staatliches Engagement gespielt haben. Daß auf seiten der eigentlichen Akteure, der Wissenschaftler und Studierenden, der Künstler und Literaten, der Schullehrer und der Entwicklungshelfer, jeweils eigene, eher „unpolitische" Motive eine Rolle gespielt haben mögen, steht auf einem anderen Blatt.

Daß in den letzten Jahren nun erneut heftig und kontrovers über die Ziele der Auswärtigen Kulturpolitik diskutiert wird, hat mit den dramatischen geopolitischen Veränderungen des letzten Jahrzehnts, den massiven Sparzwängen der öffentlichen Hand und nicht zuletzt dem Regierungswechsel zu tun.

Der Fall der Mauer hat auch viele Weltbilder, Erklärungsmuster und Argumentationsroutinen zu Fall gebracht, wie sie sich auch für die AKBP etabliert hatten. Und die massive Globalisierung nicht nur der Weltwirtschaft, sondern auch der Wissens- und Kulturerfahrungen, verstärkt durch die Revolution der Neuen Medien und die Kommerzialisierung einer weltumspannenden Eventkultur, haben die Rolle der bisherigen Auswärtigen Kulturpolitik plötzlich mit einer musealen Patina versehen.

Gleichzeitig sind neue Herausforderungen entstanden, die sich erst gegen die alten Prioritäten durchsetzen mußten: So hat die Entwicklung der Europäischen Gemeinschaften zu einer Europäischen Union sowohl für die Vertiefung der Integration in den „Stammlanden" als auch für die Erweiterung der Union nach Osten ganz neue, bis heute dramatisch unterschätzte Aufgaben der Information, des Verstehens und der Verständigung gestellt, wenn denn dieses historisch einzigartige Experiment tatsächlich gelingen soll. Und gleichzeitig ist, um ein anderes Beispiel zu nennen, die internationale Konkurrenz um die vorderen Plätze immer härter geworden, drastisch spürbar etwa beim weltweiten Headhunting um die begabtesten Köpfe in der Wissenschaft, wobei Deutschland – Stichwort PISA – zu lange auf alten Lorbeeren ruhend dem Erstarken neuer Konkurrenten tatenlos zugesehen hat (und noch zusieht). Und schließlich, um die Veränderungsfaktoren zu komplettieren, haben die neue Regierung und die sie tragenden Parteien und Fraktionen manche Akzente für die internationale Politik – auch für die Entwicklungspolitik – anders gesetzt, wobei die Stichworte Menschenrechte, *good government* und Krisenprävention an vorderer Stelle stehen.

All dies wäre wohl im Rahmen normaler Politikdiskurse abgelaufen und zu neuen Formeln einvernehmlich entwickelt worden, wäre da nicht der

„vereinigungsbedingte" öffentliche Sparzwang gewesen, der zu Kürzungen der AA-Dotationen und in deren Folge zur Schließung von mehr als 25 Goethe-Instituten weltweit geführt hat, was wiederum durch in- und ausländische Proteste eine öffentlichkeitsrelevante Dramatisierung der AKP-Diskussion bewirkte. Bemerkenswerterweise hat diese öffentliche und dann auch die parlamentarische Diskussion an den Kürzungen wenig geändert, ja hier und da in den früher so verläßlich befreundeten Feuilletons sogar für hämische Kommentare gesorgt. Die Mittlerorganisationen, namentlich das früher über alle Zweifel erhabene und gegen alle politische Instrumentalisierung verteidigte Goethe-Institut schien plötzlich vom Katheder verdrängt und auf die Anklagebank versetzt. Die Formeln der öffentlichen Verhöre und Verdikte bedienten sich freilich ganz überwiegend der Sprache der Technokratie und der Rechnungshöfe, selten nur blitzte eine wirklich inhaltliche Frage auf: Effizienz, Kosten- und Leistungsrechnung, Fusionsrendite, Produktoptimierung, Stelleneinsparung usw. waren die Leitbegriffe. Und das Auswärtige Amt, in dieser Diskussion teils selbst Opfer, teils auch Mittäter oder jedenfalls Mitläufer, sah dieser Entwicklung lange, wohl zu lange widerstandslos zu – mit den Wirkungen, die oben anhand der Haushaltszahlen beschrieben worden sind.

So war es denn überfällig, daß im Jahre 2000 Bundesaußenminister Fischer erstmals wieder inhaltliche Zielsetzungen für die Auswärtige Kultur- und Bildungspolitik verkündete, die, wenn man denn Schweigen als Zustimmung interpretieren darf, auf breiten Konsens gestoßen sind und dem Amt wieder so etwas wie das Primat der Politikformulierung zurückgewonnen haben. Im großen und ganzen stehen diese Zieldefinitionen durchaus in der Tradition der siebziger Jahre, modernisieren sie vor der Folie der geopolitischen Veränderungen und akzentuieren die stärker moralischen Komponenten.

Und dann kam, wie zur Bestätigung, der Terroranschlag des 11. September, der bei allen Besonnenen den Ruf nach mehr Dialog und Zusammenarbeit zwischen den verschiedenen Kulturen und Zivilisationen verstärkt und eine Fülle neuer Vorschläge zur krisenpräventiven Dialogkultur freigesetzt hat. Die – sicher nur vorläufige – politische Reaktion, für das laufende Jahr 2002 aus dem 1,5 Mrd. Euro schweren Antiterrorpaket zunächst fünf Millionen Euro (das sind ganze drei Promille) für die „geistige Front" dieses neuen „Krieges" zu investieren, läßt noch nicht abschätzen, ob mehr als nur publizistisch verwertbarer Aktionismus angestrebt ist. Vor solchem müßte ebenso eindringlich gewarnt werden wie vor eilfertiger Anbiederung der Kulturorganisationen mit unhaltbaren Versprechungen. Was nottut, ist nicht eine massenhafte Vervielfältigung gutgemeinter Sprechveranstaltungen, sondern die beharrliche und kontinuierliche Verständigungsarbeit in konkreten gemeinsamen Projekten, wie es vielfach, aber nicht genug, längst geschieht. Namentlich im Austausch mit der islamischen Welt und insbesondere der im Nahen Osten geht es um sehr tiefliegende Identitätskrisen und Minderwertigkeitsprobleme, die am ehesten durch gemeinsame Arbeit auf gleicher Augenhöhe überwunden werden können. Die jetzt mit deutscher Unterstützung geplante Gründung einer Deutschen Universität in Kairo könnte ein Signal in dieser Richtung sein, ähnliche Vorhaben in anderen muslimischen Ländern stehen an und sollten auch als politische Chance verstanden werden.

Jedenfalls mag aus alledem erhellen, daß Auswärtige Kulturpolitik gerade durch die jüngsten politischen Entwicklungen eher noch an Bedeutung gewonnen hat und daß sie eng mit anderen Politikbereichen verflochten ist, was selbst innerhalb des Auswärtigen Amtes noch stärker wahrgenommen werden müßte: Jedenfalls für Außenstehende mag es gelegentlich erscheinen, als wenn die Grenzen zwischen Kultur-, Wirtschafts- und Politischer Abteilung allzu oft verschiedene Welten markierten.

3. Bislang ist, ganz auf der Linie der amtlichen Begründungen und öffentlichen Debatten, die AKBP mit allerlei utilitaristischen Argumenten legitimiert und verteidigt worden. Das ist richtig so, aber nicht die volle Wahrheit. Auswärtige Kulturpolitik ist nicht nur eine nützliche Magd anderer Politikziele, sondern hat auch insofern einen Wert an sich, als sie zur geistigen Standortbestimmung einer Nation im Konzert der Völker beiträgt und etwas Bleibendes zum ideellen (kulturellen oder wissenschaftlichen) Welterbe beiträgt. Eine Nation jedenfalls, die sich, wie zumindest früher die deutsche und heute noch die französische, zu den „Kulturnationen" rechnet, wenn nicht sogar vorzugsweise als solche definiert, wird deshalb die „Effizienz" der AKBP nicht allein an vordergründigen Kriterien des „Return on investment" gemessen, wie das zur Zeit Konjunktur hat.

4. Deutschland war aufgrund seiner herausragenden kulturellen, literarischen, musikalischen, wissenschaftlichen und philosophischen Leistungen des 19. und frühen 20. Jahrhunderts eine kulturelle „Großmacht" und Exportnation und lebt noch heute von dieser, freilich endlichen, Substanz. Ohne dieses Erbe und Renommee wäre auch der Kreditverlust nach Holocaust und zwei Weltkriegen niemals auch nur annähernd überstanden worden. Inzwischen haben sich die Gewichte – einerseits durch den selbstverschuldeten Aderlaß, andererseits durch das Erstarken gleichwertiger Konkurrenz – massiv verschoben, müßten wir sehr viel mehr zuhören statt reden, lernen statt belehren, auch notfalls kopieren und übernehmen, was andere erfolgreich vorgemacht haben. Zu dieser Art „Lerngemeinschaft" könnte und müßte Auswärtige Kulturpolitik einen wichtigen Beitrag leisten, wenn und soweit sie den „Kulturtransfer als Zweibahnstraße" organisiert (eine systematische Schwäche des einseitig „exportorientierten" Goethe-Instituts, während der DAAD immerhin mit Hilfe des BMBF auch die Gegenschiene bedienen kann).

Bei diesem Verständnis ist es auch durchaus legitim, wenn sich das Auswärtige Amt häufiger bei zentralen Politikfragen mit einem internationalen

„Benchmarking" einmischt („So machen es die anderen" und Beispiele für *best practice*). Und schließlich müßten sich notfalls die zuständigen Verantwortlichen in den Ländern gefallen lassen, wenn das Auswärtige Amt anmahnt, daß in wichtigen politikrelevanten Feldern (z.B. Islamwissenschaft, Osteuropakunde, überhaupt fremdsprachliche Philologien, Landeskunde und andere politikberatungsrelevante Fächer) mehr und bessere Kapazitäten aufgebaut werden müßten – oder jedenfalls nicht, wie es derzeit geschieht, dringend benötigte Kapazitäten unkoordiniert dem Rotstift einzelner Länderfinanzminister preisgegeben werden. Eine gewisse Einwirkung auf die nationale Kultur- und Bildungsentwicklung findet ohnehin seit langem statt, wenn zum Beispiel das Goethe-Institut weltweit neuere deutsche Literatur und Literaten präsentiert und damit Biographien und Trends befördert, oder wenn der DAAD aus Mitteln des AA sorgsam ausgewählte Hochschulprojekte fördert und damit Reformsignale setzt.

II. Monopolverlust und Koordinationszuwachs

Eine solche verstärkte Einmischung des Auswärtigen Amtes in die inneren Angelegenheiten der Republik läge, sozusagen als andere Seite derselben Medaille, durchaus in der Logik einer akzelerierten Entwicklung, die eine massive Expansion anderer (Bundes- und Landes-)Ressorts in die Auswärtige Politik zur Folge und insofern das frühere Monopol des Auswärtigen Amtes gebrochen hat:

1. Alle Bundesressorts verfügen längst über ausgebaute internationale Abteilungen, Aktionsprogramme und Budgets, teilweise auch über direkte oder indirekte Außenvertretungen. Insbesondere innerhalb Europas ist die frühere außenpolitische Komponente längst „domestiziert" worden, was sich sinnfällig in der Entscheidungsmacht der Brüsseler Fachminister-Räte und der Vertretung der Regierung in anderen EU-Gremien dokumentiert. So sind etwa die europäischen Wissenschafts- und Hochschulprogramme unstreitig Sache des Bildungsministeriums, und das gilt bezeichnenderweise auch dort, wo auf EU-Kommissionsebene die für Außenbeziehungen zuständige Direktion verantwortlich zeichnet (was in der Regel, aber keineswegs durchgängig, dann der Fall ist, wenn die Programme über den EU-Raum hinaus in Drittländer hineinwirken). Das Amt sollte diese durchaus sachlogische Entwicklung nicht beklagen, sondern fördernd begleiten und sich immer dann, aber auch nur dann, koordinierend einschalten, wenn übergreifende allgemein(europa-) politische Grundsätze auf dem Spiel stehen; was dazu gehört, dies bedarf freilich der rechtzeitigen, möglichst einvernehmlichen Abklärung.

2. Ähnlich virulent ist gelegentlich die Schnittstelle zum Bundesministerium für wirtschaftliche Zusammenarbeit und Entwicklung, dessen Ausgliederung aus dem Auswärtigen Amt manchen Diplomaten noch heute als unverzeihlicher Sündenfall erscheint und deshalb regelmäßig Gesprächsstoff vor neuen Regierungsbildungen liefert. Zugegeben sind etwa die bildungspolitischen Aktivitäten beider Häuser nicht immer auf den ersten Blick zu unterscheiden und doch in Motivation und Methode oft andersgeartet. Ob für so unterschiedliche Akzentsetzungen innerhalb eines einheitlich geführten Hauses Raum wäre, ist fraglich. Das Nebeneinander oder gar die gelegentliche Konkurrenz zweier Häuser muß kein Problem sein, wenn denn beide sich um systematische Koordination und Kooperation bemühen.

3. Weitere Mitstreiter und Wettbewerber sind dem Auswärtigen Amt in Gestalt der Länder der Bundesrepublik erwachsen. Dort jedenfalls, wo die Länder nach dem Grundgesetz eine originäre Zuständigkeit haben, und dazu gehören Bildung und Wissenschaft zweifellos, haben sie im Zuge der verstärkten Globalisierung auch eigene internationale Aktivitäten entfaltet und systematisch ausgebaut. Deutlich wird das im Wissenschaftsbereich etwa an der Entwicklung eigener Stipendienprogramme und dem systematischen Aufbau eigener Hochschulmarketingstrategien und -agenturen.

Zu alledem gesellen sich noch beträchtliche Aktivitäten der Städte und Gemeinden, zumeist im Rahmen von Partnerschaften, die oft eine ausgesprochen kulturelle Komponente aufweisen.

4. Und schließlich verdienen die privaten Akteure Erwähnung, seien es die gemeinnützigen (Unternehmens-)Stiftungen, seien es regelrechte kommerzielle Agenturen der sogenannten Eventkultur, die zum Teil gegen hohe Beiträge eines zahlenden Publikums das leisten, was früher oftmals Mittlerorganisationen auf Steuerzahlerkosten herzustellen versucht haben. Dieses zunehmende Engagement, das sich teils in eigenen Aktionen, teils im Sponsoring für existierende Kulturmittler niederschlägt, macht freilich nur Bruchteile der AKBP aus (etwa im Bereich des Stipendienwesens) und rechtfertigt nicht den Schluß, der Staat könne sich nunmehr zunehmend aus der direkten Kulturförderung verabschieden. Insbesondere hat sich gezeigt, daß es, wenn es ums Zahlen geht, *die* Wirtschaft als kollektiven Förderer für gemeinsam interessierende, nationale Angelegenheiten nicht gibt, sondern in der Regel nur Einzelfirmen, die sponsern, was sich in ihrem Kalkül für ihre einzelne Firma rechnet. Daß es dem deutschen Botschafter in Moskau gelungen ist, zwei Dutzend deutsche Firmen in einem Rußland-Fonds der Deutschen Wirtschaft zu einem gemeinsamen Stipendienprogramm für junge russische Wirtschaftsstudierende zusammenzubringen, muß als gleichermaßen seltene wie verdienstvolle Ausnahme gewertet werden. Übrigens zeigt sich hier auch, was die noch von Außenminister Dr. Kinkel ausgegebene Parole bewirken kann, daß „Kultur... Chefsache" sei.

5. Diese Vervielfältigung der Akteure und Aktionen als „neue Unübersichtlichkeit" zu beklagen und dem früheren auswärtigen Monopol nachzutrauern wäre für das AA der falsche, zumal erfolglose Weg. Das Umgekehrte ist richtig, die gewachsene Vielfalt ist zu begrüßen und zu fördern und, wo nötig, durch neue Spielregeln für alle zu ordnen. Diese so erweiterte Koordinierungsfunktion ist vor allem an den Schnittflächen der verschiedenen Politikbereiche – etwa Kultur und Wirtschaft –, aber auch innerhalb der Politikbereiche immer dort hilfreich, wo der Wettbewerb, der Organisationsegoismus oder einfach das schlichte Desinteresse einer wirksamen Synergie der Akteure im Wege steht: So können die Botschaften nur nachdrücklich ermuntert werden, in Form von Runden Tischen oder sonstwie vor Ort alle diejenigen zusammenzubringen, die sich in auswärtiger Kultur und Bildung engagieren.

Dabei sollte sich das AA allerdings auch nicht übernehmen. Schon der Versuch einer quasi lückenlosen Erfassung aller relevanten Aktivitäten wäre ebenso zum Scheitern verurteilt wie der Anspruch einer generellen „Koordinierungskompetenz" für alles Auswärtige und einer daraus abgeleiteten Interventionsbefugnis in Einzelfällen. Im übrigen dürfte diese Koordinierungskompetenz eher durch die Botschaften vor Ort als durch die Zentrale in Berlin wahrzunehmen sein: in Berlin hat das AA mächtige Ressorts als Gegenspieler, die vor Ort nicht oder nur innerhalb der Botschaft vertreten sind, wo der gemeinsame Arbeits- und Erfahrungskontext die Abgleichung unterschiedlicher Positionen ohne Zweifel erleichtert.

III. Exkurs: Auf dem Weg zu einer Europäischen Auswärtigen Kulturpolitik?

Nur am Rande, aber keineswegs als randständiges Thema, sei angerissen, daß es bis heute eine innereuropäische Kulturpolitik (anders als Bildungs- und Wissenschaftspolitik) praktisch nicht gibt, obwohl zur Begründung und Festigung des europäischen Gedankens nichts stärker beschworen wird als das gemeinsame europäische Erbe. Daß dem so ist, hat natürlich mit den Kompetenzregeln der EU-Verträge und damit zu tun, daß die angeblich drohende kulturelle „Gleichschaltung" der landsmannschaftlichen Kulturen geradezu das schwerste Geschütz aus dem Abschreckungsarsenal der Europagegner ist (die dabei oft übersehen, daß die Gefahr der kulturellen Einheitskost in Wirklichkeit von anderswo droht). Immerhin: nicht nur haben sich bei ähnlicher Ausgangslage inzwischen im Bildungswesen erstaunliche Entwicklungen abgespielt (Schaffung eines sogenannten Einheitlichen Hochschulraums im Zuge des sogenannten Bologna-Prozesses), sondern die EU ist – zunächst Richtung Osteuropa, jetzt zunehmend Richtung Asien und Südamerika – mit wissenschaftlichen und kulturellen Austausch- und Kooperationsprogrammen initiativ geworden (sogenannte Drittstaatenprogramme), die zumindest die Keimzelle einer künftigen Europäischen Auswärtigen Kulturpolitik bilden könnten.

In der Tat liegt es nahe (zumal vor dem Hintergrund fortschreitender EU-Erweiterung) daß die noch bestehende Unfähigkeit und Unwilligkeit der Europäer zur Entwicklung einer gemeinsamen Europäischen Außenpolitik zunächst von der kulturellen Seite, also der „dritten Säule" her geheilt wird, während der zweite Bereich der Außenwirtschaft sich ohnehin mit der Logik einer früheren Wirtschaftsgemeinschaft weiter entwickelt. Daß dabei wirtschaftliche (Export-)Interessen durchaus mit kultur- und wissenschaftlichen Aktionen Hand in Hand gehen können, kommt hinzu: So verwundert es nicht, daß erst kürzlich die beiden Kommissare für Auswärtige Angelegenheiten und für Bildung und Wissenschaften in einem gemeinsamen Memorandum für europäische Marketing-Initiativen auf dem globalen Bildungsmarkt geworben haben. Dem Auswärtigen Amt sei empfohlen, diesen Entwicklungen mehr Aufmerksamkeit zu schenken, wobei die Wiedereingliederung der Europakompetenzen in die jeweiligen Fachabteilungen, hier also in die Kulturabteilung, sicher hilfreich sein wird.

Wenn dies geschieht, so sollte sich das Amt im Verein mit anderen Ressorts nicht nur den Inhalten der europäischen Programme, sondern auch der Art ihrer Verwaltung zuwenden. Ohne hier auf Einzelheiten eingehen zu können, sei vermerkt, daß sich die stark französisch geprägten Brüsseler Verwaltungsmuster wenig vertragen mit dem System der Mittlerorganisationen, das wir in der Auswärtigen Kulturpolitik mit Erfolg praktizieren. Auch die mehr angelsächsisch beeinflußten pragmatischen Handlungsformen und Elemente der gesellschaftlichen Selbstverwaltung, wie sie namentlich in der Wissenschaft mit guten Gründen vertreten sind, sind diesen etatisch-zentralregulierten Traditionen eher fremd. Ob dies eines Tages auch in Brüssel geändert werden kann (die Osterweiterung läßt hier wenig hoffen), stehe dahin. Wenigstens aber sollte verhindert werden, daß wir solche Muster über das Vehikel der Brüsseler Programme in unser nationales System importieren.

IV. Die Mittlerorganisationen der AKP – Dienstleister oder Partner?

Damit sind wir bei dem für die deutsche Auswärtige Kulturpolitik kennzeichnenden System der Mittlerorganisationen, das trotz gewisser Parallelen im Ausland (z.B. British Council) in dieser flächendeckenden Form geradezu einzigartig ist. Die hier gemeinten Mittlerorganisationen GIIN, DAAD, AvH, ifa, Musikrat (und UNESCO-Kommission) verwalten rund 52% des AA-Kulturhaushalts und übertreffen an Personalstärke (rund 2450 Mitarbeiter) die der AA-Kulturabteilung bei weitem. Die letztgenannte ist damit von operativen Aufgaben weitgehend befreit und kann sich auf Steuerung und Kontrolle beschränken, also regieren statt verwalten, wofür als Instrument überwiegend der Geldhahn, ansonsten Rahmenverträge und das mittels Bewilligungsbedingungen oktroyierte Folterinstrumentarium des öffentlichen Haushaltsrechts zur Verfügung stehen. Dabei ist das Ausmaß eigener Entscheidungsfreiheit der Mittler durchaus unterschiedlich ausgeprägt, hängt auch ein wenig von den auf beiden Seiten jeweils beteiligten Personen und von der Politik- bzw. Publizitätsrelevanz des jeweiligen Themas ab. Vergröbernd läßt sich die Arbeitsteilung so charakterisieren, daß die politische Verantwortung für die Programme beim Auswärtigen Amt, die Verantwortlichkeit für den Vollzug von Programmen dagegen beim jeweiligen Mittler liegt; wobei diese ihrerseits meist sachverständige Kommissionen einschalten. Daß das wirkliche Leben auch alle denkbaren Zwischentönungen kennt, versteht sich von selbst.

Daß dieses System in Deutschland so ausgeprägt entwickelt ist, dürfte wohl kaum einer exzeptionellen staatlichen Großmut oder bürokratischen Selbstbescheidung, sondern eher dem Umstand zu verdanken sein, daß diese Mittlerorganisationen nach verlorenen Weltkriegen in Zeiten nationalstaatlicher Diskreditierung gegründet wurden und überdies der Kultur-, Bildungs- und Wissenschaftsbereich zum Kernbestand der Länderkompetenzen gehört, zu denen die Mittlerorganisationen dem Bund einen pragmatischen Zugang verschaffen.

Dieses System hat sich, unbeschadet mancher Verbesserungsmöglichkeiten, im großen und ganzen bewährt, hat insbesondere die Wiedereingliederung Deutschlands in die zivile Völkergemeinschaft nach 1945 erstaunlich rasch befördert und sich auch in den Umwälzungen des letzten Jahrzehnts – Wiedervereinigung, Öffnung Osteuropas, Zerfall der UdSSR, Europäische Union, Neue Medien, Globaler Bildungsmarkt usw. – als hinreichend anpassungsfähig erwiesen. Denn das System fördert Arbeitsmotivation durch Selbstverantwortung, Kreativität durch Wettbewerb, Legitimation durch Teilhabe der Akteure; es verbindet Kontinuität (die das Amt mit seinem Personal-Rotationssystem so nicht sichern könnte) mit Professionalität, hat mehr Sach- und Bürgernähe als eine Ministerialverwaltung und ist nicht zuletzt, wie ein Blick in die Haushalte unschwer lehrt, wesentlich preiswerter. Hinzu kommt, daß die Semi-Staatlichkeit der Mittler politische Handlungsmöglichkeiten auch dort eröffnet, wo rein staatliche Wege versperrt oder zu beschwerlich sind (wie z.B. während des Kalten Krieges, bei für Staaten geltenden UN-Sanktionen, mit politisch unfreundlichen Regierungen u.ä.), wobei die diskrete Abstimmung mit dem Amt in diesen Fällen noch wichtiger, nach außen aber nicht offenkundig ist. Auch die jüngste Geschichte hat die Nützlichkeit solcher Arbeitsteilung wieder bewiesen (Jugoslawien, Kuba, Irak, Sudan, Nordkorea).

Insgesamt also hat das System Vorzüge, um die uns nicht nur das Ausland oft genug beneidet und die es im Zeichen schlanker Staatsverwaltungen durchaus empfehlen lassen als ein Modell auch für andere Sektoren und Ressorts. Es sollte daher auf jeden Fall beibehalten und in seinen Stärken weiterentwickelt werden.

Eine wünschenswerte Etappe dieser Weiterentwicklung wäre sicher, daß das Amt sich noch mehr auf klare Zieldefinitionen und anschließende Evaluationen konzentriert und dafür den Mittlern im rein administrativen Bereich noch deutlich mehr Freiheiten läßt, die diese dann mit gewissem unternehmerischem Risiko nutzen dürften und müßten. Erste Schritte in diese Richtung sind gemacht, weitere sollten folgen.

Keinen nützlichen Beitrag zur Weiterentwicklung des Systems stellen dagegen die immer wieder auftauchenden Forderungen nach Fusionierung weiterer Organisationen zu einer Art „German Council" dar. Die deutschen Mittlerorganisationen sind dafür viel zu differenziert (z.B. ist der DAAD eine Hochschulvereinigung, die nur ca. die Hälfte ihrer Mittel über das AA erhält), und die Schwerfälligkeit einer solchen Großorganisation würde viele der soeben gepriesenen Vorzüge (Vielfalt, Wettbewerb, Motivation) aufs Spiel setzen, nicht zu reden von dem Verlust, der mit der Aufgabe weltweit renommierter Markenzeichen verbunden wäre. Im übrigen brauchen die deutschen Mittlerorganisationen je für ihren Bereich den Vergleich mit dem British Council nicht zu scheuen, sieht man einmal davon ab, daß unsere Sprache nicht Englisch ist, daß die Beatles wie auch Harry Potter Geschöpfe der Insel sind und daß Oxford und Cambridge hierzulande nicht ihresgleichen haben.

V. Folgerungen für die Reform des Auswärtigen Dienstes

Stark vereinfacht, sollte alles bisher Gesagte nur begründen, daß Auswärtige Kultur- und Bildungspolitik bedeutsamer geworden ist (auch wichtiger, als vom Amt selbst realisiert), zugleich wesentlich komplexer, vielfältiger und unübersichtlicher, daß aufgrund dessen und angesichts einer steigenden Zahl von Akteuren sich der Akzent für das Amt stärker vom „Selbermachen" auf das Beobachten, Informieren und Koordinieren verlagert und daß von daher auch eine starke, bisher zu wenig gepflegte Ausstrahlung auf andere Politikbereiche – auch im Inland – ausgehen kann, die der AKBP in Zeiten einer globalen Lerngemeinschaft neue Horizonte öffnet und Verantwortlichkeiten erschließt.

Daraus folgt unschwer, daß dieser Politikbereich im In- wie Ausland eine ausreichende personelle Ausstattung braucht und der gegenwärtige Trend zur Ausdünnung unserer Auslandsrepräsentanz diesem Anliegen diametral entgegenläuft. Es kann auch nur eine vorübergehende Notlösung sein, wenn hier und da Leiter von Goethe-Instituten oder anderer Vertretungen von Mittlerorganisationen die Aufgabe des Kulturattachés mitwahrnehmen: abgesehen davon, daß dort andere, breitere Qualifikationsprofile gebraucht werden als kulturfachliche Kompetenz allein, abgesehen auch von möglichen Interessenkonflikten zwischen vor Ort agierenden Mittlerorganisationen, wird die Einbindung und Anerkennung solcher vorübergehend eingeschleusten Quereinsteiger ohne den nötigen „Stallgeruch" nicht das Maß erreichen, das für eine erfolgreiche Koordination gerade auch mit anderen Politikbereichen erforderlich ist. Auf breiterer Front praktiziert, würde das Quereinsteigermodell (auch für kulturpolitische Funktionen in der Zentrale) zwar interessante individuelle Bereicherungen und sicher manchmal auch neuen Wein in alten Schläuchen erlauben, dies aber um den Preis, daß die „Karrierediplomaten" persönlich keine Erfahrungen mit eben dieser dritten Säule ihres künftigen Handelns gesammelt hätten. Heutzutage werden oftmals gerade die jungen Attachés in den Kulturbereich der Botschaften geschickt, wohl in der Einschätzung, daß man dort viel lernen und wenig Schaden anrichten kann. Die Mittlerorganisationen leiden gelegentlich darunter, daß nicht jeder Attaché sich diese Aufgabe freiwillig ausgesucht hat. Häufiger aber profitieren sie davon, daß die jungen Leute noch vor Ehrgeiz brennen und sich vielleicht eines Tages als Botschafter dieser ersten selbstverdienten Sporen erinnern. Manche haben daraus eine lebenslange Affinität zur Auswärtigen Kulturpolitik entwickelt. Deshalb sollte es nicht aufgegeben werden, möglichst viele Berufsdiplomaten wenigstens einmal im Laufe ihrer Karriere mit diesem Aufgabenfeld zu betrauen.

Dies ist um so leichter möglich, als von ihnen neben den allgemeinen Schlüsselqualifikationen für den Auswärtigen Dienst keine besonderen fachlichen Kenntnisse und Fähigkeiten verlangt werden, die über das hinausgehen, was man sich vor Beginn und im Laufe einer engagierten Wahrnehmung dieser Aufgabe „on the job" selbst beibringen (lassen) kann. Soweit es wirklich auf mehr ankommt, sollten sie getrost der Expertise der professionellen Mittlerorganisationen vertrauen, die ja genau dafür die öffentlichen Mittel bekommen (wobei auch dort Expertise nicht immer vor Fehleinschätzung schützt). Von diesen Organisationen können sie kostenlos kulturelle Hand- und Spanndienste erwarten und ihnen umgekehrt das bieten, was sie als gebildete Generalisten ausweist: die Fähigkeit der Verknüpfung und Vernetzung mit anderen Politikbereichen, die Befähigung zur Moderation hochkomplexer Koordinierungs- und Dialogprozesse, die Einbringung fachfremder Aspekte bei gleichzeitiger Achtung der Fachkompetenz der Experten. Aus der Sicht der Mittlerorganisationen kann es keinen Zweifel geben, daß ein so ausgewiesener Generalist (der ja auch als solcher durchaus von einem Sachgebiet eine vertiefte Ahnung haben darf) den Vorzug verdient gegenüber einem konkurrierenden Fachmann, der sich fürs Detail mitzuständig fühlt.

Allerdings ist auch und gerade der gebildete Generalist angewiesen auf eine gute Fortbildung, insbesondere die zeitliche Gelegenheit dazu, und daran scheint es geradezu systematisch zu fehlen. Ob die fehlende Personalreserve wirklich der allein verantwortliche Grund für dieses Defizit ist, kann von außen nicht beurteilt werden. Jedenfalls aber gehört eine durchgreifende Abhilfe dieses Mangels ganz nach oben auf die Prioritätenliste innerer Reformen. Bei solchen Fortbildungen könnten die Mittlerorganisationen wiederum nützliche Dienste leisten, wobei dies nicht notwendig nur vor Ausreise geschehen muß. Das gilt in besonderem Maße für die sprachliche und landeskundliche Vorbereitung von Personal für neue Auslandsposten. Und wenn dabei wenigstens etwas von der rhetorischen Blutarmut geheilt werden könnte, unter der wir Deutsche allzu oft leiden, um so besser; man mag über die von Tony Blair gestartete „Cool Britannia"-Kampagne lächeln, aber allzu aufgesetzte Würde und zuviel „Bierernst" sind keine attraktiven Alternativen – speziell nicht im Kultursektor, der sein eigenes Publikum hat.

Damit wird die Personalfrage – Rekrutierung, Fortbildung, Entwicklungsplanung, Beförderungskriterien usw. – zur Schlüsselfrage für die Zukunft des Auswärtigen Dienstes, kein überraschender Befund, weil dies mit unterschiedlichen Akzenten auch für andere Dienstleistungssektoren und große Unternehmen gilt. Von diesen mag das eine oder andere auch als hilfreiche Anregung gelernt werden. Wie bei diesen wird es darauf ankommen, den Auswärtigen Dienst als ein erstrebenswertes Berufsfeld für hervorragende Nachwuchskräfte erscheinen zu lassen. Dazu sind angemessene Vergütungs- und Arbeitsbedingungen sicher wichtig, aber nicht alleinentscheidend, vielleicht nicht einmal vorrangig: wichtiger ist, daß es sich um eine gleichermaßen interessante wie politisch einflußreiche, sowohl persönlich ertragreiche wie gemeinschaftsnützliche Tätigkeit handelt, und dies zählt für die Gestaltung unserer Zukunft. Für den Teilbereich der Auswärtigen Kultur- und Bildungspolitik, so die Botschaft dieser Zeilen, trifft das ohne Zweifel zu.

Die Medien

Werner Adam*

Der Begriff ist nicht neu, hat durch Geschehnisse der jüngsten Zeit aber an Aktualität gewonnen. Die Rede ist von *public diplomacy*, genauer: von einem unzweifelhaft gebotenen Mehr an öffentlicher Diplomatie. Der amerikanische Präsident George W. Bush hat die Notwendigkeit dazu nach dem schicksalhaften 11. September 2001 mit den Worten ausgedrückt: „Wir müssen bessere Arbeit leisten, um unsere Anliegen und Absichten aller Welt klarzumachen." Gemeint war, um es etwas weniger diplomatisch zu formulieren, Gegenpropaganda mit dem Ziel, die Tiraden eines Usama Bin Ladin als Lügen zu entlarven und vor allem die arabische Welt davon zu überzeugen, daß die Vereinigten Staaten von Amerika und der Westen insgesamt nicht im entferntesten die Absicht haben, den Kampf gegen den internationalen Terrorismus zu einem Kreuzzug gegen den Islam zu machen. Dazu freilich ist über die stille Diplomatie alter Schule hinaus nun einmal *public diplomacy* vonnöten. Und das um so mehr, als es im Medienzeitalter selbst den skrupellosesten Agitatoren möglich ist, sich Zugang zu den Massen, zu jedermanns Wohnzimmer zu verschaffen und Unwahrheiten mit konfliktträchtigen Folgen zu verbreiten. Die Video-Kampagne der al-Qaida und ihres Führers hat das hinreichend gezeigt und den amerikanischen Präsidenten zu der Frage veranlaßt: „Wie antworte ich auf den giftigen Haß, die unserer Nation aus einigen islamischen Ländern entgegenschlägt?"

Die Antwort kann in diesem konkreten Fall eigentlich nur in einer möglichst weiten Verbreitung der politischen Absichten des westlichen Vorgehens in Afghanistan und anderswo sowie in einer umfänglichen Erläuterung der sie tragenden Wertvorstellungen bestehen. Es geht darum, die von islamistischen Eiferern aufgestellte und nicht nur im Nahen Osten beunruhigende Wirkung zeigende Behauptung zu widerlegen, was der Westen als einen Feldzug gegen den transnationalen Terrorismus ausgebe, sei in Wahrheit ein Kampf der Kulturen. Hier handelt es sich um ein Anliegen, das den Europä-

---

* Dr. Werner Adam, von 1994 bis 2000 Leiter des Auslandsressorts der Frankfurter Allgemeinen Zeitung.

ern und somit auch uns Deutschen nicht weniger am Herzen liegen muß als den Amerikanern. Zugleich hat auch die eigene Öffentlichkeit in Europa und den Vereinigten Staaten einen Anspruch darauf, über Sinn und Zweck des politischen, humanitären und militärischen Engagements so detailliert wie möglich und dem Anliegen förderlich informiert zu werden.

Doch damit vom Exemplarischen zum Grundsätzlichen: Wo immer *public diplomacy* gefragt ist, hängt ihr Erfolg zu einem nicht geringen Teil von den Beziehungen zwischen Diplomaten und denen ab, die diese *public diplomacy* verbreiten sollen. Es dreht sich, anders ausgedrückt und direkt auf die Bundesrepublik Deutschland bezogen, um die Beziehungen zwischen dem Auswärtigen Amt und den deutschen Medien und somit auch, wenn man so will, um eine ungeschriebene Arbeitsteilung zwischen den Auslandsvertretungen und den jeweiligen Auslandskorrespondenten. Um Mißverständnissen vorzubeugen: Mit Arbeitsteilung ist keine Vermischung von Aufgaben gemeint. Allein die Diplomaten sind für die Pflege der bilateralen und multilateralen Beziehungen zuständig, nicht die Journalisten. Von den letzteren darf statt dessen eine möglichst objektive Berichterstattung mit durchaus kritischen Anmerkungen zum außenpolitischen Wirken der Bundesregierung und ihrer Emissäre im Ausland erwartet werden.

Die Medienlandschaft in Berlin mag eine andere sein, als sie einst in Bonn zu beobachten und zu erleben war. Eines allerdings hat sich nach dem Eindruck und den Erfahrungen der meisten Medienvertreter nicht geändert: Das Auswärtige Amt zeichnet sich durch eine Presseabteilung aus, die denen der meisten anderen Ministerien mehr als ebenbürtig ist. Anerkennung verdient vor allem die fachliche Gliederung des Mitarbeiterstabs nach thematischen und regionalen Schwerpunkten. Das macht es den Journalisten leichter, über die „Tagesparolen" zur aktuellen Politik hinaus Hintergrundinformationen für ihre Berichterstattung zu sammeln. Dafür haben sie andererseits in Kauf zu nehmen, daß die AA-Presseabteilung mit Argusaugen darüber wacht, welcher Medienvertreter im Auswärtigen Amt bei wem womöglich zusätzliche Auskünfte zu erhalten sucht. Ob das allein die Scheu erklären kann, mit der so manche Diplomaten bis hin zu Referatsleitern auf Anfragen von Journalisten reagieren, sei dahingestellt. Der Hang zur Geheimhaltung scheint allerdings immer noch recht ausgeprägt und selbst bei jüngeren Diplomaten keineswegs weniger stark zu sein.

So verständlich es sein mag, daß die Presseabteilung des Auswärtigen Amtes den Überblick über journalistische Recherchen in ihrem Ministerium behalten will, so wünschenswert wäre es, wenn Medienvertreter gleichwohl leichter Zugang zu Fachbeamten fänden und von diesen nicht sozusagen automatisch auf ebendiese Presseabteilung verwiesen würden. Letztere ist, um übereinstimmende Äußerungen von Berliner Korrespondenten zu wiederholen, ausgesprochen kooperativ. Vielleicht fehlte ihr nur noch ein bißchen mehr Gelassenheit, um auch jenen Diplomaten die Furcht vor dem Umgang mit Journalisten zu nehmen, die von ihrem Wissen so gut wie nichts preisgeben mögen.

Eine ähnliche Neigung wird in Berliner Journalistenkreisen dem Bundespresseamt nachgesagt. Bei der Reise- und Terminplanung zeichne sich diese Behörde durch vorbildliche Hilfsbereitschaft aus, ist zu hören. Ansonsten aber gehe es im Bundespresseamt eben doch noch recht bürokratisch zu, und auf der Suche nach Informationen treffe man dort nach wie vor auf betonte Zurückhaltung. Um so mehr sind die Hintergrundgespräche hervorzuheben, zu denen hohe und höchste Repräsentanten des Auswärtigen Amtes überschaubare Runden von Journalisten ziemlich regelmäßig einladen. Auch wenn die Vertraulichkeitsstufen nicht selten ziemlich hoch angesetzt sind, was von Fall zu Fall nun einmal nicht zu vermeiden ist, kann das der *public diplomacy* und ihrer Wirksamkeit nur von Nutzen sein. In Erwägung zu ziehen wäre eine stärkere Beteiligung auch ausländischer Journalisten an solchen Runden. Dafür spricht nicht zuletzt die größere Rolle, die Deutschland politisch wie militärisch über die Grenzen der Europäischen Union und der Nato hinaus zu spielen begonnen hat. Allerdings sei auch mit Blick auf die ausländischen Korrespondenten in Berlin angemerkt, daß es unter ihnen so gut wie keine Klagen über die Informationspolitik des Auswärtigen Amtes gibt. Im Gegenteil: In anderen europäischen Hauptstädten geht es da immer noch weitaus restriktiver zu.

Zu den medialen Aspekten der Arbeit des Auswärtigen Dienstes gehört freilich ebenso, wenn nicht vor allem, die eingangs erwähnte Arbeitsteilung im Sinne einer wirksamen *public diplomacy* zwischen den diplomatischen Vertretungen im Ausland und den dort tätigen deutschen Korrespondenten. Es sei erlaubt, hier gleichsam anekdotisch zwei Erfahrungen einzubringen, die beispielhaft die Vorzüge wie die Tücken einer solchen Arbeitsteilung illustrieren und als weiterhin relevant gelten dürfen.

Im ersten Fall handelte es sich um den Besuch eines deutschen Entwicklungshilfeministers in einem bedeutsamen asiatischen Land. Er hatte auf dem Hinflug einen Artikel über die wirtschaftliche Lage in dem besagten Land gelesen, den ein deutscher Korrespondent am Ort geschrieben und dabei unter anderem auf detaillierte Informationen der Deutschen Botschaft zurückgegriffen hatte. Das Resultat: In Gegenwart der diplomatischen Informanten gab der Minister nach seiner Ankunft dem daraufhin peinlich berührten Verfasser des Artikels zu verstehen, die Lektüre habe ihm weitaus Nützlicheres über die Lage vermittelt, mit der es seine asiatischen Gastgeber zu tun hätten, „als der ganze Papierkram, den mir zuvor unsere Botschaft zugeschickt hat". Der Missionschef dieser Botschaft war souverän genug, diese wenig freundliche Bemerkung zu überhören. Die zweite, gleichsam ergänzende Reminiszenz: Es war eben dieser Missionschef, der die im Lande tätigen deutschen Korrespondenten regelmäßig zu Informationsgesprächen einzuladen pflegte und kein Hehl aus der Absicht machte, die er damit verband. Wenn er für seine eigenen Berichte, so der Botschafter, bei seinem Minister daheim das gewünschte Interesse wecken wolle, dann gehe das am besten, wenn er die deutschen Medien über ihre jeweiligen Korrespondenten am Ort als Stichwortgeber einzuspannen versuche. Im Klartext: Schlagzeilen in deutschen Zeitungen würden den Außenminister und seine Staatssekretäre noch am ehesten dazu bringen, sich die entsprechenden Berichte der jeweiligen Auslandsvertretung vorlegen zu lassen.

Das Empfinden, von Berlin eher Geringschätzung als Anerkennung ihrer Arbeit zu erfahren, ist nach wie vor in nicht wenigen deutschen Auslandsvertretungen zu verspüren. Bei den Deutschen Botschaften in europäischen Ländern wird das zumeist auf den engen EU-Umgang der Außenminister untereinander zurückgeführt, während in den geographisch weiter entfernten Missionen oft die keineswegs nur hinter vorgehaltener Hand geäußerte Ansicht vorherrscht, man sei viel zu weit vom Schuß, um daheim Gehör zu finden. Allerdings trifft das, wenn überhaupt, wohl nur für sogenannte normale Zeiten zu. Gibt es Konflikte, können die Botschaften in den betroffenen Regionen gar nicht genug an Hintergrundinformationen liefern, wie in jüngster Zeit vor allem die Klein- und Kleinstmissionen in Zentralasien erfahren durften. Und diese Botschaften sehen sich dann auch noch einem Ansturm deutscher Journalisten ausgesetzt – eine Entwicklung, die sich mit zunehmender Beteiligung der Bundesrepublik und ihrer Bundeswehr an der Vorbeugung und Überwindung von Konflikten sicherlich noch verstärken wird.

Da nun sind diejenigen Botschaften und Botschafter im Vorteil, die es sich ohnehin längst zur Gewohnheit gemacht haben, Hintergrundgespräche mit den örtlichen Repräsentanten deutscher Medien zu führen. Die Bereitschaft zur Auskunft ist inzwischen nahezu allerorten vorhanden, was Korrespondenten aus anderen Ländern nachgerade neidisch macht, weil britische, französische und auch amerikanische Diplomaten nicht selten immer noch erheblich verschlossener sind. Augenfällig wird das vor allem dann, wenn es um die regelmäßigen Treffen der Botschafter aus den EU-Ländern in den Hauptstädten der Welt geht. Ob und wieviel über deren Gespräche in Erfahrung zu bringen ist, hängt, wie die Erfahrung lehrt, von dem jeweiligen gastgebenden Botschafter ab. Dabei wäre es gerade für Korrespondenten, die nicht in EU-Ländern, sondern auf anderen Kontinenten tätig sind, von Nutzen, über den Gang der Entwicklungen in der Europäischen Union auf dem laufenden gehalten zu werden. Es sind nämlich nicht zuletzt die einheimischen Journalisten, die von diesen Korrespondenten erfahren möchten, was es mit diesem oder jenem Vorgang in der Europäischen Union auf sich haben könnte.

Natürlich setzt jeder Informations- und Meinungsaustausch zwischen Diplomaten und Journalisten ein angemessenes Vertrauensverhältnis voraus. Das läßt sich zwar nicht immer auf Anhieb herstellen, sondern setzt zumeist eine gewisse Eingewöhnungsphase voraus, doch im Ausland mit einer überschaubaren Zahl von Teilnehmern ist das weniger schwierig als beispielsweise in der Medienwelt von Berlin. In jedem Fall aber ist schon viel gewonnen, wenn sich, um das noch einmal zu wiederholen, beide Seiten über eines einig sind: daß die Journalisten, anders als die Diplomaten, nicht für die Pflege der bilateralen Beziehungen zuständig sind.

So wie sich unter den Diplomaten immer noch solche finden, die sich vor allem als Geheimnisträger verstehen, gibt es umgekehrt Journalisten, die da glauben, den Umgang mit Diplomaten möglichst meiden zu müssen, um sich nicht dem Verdacht vermeintlicher Beeinflussung auszusetzen. Darauf kann die große Mehrheit der Auslandskorrespondenten, wie die Erfahrung vielerorts lehrt, allerdings nur mit Unverständnis reagieren. Gerade jene Korrespondenten, die von einem bestimmten Standort aus gleich über mehrere Länder zu berichten haben, wissen gute Kontakte zu den jeweiligen Auslandsvertretungen zu schätzen. Wer heute beispielsweise in Moskau auf Posten ist und zugleich über ein halbes Dutzend weiterer sowjetischer Nachfolgerepubliken berichten soll, der wird bei seinen Reisen zumeist als erstes die jeweilige Deutsche Botschaft aufsuchen, um sich auf den neuesten Stand der inneren Entwicklungen bringen zu lassen. Die Lektüre der russischen Presse reicht da bei weitem nicht, zumal deren Berichterstattung besonders über die nähere Nachbarschaft häufig ausgesprochen subjektiv ist. Und die russischen Medien stellen hier keine Ausnahme dar. Auch aus indischen Zeitungen, um ein anderes Beispiel zu nennen, läßt sich wenig Objektives über die Geschehnisse im benachbarten Pakistan in Erfahrung bringen, was umgekehrt nicht minder gilt.

Was aber bedeutet das für die Arbeit der solchermaßen von den Korrespondenten in Anspruch genommenen Botschaften? Die Presseabteilungen, so scheint es, sehen ihre Hauptaufgabe nach wie vor darin, die eigene Botschaft über die Berichte und Kommentare in den Publikationen des Gastlandes auf dem laufenden zu halten. Das ist sicherlich eine ebenso unerläßliche wie interessante und lohnende Aufgabe. Die Presseabteilungen haben sich ferner, und auch das ist nur folgerichtig, um gute Kontakte zu einheimischen Journalisten zu bemühen. Besonders in den immer noch sehr zahlreichen Ländern, in denen es um die Pressefreiheit nicht oder noch nicht sonderlich gut bestellt ist, sollte man es allerdings nicht dabei belassen, brave, quasi halbamtliche Beschreibungen deutscher Geschehnisse in die dortigen Zeitungen zu lancieren. Das macht gerade diejenigen Journalisten mißtrauisch, denen die eigene Regierung allzu viel in die Feder diktiert.

Hier wäre es vielmehr angezeigt, den Medien des Gastlandes regelmäßig aktuelle Kommentare und Hintergrundberichte deutscher Zeitungen und Zeitschriften in der jeweiligen Landessprache anzubieten, wobei man mit Englisch, Französisch, Spanisch und Arabisch vermutlich schon eine ganze Menge erreichen könnte. Das sollten freilich nicht nur Artikel zu deutschen Geschehnissen sein, sondern auch und gerade solche über Einschätzungen der internationalen Lage. Daß Deutschland seit der Wiedervereinigung und der Wiedergewinnung seiner vollen Souveränität in der Weltpolitik eine größere Rolle spielt, wird mittlerweile auf allen Kontinenten zur Kenntnis genommen und läßt den Schluß zu, daß auch das Interesse an deutschen Ansichten zu regionalen und globalen Entwicklungen und das Verhalten von Regierung und Opposition dazu gewachsen sein dürfte.

In Ländern mit begrenzter oder gar keiner Pressefreiheit sehen die davon betroffenen Medien einen Ausweg aus ihrer redaktionellen Zwangslage nicht zuletzt darin, ausländische Kommentare nachzudrucken, und sei es nur, um mögliche Veränderungen ihres eigenen Ermessensspielraums immer wieder neu zu ergründen. Aber auch in Ländern mit freier Presse sind solche Kommentare durchaus gefragt. Das hat sich in der Vergangenheit vor allem bei Medien in Ländern gezeigt, die einst unter britischer oder französischer Kolonialherrschaft standen. Die wenigen Auslandskorrespondenten, die sich diese Medien leisten können, haben sich aus sprachlichen, kulturellen und historischen Gründen vornehmlich in den Hauptstädten der ehemaligen Kolonialmächte niedergelassen – mit dem Resultat, daß ihre Berichte überwiegend die in London oder Paris vorherrschenden Ansichten zu regionalen und internationalen Geschehnissen widerspiegeln. So machten und machen, um ein Beispiel zu nennen, führende indische Zeitungen kein Hehl daraus, daß ihre Leser wegen dieser Konstellationen häufig recht einseitig, weil von britischen Vorbehalten gefärbt, über Fragen der EU-Erweiterung oder des Für und Wider der gemeinsamen Währung unterrichtet würden. Dem aber ließe sich unter den gegebenen Umständen noch am ehesten dadurch begegnen, daß man solchen Zeitungen die Möglichkeit gäbe, rasch auf diesbezügliche Artikel und Kommentare deutscher Medien zurückgreifen zu können, was natürlich zügige Übersetzungsarbeit voraussetzt.

Versuche dieser Art hat es zwar schon gegeben, doch sie gingen entweder auf persönliche Initiativen der Presseabteilungen an deutschen Auslandsvertretungen zurück oder wurden von Bonn/Berlin nur unzureichend unterstützt. Es ist daher zu überlegen, ob nicht das Bundespresseamt einen neuen Anlauf nehmen und die Auslandsvertretungen durch Übersetzungen aktueller Berichte und Kommentare aus deutschen Medien in die Lage versetzen sollte, den Zeitungen und Zeitschriften der jeweiligen Gastländer entsprechende Angebote zu machen. Inwieweit das auch bei Rundfunk und Fernsehen erfolgversprechend sein kann, steht freilich dahin und hängt wohl, mehr jedenfalls als bei den Printmedien, vom Ausmaß der Pressefreiheit in den einzelnen Ländern ab. Kein Problem sollte angesichts der modernen Kommunikationsmöglichkeiten hingegen die Wahrung der Aktualität bei einer solchen Zusammenarbeit sein.

Das alles setzt, was die Auslandsvertretungen betrifft, eine etwas nähere Kenntnis der Medienarbeit nicht nur in den Gastländern, sondern in Deutschland selbst voraus. Auch in diesem Zusammenhang taucht, wie bei fast allen reformerischen Überlegungen zur Zukunft des Auswärtigen Dienstes, die Frage nach dem Nutz und Frommen der diplomatischen Generalisten und der diplomatischen Spezialisten auf. Es ist zwar nicht unbedingt empfehlenswert, dem Beispiel anderer Länder zu folgen und, was dort die Informationsministerien besorgen, in Deutschland dem Bundespresseamt zu übertragen: nämlich die Rekrutierung und Ausbildung von Presseattachés. Ratsam wäre es jedoch, den für solche Aufgaben vorgesehenen Diplomaten die Möglichkeit einer kurzen Hospitanz in Redaktionen von Zeitungen, Rundfunk oder Fernsehen zu geben, wobei als Vermittlungsstelle sehr wohl das Bundespresseamt eingeschaltet werden könnte. Das setzt natürlich eine entsprechende Bereitschaft der Medien voraus, aber daran dürfte es wohl kaum fehlen, denn davon würden Diplomaten und Journalisten, Auslandsvertretungen und Auslandskorrespondenten am Ende vermutlich gleichermaßen profitieren. Daß sich umgekehrt Journalisten mit der Arbeitsweise des Auswärtigen Amtes vertraut machen könnten, dürfte indes nur in Einzelfällen möglich sein, sofern das überhaupt wünschenswert ist.

Jedenfalls braucht nicht eigens betont zu werden, daß hier keineswegs einer Vermischung von Aufgaben und Interessen oder gar irgendeiner Kumpanei das Wort geredet werden soll. Wohl aber bedarf es, wie sich spätestens seit dem schicksalhaften 11. September zeigt, zur Verdeutlichung transatlantischer und europäischer Anliegen mit Blick keineswegs nur auf die islamische Welt mehr denn je zuvor jener *public diplomacy*, die nicht ohne den Auswärtigen Dienst, aber eben auch nicht ohne die Medien zu bewerkstelligen ist.

Anhang

Das französische Modell

Charles Malinas*/**

Die fortschreitende Globalisierung verändert die internationalen Beziehungen und damit Handlungsrahmen und Aktionsweisen der Diplomatie, die Außenministerien werden mit neuen Herausforderungen konfrontiert.

Im Zuge der Globalisierung erlangen einige Akteure neue Rollen auf der internationalen Bühne. Beispielsweise zeigen die Nicht-Regierungsorganisationen (NRO) und die Medien dort wachsende Präsenz und Aktivität. Obwohl keine neuen Akteure, verstärkt sich ihre Bedeutung in dem Maße ihrer tatsächlichen oder mutmaßlichen Fähigkeit, die öffentliche Meinung zu beeinflussen. Die Diskussion, ob die Medien die öffentliche Meinung lediglich widerspiegeln oder gar schaffen, oder ob die NRO etwas anderes als sich selbst repräsentieren, ist an sich interessant und muß geführt werden. Sie ist jedoch für das hier zu behandelnde Problem ohne Belang. Legitim oder nicht, die neue Position dieser beiden Typen von Akteuren ist eine Realität, die von den Außenministerien in Rechnung zu stellen ist.

Parallel dazu verändern sich die Beziehungsmuster zwischen den Staaten: Die Zahl der Regierungstreffen (z.B. G 8, Kontaktgruppen, Pentagonale, Weltkonferenzen über bestimmte Themen) nimmt unaufhörlich zu, die multilaterale Behandlung von Fragenkomplexen, die früher den bilateralen Beziehungen vorbehalten waren (Handel, Sicherheit etc.), greift um sich. So verstärken sich die Direktkontakte zwischen Staats- und Regierungschefs,

---

*   Charles Malinas war Beamter im französischen Außenministerium, von 1996 bis 1997 im Planungsstab des Auswärtigen Amtes in Bonn.

**   Die folgenden persönlichen Überlegungen beruhen auf 20 Jahren Erfahrung im französischen öffentlichen Dienst und, während der letzten zehn Jahre, im französischen Außenministerium: zunächst beim Leiter der Verwaltungsabteilung, dann auf Posten im Ausland, schließlich und vor allem im Kabinett von Außenminister Hubert Védrine, wo ich von 1999 bis 2001 insbesondere mit der Überwachung der vom Minister gewollten und betriebenen Modernisierung des Ministeriums befaßt war. Angereichert wird diese Erfahrung durch meinen einjährigen Aufenthalt im Planungsstab des Auswärtigen Amtes als Austauschbeamter 1996/97 und durch meine Tätigkeit als diplomatischer Berater der Justizministerin Marylise Lebranchu.

Ministern, hohen Beamten. Seit den Attentaten vom 11. September 2001 hat diese Entwicklung eine neue, spürbare Beschleunigung erfahren.

Diese Entwicklung wiederum ermöglicht eine gesteigerte Publizität der internationalen Beziehungen, für die sich die Medien und damit die breite Öffentlichkeit immer mehr interessieren. Daß sich die Bürger auf diese Weise einen traditionell eher einem kleinen und verschwiegenen Personenkreis vorbehaltenen Bereich erschließen können, gehört unbestreitbar zu den Fortschritten der Demokratie.

Allerdings könnte die Diplomatie im Zuge dieser Entwicklung einen Teil ihrer vermittelnden Funktion einbüßen, mit gewissen nachteiligen Auswirkungen: Einerseits bedeutet die Fülle der Direktkontakte einen Zugewinn an Schnelligkeit, während die Vervielfältigung der beteiligten Instanzen die Verständlichkeit der internationalen Beziehungen beeinträchtigt; andererseits erhöht sie das Risiko falscher Schritte durch Eingreifen von Akteuren, die die Probleme nicht immer voll überschauen. Schließlich bringt die wachsende Beteiligung der Medien (zur Erinnerung: 3000 Journalisten bei den EU-Gipfeln unter französischer Präsidentschaft in Biarritz und Nizza) auch einige Nachteile mit sich, insbesondere wenn dadurch ein Wettlauf um die Publikation der Kommuniqués ausgelöst wird, der die Qualität der Debatten beeinträchtigt.

Neuen Entwicklungen ist auch der Handlungsrahmen der Staaten unterworfen. Das ist insbesondere der Fall bei der Integration Europas, die – wenn auch bisher nur in Ansätzen – in den Hoheitsbereich der Mitgliedstaaten eingreift, einschließlich ihres auswärtigen Handelns.

Schließlich sind auch die Handlungsfelder im Wandel begriffen. Was früher nur national oder gar nicht wahrgenommen wurde, wird heute als internationale Aufgabe angesehen: Schutz der Menschenrechte, Schutz der Umwelt, aber auch der Kampf gegen das organisierte Verbrechen, gegen die Korruption etc. Die Attentate des 11. September haben jüngst den Kampf gegen den Terrorismus ins Zentrum gerückt.

Insbesondere gewinnen alle humanen und humanitären Angelegenheiten eine wachsende Bedeutung. Einerseits hat die Multiplizierung der internationalen Krisen zu einer Ausweitung der humanitären Aktionen – und zu der Forderung (muß man von einem Recht sprechen?) nach Intervention –, aber auch zu einem veränderten Umgang mit Migrationsbewegungen geführt. Andererseits hat die Zunahme insbesondere von Geiselnahmen spezifische Vorkehrungen treffen lassen.

Diese Entwicklungen bringen die Akteure außenpolitischer Institutionen, in erster Linie die Außenministerien, in eine neue Situation. Die neuen Akteure sind Partner, gleichzeitig aber auch Konkurrenten, gelegentlich sogar Gegner. Die neuen Arbeitsmethoden erfordern eine wachsende Mobilität der Minister sowie eine beschleunigte Aufarbeitung von Fakten und eine ebenso rasche Ausarbeitung von Positionen. Aufgrund der Multilateralisierung muß das technische Niveau der Außenministerien angehoben und die interministerielle Kooperation verbessert werden. Der europäische Rahmen außenpolitischen Handelns erhöht den Bedarf an Abstimmung mit den Partnern. Die neuen Tätigkeitsfelder verlangen einen höheren Spezifizierungsgrad der Antworten.

Die Anpassung der Instrumente auswärtiger Politik an diese Entwicklung ist eine unumgängliche Bedingung für die Wiedergewinnung ihrer Legitimität. Wie richten sich die Außenministerien darauf ein? Wer diese Frage stellt, setzt voraus, daß es stets ein Spezifikum auswärtigen Handelns gibt, das die Existenz einer ausschließlich ihm gewidmeten Verwaltung rechtfertigt. Diese Voraussetzung wird aber keineswegs allgemein akzeptiert. Die Veränderungen bringen es mit sich, daß die Zuordnung der auswärtigen Angelegenheiten zu einer selbständigen Institution, die mit der Vorbereitung, Anregung, Durchführung und Koordinierung der Außenpolitik des Landes beauftragt ist, je nach Lage des Falles mehr oder weniger ausdrücklich in Frage gestellt wird.

I. Die Veränderungen des Umfeldes rufen nach einer Anpassung der Zuständigkeiten

1. In den traditionellen Domänen der bilateralen oder multilateralen Diplomatie (politische Beziehungen und Sicherheit) läßt sich eine Kontinuität in qualitativer Hinsicht (die Modalitäten und die zur Anwendung kommenden Zuständigkeiten bleiben), aber nicht in quantitativer Hinsicht feststellen: Die Multiplikation der bi-, pluri- und multilateralen Treffen bedeutet eine erhöhte Belastung für die Ministerien und die Auslandsvertretungen.

2. Gewisse Entwicklungen beruhen auf der Ausweitung traditioneller Aktivitäten. Die Franzosen zeigen beispielsweise seit je eine geringe Auswanderungsneigung. Das hat zur Aufwertung der Gemeinschaften der Auslandsfranzosen und zu einer umfassenden konsularischen Versorgung geführt: gewählte Vertreter,[1] Konsularverwaltung, Ersatz-Sozialvorsorge, Auslandsschulwesen. Da einerseits die im Ausland tätigen Unternehmen immer weniger auf entsandte, besser bezahlte Mitarbeiter zurückgreifen und andererseits immer mehr Menschen die erleichterten Möglichkeiten von Auslandsreisen nutzen, ist eine soziologische Veränderung der französischen Auslandsgemeinschaften die Folge: Die Zahl der vorübergehend im Ausland Tätigen

---

1 Zwölf Senatoren werden durch den Hohen Rat der Auslandsfranzosen gewählt. Er ist beim Außenministerium angesiedelt und setzt sich aus 150 nach allgemeinem Wahlrecht gewählten Vertretern zusammen.

geht zurück, jene der Langzeitaufenthalte von Personen, die sich endgültig ansiedeln und eine zweite Staatsangehörigkeit erwerben, nimmt zu. Daraus resultieren ein niedriger allgemeiner Lebensstandard und Phänomene sozialer Ausgrenzung.[2]

Folge ist eine stetige personelle und finanzielle Verstärkung der Sozialhilfemittel (Zunahme der Mittelzuweisungen, aber auch von Personal bei der zentralen Verwaltung und den Auslandsposten). Durch den Druck, den die gewählten Vertreter der Auslandsfranzosen auf die Regierung ausüben, damit das erreichte Betreuungsniveau erhalten bleibt, wird die weitere geographische Verteilung konsularischer Vertretungen gebremst.

Einen Ausweg sollte im Prinzip die europäische Integration bieten, indem sie gemeinsame Dienste in Drittländern etabliert und die Betreuung von EU-Bürgern durch die jeweiligen nationalen Behörden jener EU-Mitgliedstaaten sicherstellt, in denen sie sich aufhalten. Aber die Zusammenarbeit unter den Partnerstaaten der Union kommt nur sehr langsam voran: wegen Divergenzen in Struktur, Organisation und Angebot (nicht alle Partner garantieren ihren Staatsangehörigen die gleichen Dienstleistungen) und wegen interner Schwerfälligkeiten (so wäre etwa eine Anpassung des örtlichen Rechts in den Mitgliedstaaten erforderlich).

Ein weiteres kommt hinzu: Immer mehr und zunehmend tiefgreifende Krisen lösen zusammen mit der Verschlechterung der Lebensbedingungen in bestimmten Teilen der Welt Bevölkerungsbewegungen aus, die viele potentielle Aufnahmeländer in bisher nicht gekannten Dimensionen mit dem Problem der Asylbewerber und der illegalen Migranten konfrontieren. Niemand stellt in Abrede, daß die Genfer Konvention von 1951 Situationen nicht mehr gerecht wird, wo Bevölkerungen in ihrer Gesamtheit bedroht sind, der einzelne aber nicht auf persönliche Risiken verweisen kann. Mit den Krisen mehren sich auch die Aktivitäten zum Schutz von Staatsangehörigen, vor allem Evakuierungen und Interventionen (insbesondere die Geiselnahmen haben über den Kreis der Mitarbeiter des regelmäßig zusammentretenden Krisenstabs und der sehr oft eingeschalteten Länderreferenten hinaus mehr als ein Jahr lang die volle Arbeitskraft eines hierauf spezialisierten Referatsleiters und eines Mitarbeiters des höheren Dienstes in Anspruch genommen).

3. Bestimmte fachliche Bereiche werden in Frankreich vom Außenministerium abgedeckt. Dies gilt etwa für die Kulturpolitik und die Entwicklungszusammenarbeit, die im Außenministerium zusammengefaßt und eng miteinander verzahnt sind (in der Zeit, als es ein Ministerium für Zusammenarbeit mit einer eigenen Verwaltung gab, wurden die Aktivitäten in Entwicklungsarbeit

---

2 Vgl. den im Juli 1999 dem Premierminister, der Arbeits- und Solidaritätsministerin und dem Außenminister von der Senatorin Monique Cerisier-ben-Guiga vorgelegte Bericht „Die Soziale Ausgrenzung in den Französischen Gemeinschaften im Ausland".

und Kultur von dieser Institution gemeinsam in ihrem geographischen Zuständigkeitsbereich wahrgenommen).

In der französischen Tradition ist die Kulturpolitik in ihrer engen Verbindung mit der Entwicklungszusammenarbeit ein wichtiges Instrument der Diplomatie. Beide Gebiete waren sehr starken Veränderungen unterworfen. Die Strukturen sind umgestaltet worden (vgl. unten), die Zuständigkeiten wurden neu geregelt.

In der Entwicklungshilfe bedeutet der Verzicht auf eine Substitutionskooperation zugunsten einer kurz- bis mittelfristigen technischen Hilfe eine massive Umwälzung: Kern der Bestrebungen war die Übernahme der früher von Entwicklungshelfern wahrgenommenen Funktionen durch die Länder selbst. Infolgedessen ist die Zahl der Entwicklungshelfer in zehn Jahren von 20 000 auf weniger als 2000 zurückgegangen. Die Kulturpolitik hat keine so radikale Transformation, sondern lediglich eine Veränderung erfahren, die auf bessere Beteiligung der örtlichen Partner abzielt.

4. In den neuen Aufgabenfeldern der internationalen Beziehungen fällt die Bilanz sehr viel schlechter aus. Ob es sich um die Umweltdiplomatie (Kyoto), die Menschenrechte und die humanitären Fragen oder den Kampf gegen das organisierte Verbrechen handelt: Die Außenministerien haben sichtlich Mühe, eine eigene Zuständigkeit zu entwickeln.

Natürlich kann man die Frage stellen, ob das überhaupt nötig ist. Könnte man sich nicht mit einer einfachen diplomatischen Präsenz zufriedengeben, die lediglich für Unterkunft und Verpflegung der Expertendelegationen sorgt, welche die Verhandlungen führen? Eine solche Vorstellung ist gewissen ministeriellen Partnern nicht fremd, die in einem solchen Schema nur Vorteile sehen würden. Aber bei genauerer Abwägung erscheint dieses Modell nicht als erstrebenswert.

Die wichtigsten Themenfelder haben Implikationen, die über ihre engeren Grenzen weit hinausreichen. Es gibt einen wirklichen Bedarf an interministerieller Koordination und an einem Gesamtüberblick, der die technischen Sichtweisen an den strategischen Bedürfnissen des Landes ausrichtet.

Eine dynamische Koordination muß zwei Qualitäten vereinigen: politische Autorität und fachliche Kompetenz. Für diese oder jene Einzelaktion wurden direkt beim Premierminister ad hoc und mit vorübergehender Zuständigkeit interministerielle Arbeitsgruppen gebildet. Wenn es aber um einen dauernden Bedarf geht, ist das Außenministerium gefordert – wie ohnehin in den traditionellen Aufgabenfeldern. Dies erfordert eine Anpassung der interministeriellen Arbeit, aber auch eine Weiterentwicklung der internen Strukturen des Ministeriums.

II. Die Strukturen sind anzupassen

1. Das Außenministerium muß im Verhältnis zu den anderen Institutionen gestärkt werden. Auswärtige Beziehungen werden nicht ausschließlich durch die Außenministerien gesteuert. Jedes Land setzt bei der Verteilung indes eigene Schwerpunkte: Konzentration beim Außenministerium oder gleichzeitige Betrauung anderer Institutionen, Ministerien oder selbständiger Anstalten, die miteinander konkurrieren.

In Frankreich ressortiert das auswärtige Handeln in erster Linie beim Außenministerium – mit einer starken Einschränkung: Das Finanzministerium spielt eine bedeutende Rolle, insbesondere durch die Schatzabteilung,[3] die für die Beziehungen mit den internationalen Finanzinstitutionen und für das finanzielle und monetäre Außenhandeln verantwortlich ist, und die Außenwirtschaftsabteilung (DREE)[4] mit Zuständigkeit für die Auslandswirtschaftsvertretungen. Darüber hinaus sind weitere Ministerien involviert: Inneres, Justiz, Landwirtschaft, Umwelt und Erziehung.[5] Schließlich wurde die Entwicklungszusammenarbeit bis 1998 von einem besonderen Ministerium gesteuert.

Im Ausland bleibt das Personal seinem jeweiligen Herkunftsministerium verbunden. Die Autorität des Botschafters im Empfangsland fußt auf einer Verordnung,[6] die ihn zum Vertreter der Staatsautorität bestimmt. Kraft dieser Verordnung wird der Botschafter, unter der Autorität des Außenministers, mit der Durchführung der Außenpolitik Frankreichs beauftragt; im Rahmen dieses Auftrags hat er die Aufgabe, die Arbeit der Vertreter der verschiedenen Ministerien und der Militärmission zu koordinieren und zu motivieren. Der mit großer Sorgfalt redigierte Verordnungstext stellt ein fragiles Gleichgewicht zwischen den Beteiligten her, dessen Aufrechterhaltung vor allem von deren Fähigkeit abhängt, sich untereinander zu verständigen.

---

3 Direction du trésor.
4 Direction des relations économiques extérieures.
5 Aufteilung der auswärtigen Aktivitäten des französischen Staates

	Außen-ministerium	Finanz-ministerium	Forschung	Andere
Bilateral (23 Mrd. Francs)	45,0%	37,9%	9,3%	7,8%
Multilateral außerhalb EU (14,2 Mrd. Francs)	32,6%	31,0%	31,6%	4,9%
Haushaltsstellen im Ausland (8634 Entsandte)	65,6%	17,9%	–	16,5%

Quelle: Entwurf des Finanzgesetzes für 2001 – zusammengefaßter Stand der Mittelzuweisungen aller Art, die zum auswärtigen Handeln Frankreichs beitragen.

6 Verordnung No. 79-433 vom 1.6.1979 betr. die Zuständigkeiten der Botschafter und die Organisation des Staatsdienstes im Ausland.

Die neuen Herausforderungen an die Diplomatie umfassen den Abbau abschottender Elemente, die Verbesserung der Koordinierung, die Steigerung der Mobilität und die Intensivierung des Informationsaustausches. Für all dies ist eine Modernisierung der Strukturen erforderlich.

Entwicklungshilfe im Außenamt

Die 1998 vollzogene Verschmelzung des Ministeriums für Zusammenarbeit mit dem Außenministerium (der „Rue Monsieur" und des „Quai d'Orsay") ist der jüngste und sichtbarste Ausdruck für die Modernisierungsbemühungen. Es handelte sich um ein Vorhaben mit langem Atem, das nach mehreren Mißerfolgen nunmehr zu einem guten Abschluß gebracht worden ist.

Ausgangsidee war eine doppelte: Erhöhung der Effektivität der Struktur im Sinne einer optimierten Durchführung der Politik der Zusammenarbeit als konstitutives Element der Außenpolitik; aber zugleich auch die strukturelle Umsetzung der veränderten Ausrichtung der Entwicklungshilfepolitik Frankreichs. Nachdem diese Politik zunächst auf Afrika und später auf ein etwas weiteres Feld konzentriert war, richtet sie sich heute an jene Länder, die einen klar definierten, aber nicht a priori geographisch bestimmten Bedarf haben. Anders als in Deutschland wurde in Frankreich nicht eine vom Außenministerium unabhängige Struktur aufrechterhalten, deren Aktivität sich auf den ganzen Planeten erstreckt. Statt dessen wurde innerhalb des Außenministeriums eine Struktur eingerichtet, die Entwicklungshilfe und den kulturellen Handlungsbereich zusammenführt. Damit wurde eine Synthese gefunden aus dem Erbe der Vergangenheit (die ehemalige DGRCST des Außenministeriums,[7] die außerhalb des Zuständigkeitsbereichs des Ministeriums für Zusammenarbeit intervenierte und auf eigene Weise Entwicklung betrieb) und einer Zukunftsvision (die einen globalen Ansatz für die Entwicklungshilfepolitik vorsieht).

In der Praxis hat sich die Fusion hinsichtlich Organisation und Akzeptanz als überaus schwieriges Unterfangen herausgestellt. Mit der Schaffung einer einzigen Struktur (DGCID[8]) mußte auch die Personalverwaltungen fusioniert werden, was zwei Jahre in Anspruch genommen hat: Verhandlungen mit den Gewerkschaften und dem Finanzministerium über die Änderung der Statuten, Einbeziehung der Laufbahn- und Versetzungsstrukturen in die bestehende Struktur des Ministeriums (DGA[9] als Zentralabteilung) zunächst durch Schaffung eines besonderen Referats, dann nach dessen Aufhebung

---

7 Direction générale des relations culturelles, scientifiques et techniques (= Generaldirektion für kulturelle, wissenschaftliche und technische Beziehungen).
8 Direction générale de la coopération internationale et du développement (= Generaldirektion für internationale Zusammenarbeit und Entwicklung).
9 Direction générale de l'administration.

durch Aufteilung seiner Arbeit auf die bestehenden Referate. Zwei delikate Aufgaben sind nicht vollständig bewältigt worden: die Arbeitsmethoden (einschließlich eines Mix bei der Verteilung der Aufgaben) sind nicht abschließend in Einklang gebracht worden, und aus dem Modernisierungsgebot wurden noch nicht alle Folgerungen gezogen.

Die DGCID ist Weisungsgeber und zugleich handelndes Organ: Sie unterhält „technische Assistenten" (die bei Institutionen des jeweiligen ausländischen Partnerstaats eingesetzten Experten) und ein direkt vor Ort wirkendes Kooperationsnetz. Daneben gibt es die französische Entwicklungsagentur (AFD),[10] die sich um die finanziellen und die technischen Kompetenzen kümmert, vergleichbar der KfW bzw. der GTZ in Deutschland. Zweifellos müssen die Bemühungen um ein gutes Gleichgewicht zwischen der eher dezentralisierten Geschäftsführung durch spezialisierte, vor Ort wirksame Kräfte und der Wahrung der Kontrolle über die grundsätzlichen außenpolitischen Orientierungen fortgesetzt werden.

Auch wenn die maßgeblichen Statuten vereint wurden, sind doch die Kulturen der beiden Ministerien aus der Sicht der Bediensteten, die aus beiden Häusern stammen und von unterschiedlichem Geist geprägt sind, noch nicht vollkommen eins geworden. In diesem wesentlichen Bereich wird man nur dann vorankommen, wenn man die Bediensteten ermutigt, mobil zu sein und ihre Erfahrungen auszutauschen, vor allem etwa indem man Personal aus dem ehemaligen Kooperationsressort auf echte diplomatische Posten versetzt und umgekehrt. Dabei ist wieder die Zeit ein wichtiger Erfolgsfaktor. Darüber hinaus muß den Beschäftigten im Wege der Aus- und Fortbildung ermöglicht werden, ihre Erfahrungen zu nutzen, sich in ihrem Kompetenzbereich und von ihm ausgehend weiterzuentwickeln und ihren Platz im Ministerium zu finden.

Das Verhältnis zu anderen Ressorts

In den anderen neuen Bereichen kann es dagegen nicht um eine bloße Umgruppierung von Strukturen gehen. Während das ehemalige Ministerium der Zusammenarbeit eine gänzlich dem Ausland zugewandte Aktivität entfaltete – was die Verschmelzung mit dem Außenministerium als möglich, wenn nicht natürlich erscheinen ließ –, besitzen die anderen Ministerien eine solche Ausrichtung nicht. Sie haben allerdings die Neigung, immer bedeutendere internationale Abteilungen aufzubauen und mit zunehmender Häufigkeit direkt auf internationalem Gebiet zu intervenieren, wobei sie sich möglichst weitgehend der Koordinierung durch das Außenministerium entziehen. Das

---

10 Agence française de développement.

hat eine gewisse Logik, birgt aber das Risiko verwirrender Darstellung des Landes nach außen.

Im Bereich der Europaangelegenheiten hat man diese zentrifugalen Tendenzen durch Gründung des SGCI[11] in den Griff bekommen. Das SGCI, zunächst beim Außenministerium und schließlich beim Premierminister angesiedelt, ist nunmehr obligatorische Durchgangsstation für alle Positionen, die in Brüssel vertreten werden sollen.

Auffällig ist die sehr große Nähe dieses Organs zum Finanzministerium – aber die ist Ausdruck der allgemeinen Expansionstendenz der Finanzverwaltung, die man billigen oder bedauern kann. Ebensowenig kommt man um die Feststellung herum, daß der stetig wachsende Zufluß an Vorgängen die Arbeit des SGCI erschwert und dazu führt, daß dieses Organ weiter ausgebaut wird, zum Schaden seiner Flexibilität und politischen Gestaltungskraft. Insgesamt aber ist das SGCI, mit einer vom Quai d'Orsay in einem durch und durch interministeriellen Geist geleiteten ständigen Vertretung in Brüssel, zu einem unentbehrlichen Instrument der Kohärenz, Präsenz und Aktion in der Union geworden.

Außerhalb des europäischen Bereichs ist die Lage jedoch weniger scharf konturiert. Die sozusagen normale Koordinierungsstruktur ist der Quai d'Orsay. Aber die Ressorts neigen manchmal dazu, den Quai zu umgehen. Da die französische Regierungsorganisation das Prinzip der Federführung nicht kennt und der Entscheidungsfindung durch das Kabinett des Premierministers um so engere Grenzen gezogen sind, je weniger ausgeprägt der Wille zur Zusammenarbeit ist, kann die notwendige Kohärenz des Außenhandelns wahrscheinlich nur dadurch sichergestellt werden, daß die Integrität der internationalen Rolle des Außenministeriums unangetastet bleibt – mit einem Wort des Außenministers Hubert Védrine: seine Rolle als „Kontrollturm". Dies läßt sich auf drei Wegen erreichen:

– Nützlich wäre es, im Sinne der Verordnung von 1979 dem Botschafter im Ausland mehr Einfluß auf die Vertreter anderer Ministerien am Ort einzuräumen und die Ressorts zu verpflichten, dem Quai Kopien ihres Schriftverkehrs mit ihren Auslandsvertretern zu überlassen. Auch wenn eine solche Verpflichtung wahrscheinlich unterlaufen wird, würde ihre bloße Existenz dem Ministerium doch zumindest ein zusätzliches Mittel an die Hand geben, auf das es bei Schwierigkeiten zurückgreifen könnte.

– Der zur Zeit ablaufende technische Umbau des Systems schriftlicher Kommunikation im Außenministerium – Verzicht auf das sicherlich zuverlässige, aber schwerfällige Telegramm zugunsten eines ebenso siche-

---

11 Secrétariat général du comité interministériel pour les questions de coopération économique européenne (= Generalsekretariat des Interministeriellen Komitees für die Fragen der Europäischen Wirtschaftlichen Zusammenarbeit).

ren, aber dem aktuellen Informationskomfort eher entsprechenden Systems – könnte die anderen Ministerien dazu veranlassen, es häufiger als bisher zu nutzen. Indem der Quai seinen ministeriellen Partnern einen sicheren Übermittlungsweg anbietet, kann er sie dazu bringen, auf ihre ungesicherten Kommunikationsmedien (Fax und Internet) zu verzichten. Sollte dies gelingen, könnte der Quai zur Durchgangsstation eines Informationsflusses werden, von dem er zur Zeit ausgeschlossen ist.

– In einem Geist der Öffnung und der Zusammenarbeit müßte das Außenministerium sein Netz in den anderen Ressorts verstärken, indem es sich darum bemüht, insbesondere und in erster Linie die diplomatischen Berater und die Abteilungsleiter für internationale Beziehungen der Ministerien zu stellen. In einem allgemeineren Sinne müßte es versuchen, seine Präsenz und seinen Einfluß in den zahlreichen staatlichen Strukturen zu verstärken, die auf internationaler Ebene tätig werden. Dazu braucht das Außenministerium jedoch mehr Personal, als es heute besitzt.

Das wachsende auswärtige Engagement der örtlichen Gebietskörperschaften in Frankreich ist ein relativ junges Phänomen, das sich weitgehend der Kontrolle des Außenministeriums entzieht. Das Ministeriums verfügt in diesem Feld über einen Delegierten, der Informationen sammelt, bei der Ausarbeitung von Programmen hilft und etwaigen Schwierigkeiten vorbeugt. Aber auch hier sind die Grenzen rechtlicher Verpflichtungen unübersehbar. Die tatsächliche Wirksamkeit des Außenministeriums beschränkt sich darauf, den dezentralisierten Gebietskörperschaften unter finanziellem, logistischem und intellektuellem Aspekt konkret dabei zu helfen, ihre Projekte zu realisieren.

2. Die internen Strukturen des Außenministeriums können verbessert werden. Die Frage, welche neuen Strukturen nötig sind, ist noch nicht definitiv beantwortet. Während die Außenministerien einiger Partnerländer Abteilungen oder Referate geschaffen haben, denen „horizontale" Themen zugewiesen wurden (Umwelt, Beziehungen mit den NRO, organisiertes Verbrechen etc.), unterblieb eine solche Maßnahme in Frankreich bisher und scheint auch in naher Zukunft nicht geplant zu sein. Das Bestreben war eher, bestehende Institutionen und Verfahren umfassend zu nutzen (insbesondere durch Verstärkung des Bestandes und der Zuständigkeiten der Wirtschaftsabteilung), als neue Strukturen zu schaffen, die in ein schon jetzt komplexes Ganzes integriert werden müßten.

Dies führt zu der allgemeineren Frage der Organisation des Ministeriums. Hier soll aber nun nicht die ewige und wahrscheinlich überholte Diskussion zwischen den Befürwortern der geographischen und denen der funktionellen Einteilung erneuert werden. Sie ist durch die Fähigkeit der verschiedenen Arbeitseinheiten, alle entsprechenden Akten anzufordern und zu bearbeiten, praktisch entschieden. Zweifel sind allerdings angebracht, ob die pyramidenartige Organisation, wie wir sie kennen, der Notwendigkeit entspricht, die Reaktionsfähigkeit des Apparats ständig zu steigern. Die Befürworter dieser Organisationsform werden argumentieren, daß sie die Kontinuität und die Kohärenz der Positionen gewährleiste und daß die Basiseinheit – das Referat (sous-direction) – sowohl horizontal (mit den Referaten anderer Abteilungen) wie mit dem „Cabinet" des Ministers direkt zusammenarbeiten könne und müsse. Aber könnte nicht genau deshalb die pyramidenförmige Organisation in Frage gestellt werden?

Das Gewicht der Verwaltungstradition wiegt wahrscheinlich zu schwer, als daß sie eine so radikale organisatorische Veränderung zulassen könnte. Immerhin sind – im Rahmen der aktuellen Staatsreform – bedeutende Anstrengungen unternommen worden, um Abschottungen zu reduzieren, die Zahl der hierarchischen Ebenen zu verringern und so die Geschäftsabläufe zu verkürzen. Einige Abteilungsleiter gehen einen Schritt weiter, indem sie bei laufenden Angelegenheiten ihre Unterschriftsleistung an die Referatsleiter delegieren, sich eine Kontrolle lediglich durch nachträgliche Lektüre der Aufzeichnungen vorbehalten und nur die wichtigsten Fragen zur Entscheidung vorlegen lassen – aber das sind persönliche Initiativen, die bei Personalwechseln wieder zurückgenommen werden können.

Beschleunigend würde zweifellos die Dezentralisierung der Verantwortung wirken, die auf die Scharniereinheit des Ministeriums zu verlagern wäre, nämlich das Referat (sous-direction). Dafür gibt es mehrere Möglichkeiten, von der Änderung des bisherigen Geschäftsgangs bis zur Etablierung einer nicht-pyramidenförmigen (sondern matrixartigen) Struktur. Dies zu entscheiden ist Sache der Verwaltungsorganisation, und dafür haben die Außenministerien den Schlüssel nicht allein.

Das intensive Bemühen des Außenministeriums um innerorganisatorische Verbesserungen hat mit den Jahren zu einer deutlichen Vergrößerung der Verwaltung (Personalverwaltung, Mittelverwaltung, Liegenschaften) und der bei den operativen Abteilungen mit der Mittelbewirtschaftung befaßten Arbeitseinheiten geführt. Auch die Kontrolleinheiten, insbesondere auf finanziellem Gebiet, sind weiter ausgebaut worden – ob sie nun intern im Außenministerium oder extern mit der Finanzverwaltung verbunden sind.

Sicherlich geht das wachsende Gewicht der Verwaltungsaufgaben auf das Bemühen um einen verbesserten inneren Betrieb und das Bestreben zurück, die Wirksamkeit der durchgeführten Maßnahmen besser zu kontrollieren. Einmal abgesehen von der Frage, an welchem Maßstab die Effektivität von Außenpolitik gemessen werden sollte, kann man den Anteil (und dementsprechend die Energie und die eingesetzten Mittel) in Frage stellen, den Aufgaben beanspruchen, die lediglich die Durchführung der Außenpolitik ermöglichen sollen, denen aber die Tendenz innewohnt, sich der eigentlichen Außenpolitik überzuordnen und zum Selbstzweck zu werden.

Eine Folge fortschreitender Globalisierung und Multilateralität besteht in der verstärkten Konzentration außenpolitischer Entscheidungen in der Haupt-

stadt. Diese Konzentration wird durch die Fortentwicklung der Kommunikationsmittel ermöglicht: Die Zeit zwischen dem Ersuchen um Weisung und
der Antwort ist derart kurz geworden, daß für die Eigeninitiative der Auslandsvertretungen immer weniger Spielraum bleibt. Diese Möglichkeit be-
quemerer und rascherer Kommunikation wirkt aber auch in die Gegenrichtung: So kann man sich gut vorstellen, daß sich die Auslandsvertretungen
bald nicht mehr damit zufriedengeben werden, Telegramme nach Paris zu
senden, um die Ministervorlagen mit Substanz anzureichern, sondern daß sie
dank der neuen Kommunikationsmittel unmittelbar an der Ausarbeitung dieser Vorlagen beteiligt werden. Ein möglicher Fortschritt, der uns zurückführt
zu den schwierigen Fragen des Informationsflusses, der Entscheidungsfindung und der Stellung der Abteilungsleiter – und der Botschafter – darin.

III. Für eine wirkliche Personalpolitik

Die Verwaltung der menschlichen Ressourcen steht im Zentrum der Frage-
stellung. Der Aufbau eines arbeits- und anpassungsfähigen Instruments erfordert die Verfügbarkeit von kompetentem und engagiertem Personal.

1. Die leitenden Beamten müssen der Rekrutierung und Ausbildung einen
zentralen Platz in ihren Reformüberlegungen einräumen. Die Rekrutierung
der Diplomaten des Quai d'Orsay vollzieht sich grosso modo auf folgenden
Ebenen:

– Niveau A („conseiller des affaires étrangères", entsprechend A 14 im
  deutschen System), Rekrutierung auf zwei Wegen: ENA[12] oder „concours
  d'Orient".
– Niveau A' („secrétaire des affaires étrangères", entsprechend A 12 im
  deutschen System), Rekrutierung auf drei Wegen: „concours" entweder
  als „secrétaire des affaires étrangères", als „secrétaire des affaires étrangères d'Orient" oder als „attaché d'administration" (Verwaltungsatta-
  ché). Zu erwähnen sind auch die Attachés aus dem Bereich Informations-
  und Kommunikationssysteme, die als Informatiker auf gleicher Ebene
  stehen wie die „secrétaires des affaires étrangères". Vom Niveau A' aus
  besteht für alle die Möglichkeit, nach Erreichung eines bestimmten
  Dienstalters und Ablegen eines Examens zum Grad eines „conseiller"
  aufzusteigen.
– Bestimmte Funktionen, besonders im kulturellen Sektor, werden von
  Mitarbeitern mit Sonderverträgen wahrgenommen. Sie nehmen an der

---

12 Ecole nationale d'administration.

Ausübung der diplomatischen Funktionen teil und erhalten in regelmäßigen Abständen die Möglichkeit, sich verbeamten zu lassen.

Die Vielfalt der Zugangswege hat einen bedeutenden Vorteil: Die Kandidaten kommen aus verschiedenen Umfeldern und haben unterschiedliche Ausbildungen. Die ENA-Absolventen haben vielfach einen Kurs in politischen Wissenschaften belegt, aber ein nicht zu vernachlässigender Teil kommt von der Universität oder den „grandes écoles". Die Kandidaten für den „concours d'Orient" (der beiden Ebenen A und A') haben Unterricht in orientalischen Sprachen gehabt oder sind Germanisten. Die Sekretäre und Attachés stammen meist aus einem politikwissenschaftlichen oder verwaltungswissenschaftlichen Institut. Schließlich wird die Vielfalt noch durch interne „concours" (den Beamten vorbehalten) und Kandidaten aus dem privaten Sektor erweitert, die vor dem Eintritt in das Ministerium eine spezifische Berufserfahrung erworben haben.

Daraus ergibt sich ein großer Reichtum an Erfahrungen und Einstellungen, der von der Personalabteilung bestmöglich zu nutzen ist. Die Kehrseite dieses Reichtums ist ein Mangel an Homogenität. Es fehlt eine spezifische innerministerielle Ausbildung, die diesem Mangel abhelfen könnte. Einerseits erschweren die Vielfalt der Erfahrungshintergründe und das Bestehen von zwei Rekrutierungsebenen die Einrichtung eines einheitlichen Ausbildungslehrgangs; die ehemaligen ENA-Schüler haben zudem einen verständlichen Widerwillen, sich nach ihrer mehr als zweijährigen Studienzeit einer weiteren Ausbildungsphase zu unterziehen. Andererseits gibt es eine französische Tradition der Ausbildung „sur le tas" (an Ort und Stelle). Dahinter steht die Überzeugung, daß die Kandidaten durch die Vorbereitung auf den „concours" zur Fortbildung gezwungen sind und nur die besten von ihnen die Prüfung bestehen. Ihr Bildungs- und Kulturniveau ist dieser Überzeugung nach tragfähig und solide genug, um ihnen den Aufbau einer Karriere zu ermöglichen. Die praktische Arbeit wird schon den Rest besorgen.

Eine abwegige Vorstellung? Nicht ganz: Durch die Anpassung des Programms für den „concours d'Orient" und bestimmter Anforderungen an die Sprachausbildung bei der ENA hat diese Konzeption den Quai d'Orsay zu dem werden lassen, was er heute ist.

Dennoch reicht die Fähigkeit zur Improvisation nicht mehr aus, entspricht das System nicht mehr den neuen internationalen Anforderungen. Salopp formuliert: Dem Außenministerium kann einzig dadurch eine Zuständigkeit erhalten bleiben, die über die eines Hotelmanagements hinausgeht, wenn es über Sachkompetenzen verfügt, die es ihm erlauben, die Verhandlungen in den Bereichen der neuen Diplomatie zu koordinieren und möglichst oft zu leiten. Ohne diese Sachkompetenz wird ihm auch die detaillierteste Verordnung über interministerielle Zuständigkeitsverteilung seinen Platz unter den maßgeblichen Entscheidungsinstanzen nicht bewahren können. Es erscheint deshalb notwendig, bei Aufrechterhaltung der pluralistischen Basis und sogar bei Ausweitung des Rekrutierungsspektrums eine echte, kontinuierliche Aus- und Fortbildung einzuführen.

In diese Richtung zielt die Entscheidung des früheren Außenministers Védrines, ein diplomatisches Institut zu gründen, dessen erster Ausbildungsgang im Frühjahr 2001 stattgefunden hat. Die zweimonatige Ausbildung hat eine Gruppe von 20 Diplomaten mit ca. 8 bis 15 Dienstjahren zusammengefaßt, angereichert um 10 Personen mit anderem Hintergrund (Verteidigungsministerium, Unternehmen, Presse). Der Unterricht ist auf konkrete Fragen (keine theoretischen Kurse, sondern Studium praktischer Fälle) und auf zentrale und „neue" Themen konzentriert.

Eine bereits vor zehn Jahren entwickelte zweite Achse stellt die Aus- und Fortbildung für das Management und den inneren Dienst dar. Sie hat mit der Gründung des französischen Instituts für die Konsularverwaltung im Jahre 1992, das alle Leiter von konsularischen Vertretungen durchlaufen müssen, eine bedeutende Fortentwicklung erfahren.

Das diplomatische Institut wird nach und nach alle Fortbildungswege für Diplomaten in verschiedenen Stadien ihrer Laufbahn zusammenfassen. So nähern sich die französischen Diplomaten schrittweise dem Leitmodell einheitlicher Aus- und Fortbildung. Die Angehörigen der jüngeren Generationen sehen darin keine Modeerscheinung mehr, zumal die angebotenen Aus- und Fortbildungsgänge konkreter und besser auf die Bedürfnisse des Ministeriums und die beruflichen Erwartungen der Diplomaten zugeschnitten sind. Parallel dazu entwickelt sich eine Kultur der Evaluierung, die eine Berücksichtigung dieser Fortbildungsmaßnahmen im Sinne eines Karrierevorteils ermöglicht.

2. Die Frage der diplomatischen Karrieren, das zweite große Anliegen eines modernen Außenministeriums. Gegenwärtig gibt es große Linearität bei der diplomatischen Laufbahnentwicklung, mit einem System interner Beförderungen und dem Zugang einer gewissen Zahl von Bediensteten zu den höheren Verwendungen. Entsprechend den zwei verschiedenen Eingangsebenen gibt es einen höheren und einen weniger hohen (oder einen schnellen und einen weniger schnellen) Aufstiegspfad, mit internen Aufholmöglichkeiten. Diese Unterscheidung wird von den Bediensteten zum Zeitpunkt ihrer Rekrutierung akzeptiert, was die unvermeidbare Frustrierung derjenigen, die nicht oder für ihren Geschmack zu spät in höhere Verwendungen gelangen, letztlich in Grenzen hält, wenn sie auch nicht völlig auszuschließen ist. Dieses System hat aber einen Nachteil: Ihm wohnt die Tendenz inne, den Status quo beim Eintritt ins Ministerium je nach Ebene und Art der Rekrutierung einzufrieren, was regelmäßig gewisse Schwierigkeiten produziert.

Als Folge des vom Haushaltsplan erzeugten Drucks in Richtung Reduzierung von Zahl und Größe der Auslandsvertretungen, ohne entsprechende

Zunahme der Stellen in den politischen Abteilungen der Zentrale, ist seit einigen Jahren ein Anstieg der Zahl von Mitarbeitern zu beobachten, die für verantwortliche Verwendungen in Frage kommen, aber wachsende Schwierigkeiten haben, dorthin zu gelangen. Dieses Aufblähen der Sockelsegmente der Pyramide bringt eine Verlangsamung der Beförderung in der Zentrale und einen immer späteren Zugang zu den Funktionen ab Referatsleiter (sous-directeur) aufwärts mit sich. Parallel dazu steigt – ein zu begrüßender Effekt – die Attraktivität von früher vernachlässigten Aufgaben in technischen Bereichen (Verwaltung, Haushalt, Liegenschaften) und im Konsulardienst (in Paris und auf Auslandsposten).

Ob die Diplomatenkarriere auf gute (die besten?) Kandidaten weiterhin ihre Anziehungs- und Bindekraft behält, hängt maßgeblich davon ab, ob das Ministerium imstande ist, wirkliche Perspektiven anzubieten.

Nun führt aber die oben beschriebene Ausdünnung bei den höheren Positionen dazu, daß das Dienstalter bei Beförderungen privilegierend wirkt. Soll man angesichts dessen die mittleren Posten vermehren, wie bei der jüngsten Reform des deutschen Auswärtigen Amtes geschehen? Das war eine rasche, aber doch nur punktuelle Antwort auf einen unmittelbaren Bedarf.

Der pyramidale Aufbau stellt vor das schwierige Problem, daß die Entscheidung für die einzuführende schnelle und die langsame Laufbahn an der Qualität der Bediensteten festgemacht werden muß und nicht ausschließlich an der faktischen Eintrittsebene – ENA oder „Orient", Auswahlwettbewerb extern oder intern (Beamte), A oder A'.

Förderung von Kompetenz und Dynamik ist nicht gleichbedeutend mit der Entfesselung prinzipienloser Konkurrenz. Es soll das Gewicht der Eintrittsebene vermindert werden, um den Besten den Zugang zu den Verwendungen mit der größten Verantwortung zu eröffnen. Dies würde eine nach Profil und Ebene fein abgestimmte Personalführung erfordern, die imstande ist, die begrenzten menschlichen Ressourcen des Ministeriums so effektiv wie möglich einzusetzen. Eine solche Zielvorstellung ist mit dem Bestehen von Beamtenstatuten, wie wir sie in Frankreich kennen, keineswegs unvereinbar. Die vom Ministerium eingeleitete Vereinfachung der Verwaltung des öffentlichen Dienstes, die Mobilität und Handlungsflexibilität der Bediensteten begünstigen soll, geht genau in diese Richtung. Das Außenministerium hat inzwischen die Anzahl der im Ministerium nebeneinander bestehenden Beamtenkorps durch Verschmelzung reduziert und beispielsweise die Unterscheidung zwischen den ausschließlich im Ausland tätigen und den allein in der Zentrale arbeitenden nicht-diplomatischen Bediensteten (Kategorien B und C)[13] 1992 durch Einführung der sogenannten doppelten Berufung abgeschafft. Die Struktur der Kategorien A und A' wurde im Jahre 1999 verein-

---

13 Gehobener Dienst (B), mittlerer und einfacher Dienst (C).

facht; bei den Kategorien B und C ist dieses Vereinfachungsverfahren noch im Gang.

Der Etablierung einer vorausschauenden Personalplanung sollte dann auch der nächste Schritt folgen, der eine vorausschauende und mit den Bediensteten abgestimmte Karriereplanung einschließt. Dazu gehört etwa die im vergangenen Jahr von der Direction des Ressources Humaines (DRH) eingeführte Berufsbilanz[14] nach zehn Dienstjahren. Viele Bedienstete haben sich dieser Bilanz, die ihnen eine verbesserte Selbsteinschätzung und eine fundierte Reflexion über ihre künftigen Perspektiven ermöglicht, bereits unterzogen.

Fügen wir hinzu, daß bei der Rekrutierung die Berücksichtigung der Lebenspartner eine immer wichtigere Rolle spielen wird. Es geht darum, einerseits diejenigen Lebenspartner, die an der Ausübung der Funktion des Diplomaten teilnehmen, in den Genuß eigener Bezüge und einer eigenen Pensionsberechtigung kommen zu lassen; andererseits – und dieser Fall wird tendenziell immer häufiger werden – jenen, die selbst eine Karriere verfolgen oder schlicht eine berufliche Tätigkeit ausüben wollen, eine adäquate Anstellung zu ermöglichen.

3. Mobilität und Austausch. Daß der Dienst durch Mitarbeiter gewinnt, deren Kompetenz auf einer Vielfalt von Erfahrungen auch aus anderen Berufsumgebungen und daraus herrührenden Kontakten beruht, wird von niemandem mehr bestritten.

In allen Außenministerien besteht eine starke interne Mobilität. Die Mobilität der Nicht-Diplomaten des Quai d'Orsay ist durch die Einführung der „doppelten Berufung" gesteigert worden. Ihre praktische Umsetzung ist allerdings ein Problem für sich. Seit etwa zwölf Jahren geht der Quai nach folgendem System vor: Die Bediensteten reichen ihre Bewerbungen für fünf ausgeschriebene Posten bei der DRH ein, die ihrerseits jedem Bediensteten unter Berücksichtigung seiner erklärten Wünsche, des jeweils geforderten Profils und der Zustimmung des Missionschefs eine Versetzung vorschlägt. Die DRH versucht, auf dieser Grundlage die Versetzungen mit einem möglichst genau auf das erforderliche Profil zugeschnittenen Ansatz zu organisieren; die Bediensteten versuchen, ihre Leistungen einzusetzen, um an ihre Ziele zu gelangen. Zweifellos ist dies das transparenteste Verfahren, das es je gegeben hat – aber ob es weniger Unzufriedenheit erzeugt als das autoritärere und undurchsichtigere aus früheren Zeiten, ist nicht sicher.

---

14 Den Impuls gibt ein freiwillig gestellter Antrag des Bediensteten. Die Bilanz wird von einer Gruppe durchgeführt, der insbesondere der DRH-Abteilungsleiter, ein ehemaliger Botschafter, ein Psychologe und ein auswärtiger Berater angehören. Sie besteht in einem Gespräch, dem eine auswertende Sitzung im Austausch mit dem anwesenden Bediensteten folgt. Die Personen, die dieses Verfahren absolviert haben, erklären sich damit insgesamt zufrieden.

Einige befürworten eine gewisse Form der Liberalisierung der Versetzung, die nur noch auf einer direkten Beziehung zwischen den Kandidaten und den Missionschefs beruhen soll. So entstünde am Ende eine Art Stellenbörse. Mit dieser Idee experimentiert das Außenministerium der Niederlande. Aber sie geht zweifellos zu weit, da sie große Risiken birgt (übermäßige Stärkung der internen Netzwerke, Verfestigung der inoffiziellen Hierarchie der Sektoren, drohende negative Auswirkungen auf die Mobilität der Bediensteten). Die Niederlande scheinen denn auch teilweise bereits den Rückwärtsgang einzulegen. Immerhin könnte diese Idee Anstoß geben, die Beziehungen zwischen der DRH, den Abteilungsleitern und den Missionschefs neu zu überdenken und den Abteilungsleitern und Botschaftern mehr organisatorische Verantwortung zu geben, sie dabei aber auch zugleich besser zu kontrollieren.

Bei der Stärkung der Stellung des Außenministeriums im interministeriellen Kreis und seines Einflusses auf die Entscheidungen haben die Mobilität und der externe Austausch eine Rolle zu spielen. Man könnte sich vorstellen, daß die anderen Ressortminister die Leiter der internationalen Abteilungen und deren wichtigste Mitarbeiter aus dem Kreis der Diplomaten auswählen. Das ist derzeit nur zum Teil der Fall; das gleiche gilt für die diplomatischen Berater der Minister, die nicht immer aus dem Quai d'Orsay kommen. Allgemein liegt es im Interesse des Außenministeriums, ein solches Netz zu entwickeln, das es in die Lage versetzt, die Kohärenz des Außenhandelns zu stärken. Dies liegt auch im wohlverstandenen Interesse der anderen Ministerien, deren internationale Wirksamkeit dadurch nur gewinnen kann.

Dem wirken gleichzeitig zwei Bremsfaktoren entgegen: Haushaltszwänge und die Befürchtung des Personals, daß ihre Abordnung an andere Ressorts ihrer Karriere schadet. Die Haushaltszwänge sind nicht zu übersehen, sie lassen sich aber durch die Entwicklung der Austauschpraxis abmildern. Austausch gibt es bereits innerhalb der Verwaltung, insbesondere zwischen Ministerien. In Frankreich wird die sich darin manifestierende Mobilität durch das System der „détachements" (der Bedienstete wird durch die Empfangsverwaltung besoldet) ermöglicht, das für die ehemaligen ENA-Schüler institutionalisiert ist, nicht jedoch für die Diplomaten. Es besteht auch die Möglichkeit, einen Bediensteten an ein anderes Ministerium abzustellen (der Bedienstete erhält seine Bezüge weiter von der Herkunftsverwaltung). In beiden Fällen handelt es sich um Mobilität innerhalb der öffentlichen Verwaltung.

Die Überstellung an einen privaten Arbeitgeber ist in der Praxis schwerer durchführbar. Die betroffene Person müßte dafür ihre Verwaltungskarriere unterbrechen. Dieser und andere Nachteile verhindern bisher einen solchen Austausch.

In der Gegenrichtung ist es mittlerweile weithin geübte Praxis, Personen aufzunehmen, die nicht dem Außenministerium angehören. Sie stellt aufgrund der mit ihr. verbundenen Konfrontierung mit anderen Sichtweisen und Ansätzen eine Bereicherung des Ministeriums dar.

Unter den Bediensteten ist das Gefühl verbreitet, daß sie durch eine Abordnung Nachteile zu erleiden haben: unter dem Gesichtspunkt der Karriere, aber auch weil sie sich vom Mutterhaus entfernen. Diese Befürchtung ist zweifellos übertrieben. Es ist nämlich gar nicht sicher, ob sie begründet ist und ob die Verzögerungen, die der eine oder andere in seiner Karriere feststellen zu müssen glaubt, der vorübergehenden Abordnung zuzuschreiben ist. Sicher ist hingegen, daß dieses Gefühl besteht und daß man ihm beikommen muß, wenn man die Mobilität steigern will. Verschiedene Optionen werden erwogen: Unterstützung bei der Postensuche; Motivierung des Bediensteten, seinen Standort selbst auszusuchen mit der Zusicherung, daß er von der DRH anerkannt wird; Aufbau von Netzwerken zwischen den auswärts eingesetzten Diplomaten; Organisierung der späteren Rückkehr unter dem Gesichtspunkt, die erworbenen Kompetenzen zu nutzen.

Die Schlüsselfrage ist letztlich, ob eine Pflicht zur Mobilität eingeführt werden soll. In anderen Ministerien müssen die Beamten des höheren Dienstes zwei Jahre lang außerhalb einer zentralen Verwaltung tätig gewesen sein, um befördert zu werden (z.B. zum Referatsleiter). Die entsprechenden Anstrengungen der DRH werden durch die Tatsache behindert, daß die Diplomaten nicht zur Mobilität verpflichtet sind. Die DRH kann lediglich Anreize bieten. Eine – den Eigenarten des Außenministeriums angepaßte – Pflicht hätte sicherlich eine viel weitergehende und stärkere Wirkung.

Um ihre Stellung und ihre zentrale Rolle bei der Definition, Anregung und Durchführung der Außenpolitik des Landes zu erhalten, müssen sich die Außenministerien weiterentwickeln, anpassen und wandeln. In Frankreich hat die Tatsache, daß neben mehreren einschlägigen Berichten ein entschiedener ministerieller Reformwille die Zügel in die Hand genommen hat, die Einleitung von Modernisierungsmaßnahmen ermöglicht. Die unter Führung des früheren Außenministers Védrine umgesetzten Maßnahmen der letzten fünf Jahre haben sich einer grundlegenden Reform eines Instruments verschrieben, dessen Effektivität ihre alleinige Raison d'être ist.

Die deutsche Erfahrung

Volker Haack *

Wenn so viele den Auswärtigen Dienst der Bundesrepublik Deutschland von außen betrachten, mag es zum Schluß dieses Bandes hilfreich sein, auch jemanden von innen zu Wort kommen zu lassen. Was nach dreißig Jahren Tätigkeit in diesem Dienst – in der Zentrale noch in Bonn, dazwischen in sechs Auslandsverwendungen – als überragender Eindruck bleibt, ist der Einsatz vieler Menschen, die der Außenpolitik der Bundesrepublik Deutschland im Ausland das Gesicht gegeben haben. Wenn die deutsche Außenpolitik in der zweiten Hälfte des letzten Jahrhunderts eine in der Rückschau geradezu erstaunliche Erfolgsgeschichte war, dann ist das auch den Männern und Frauen zu verdanken, die in diesen Jahren den Auswärtigen Dienst verkörpert und dafür manchen privaten Verzicht in Kauf genommen haben.

Was dieser Dienst leistet, soll an einigen Zahlen deutlich gemacht werden. Er verfügt zur Zeit über gut 9000 Personen (einschließlich Ortskräfte), davon zwei Drittel in 218 Auslandsvertretungen und in 141 Ländern, die etwa alle drei Jahre ihre Funktion und den Ort ihrer Tätigkeit wechseln. Die Lebensarbeitszeit wird etwa zu zwei Dritteln im Ausland, zu einem Drittel in Deutschland verbracht. Diesem Rotationsprinzip entspricht eine einheitliche Ausbildung und eine umfassende Verwendbarkeit; der Auswärtige Dienst braucht „Generalisten". Auf den höheren Dienst, für den ein abgeschlossenes Hochschulstudium Voraussetzung ist, entfallen rund 1400 Personen. Zum Vergleich: Im britischen Auswärtigen Dienst arbeiten heute rund 14 500, im französischen 16 000 Personen. Der deutsche Auswärtige Dienst ist also wesentlich kleiner als der britische und französische. Der Anteil des Auswärtigen Amtes am Gesamthaushalt der Regierung beträgt zur Zeit ca. 0,8% – in Großbritannien und in Frankreich liegt dieser Anteil bei 1,3%.

Dieser Vergleich gibt auch deshalb zu denken, weil die internationalen Anforderungen, die an das vereinigte Deutschland gestellt werden, ungleich größer sind als in früheren Jahren. Dennoch ist der deutsche Auswärtige Dienst heute kleiner als jener der alten Bundesrepublik. Wahrscheinlich wird

---

* Volker Haak, Botschafter a.D., von 1996 bis 200 Deutscher Botschafter in Zagreb.

es noch einige Zeit dauern, bis die Politikerreden von einer „neuen deutschen Rolle in der Außenpolitik" sich auch in zusätzlichen Haushaltszuweisungen an das Auswärtige Amt umgesetzt haben.

Was machen die Mitarbeiter des Auswärtigen Dienstes? Wer sich die Tätigkeit als die von Geheimdiplomaten vorstellt, die Telegramme verschicken und auf Empfängen eine gute Figur abgeben, macht sich ein grundfalsches Bild. Wahrscheinlich hat es nie gestimmt, aber heute stimmt es weniger als je zuvor. Der Auswärtige Dienst ist ein Dienstleistungsbetrieb für das gesamte Spektrum der Außenpolitik der Bundesrepublik Deutschland, aber auch für deutsche Staatsangehörige und deutsche Unternehmen im Ausland.

Ein Drittel des deutschen Bruttoinlandsprodukts wird im Export erwirtschaftet, jeder vierte Arbeitsplatz in Deutschland ist davon abhängig. Zur optimalen Unterstützung der deutschen Unternehmen arbeiten Auslandsvertretungen, Auslandshandelskammern und die Bundesagentur für Außenwirtschaft Hand in Hand. Diese drei „Säulen" der Außenwirtschaftsförderung sind auf den wichtigsten Exportmärkten präsent. In den übrigen Ländern übernehmen alleine die Auslandsvertretungen diese Aufgabe. Als „Türöffner" für die deutsche Wirtschaft beraten sie Unternehmen in wirthaftspolitischen Fragen, bringen deutsche Wirtschaftsinteressen gegenüber Regierungsstellen zur Geltung und helfen so generell, den Zugang für deutsche Investitionen und deutsche Produkte im Ausland nach Kräften zu fördern. Die Leiter der Auslandsvertretungen müssen gerade in Wirtschaftsfragen gesuchte Gesprächspartner für Politik und Wirtschaft des Gastlandes sein.

Die deutsche Wirtschaft und Politik prägen die deutsche Position im Ausland, die auswärtige Kultur- und Bildungspolitik schafft Bindungen zu Deutschland. Zwar sind die Mittel für diesen Teil der Außenpolitik immer dürftiger geworden. Nicht nur sind 38 Auslandsvertretungen seit 1993 geschlossen worden, sondern auch eine ganze Reihe von Goethe-Instituten, die überall in der Welt in ungewöhnlicher Weise die Kenntnis deutscher Kultur und die Sympathie für unsere Zivilgesellschaft geweckt haben.

Von den 2,17 Mio. DM für die auswärtige Kultur- und Bildungspolitik im Bundeshaushalt 2000 entfielen knapp über 1 Mrd. auf das Auswärtige Amt. Mit Hilfe dieser Gelder wird der Dialog zwischen den Kulturen ebenso gefördert wie Demokratie und Menschenrechte, wird für den Wissenschaftsstandort Deutschland und für deutsche Kultur geworben. Die konkrete Programmplanung bleibt in der Regel den Mittlerorganisationen – Goethe-Institut Inter Nationes, Deutscher Akademischer Austauschdienst, Alexander von Humboldt-Stiftung – überlassen.

Die Arbeit in den Auslandsvertretungen hat sich mit den internationalen politischen Bedingungen gewandelt. Dieser Wandel ist besonders deutlich bei den Deutschen Botschaften in den Hauptstädten unserer EU-Partner. Durch den europäischen Integrationsprozeß sind hier die Aufgaben nicht weniger, sie sind andere und insgesamt eher mehr geworden. (Hierzu gibt es einen sehr lesenswerten Inspektionsbericht des ehemaligen Untergeneralsekretärs der Vereinten Nationen, Botschafter Paschke). Die häufigen direkten Kontakte zwischen den Regierungschefs, Außenministern und hohen Beamten unter den EU-Partnern haben zwar die frühere Aufgabe der Botschaft als Kontaktstelle zwischen den Regierungen weitgehend obsolet gemacht. Dennoch bedeuten sie für die Auslandsvertretungen Vorbereitung, Begleitung, Einordnung und Nacharbeit. Gerade weil die Entscheidungen auf europäischer Ebene die Bürger in allen EU-Ländern direkt berühren, diese Entscheidungen jedoch nicht nur von den eigenen Vertretern, sondern auch von solchen der Partnerländer getroffen werden, müssen die Auslandsvertretungen die deutsche Position und die Gründe dafür bei Entscheidungsträgern und vor allem der Öffentlichkeit im Gastland (public diplomacy) überzeugend darlegen können. Sie tragen gerade damit das Ihre zu einer engeren Integration der Bürger in der Europäischen Union bei.

Bei den bilateralen Vertretungen bleibt die Analyse der Innen- und Außenpolitik des Gastlandes und die Berichterstattung darüber an die eigene Regierung ein Kernstück. Die Auslandsposten tragen auf diese Weise maßgeblich dazu bei, daß Interessen und Entwicklungen anderswo in den eigenen nationalen Entscheidungen berücksichtigt und damit die Erfolgschancen der eigenen Politik erhöht werden. Es geht um alle politischen Fragen im bilateralen Verhältnis und die Positionen beider Regierungen bei laufenden internationalen Verhandlungen. Die Initiative zum Dialog geht dabei nicht nur von der deutschen Vertretung, sondern gerade auch vom Gastland aus, und es ist für den Botschafter eine besondere Genugtuung, wenn er in die politischen Sorgen des Gesprächspartners eingeweiht und um seinen persönlichen Rat gefragt wird, was eine entsprechende Wertschätzung und Vertrauensbasis voraussetzt. Vielleicht ist es gerade diese Art der Vertrauensbildung durch Diplomatie, die für viele junge Menschen diesen Beruf besonders anziehend macht.

Aber es geht nicht nur um politische Fragen, sondern um alle für die Zusammenarbeit mit dem Gastland relevanten Sachgebiete (wie z.B. Wissenschaft, Soziales, Landwirtschaft), die in großen bilateralen Vertretungen durch entsandte Beamte der jeweils fachlich zuständigen Bundesministerien wahrgenommen werden. Dies ermöglicht einen Gesamtüberblick über die Beziehungen und läßt zugleich unser so vielgestaltiges Land, von außen betrachtet, den Mitarbeitern der Botschaft in besonderem Maße als Einheit erscheinen.

Bei den multilateralen Vertretungen, insbesondere der Ständigen Vertretung bei den Vereinten Nationen in New York, geht es um deutsche Mitgestaltung internationaler Verhandlungen über grenzüberschreitende und globale, auf nationalstaatlicher Ebene nicht mehr abschließend zu behandelnde Themen im Sinne einer internationalen Ordnungspolitik (global governance).

Die durch immer dichtere und komplexere Auslandskontakte nach Qualität wie Quantität gewachsene Aufgabe des Auswärtigen Dienstes, verbunden mit der internationalen Verantwortung Deutschlands sowie mit der europäischen Integration und den Erwartungen an eine aktive und gestaltende Rolle Europas, haben das Auswärtige Amt im Jahre 2000 zu einer umfassenden Reforminitiative veranlaßt. Eine Hauptrichtung der Reform ist die Steigerung der personellen wie strukturellen Leistungsfähigkeit des Dienstes durch bessere Nutzung der personellen und materiellen Ressourcen. Dazu gehören eine Verflachung der Hierarchie und die Delegation von Verantwortung. So werden die Unterabteilungsleiter als Hierarchieebene abgeschafft und neue Kleinreferate zur Übernahme von mehr Verantwortung durch jüngere Kollegen eingeführt. Reaktions- und Entscheidungszeit werden so dem wachsenden Bedürfnis nach Schnelligkeit angepaßt. Außerdem bekommen die Mitarbeiter nun früher die Chance, ihre Aufgaben eigenverantwortlich zu erfüllen. Zufriedenheit und Engagement der Arbeitsebene werden gefördert, das Führungspersonal kann sich auf Führungsaufgaben konzentrieren. Jüngere Mitarbeiter werden auf Führungspositionen erprobt. Damit soll, wie bei entsprechenden Wirtschaftsunternehmen, eine bessere Anpassung der Karriereverläufe an die Leistungskurve der Bediensteten während ihres Berufslebens erreicht werden. Dazu wird auch ein modernes Personalmanagement eingeführt: Nicht nur die Vorgesetzten beurteilen ihre Mitarbeiter, auch die Mitarbeiter kommentieren regelmäßig das Führungsverhalten ihrer Vorgesetzten.

Damit einhergehend wird die Öffnung des Auswärtigen Dienstes für einen stärkeren Dialog mit der Zivilgesellschaft angestrebt. Die bereits geübte Praxis der Verwendung von Mitarbeitern des Auswärtigen Dienstes in Verbänden und Unternehmen und umgekehrt von Vertretern der Wirtschaft im Auswärtigen Dienst wird fortgesetzt. Wie bisher sollen insbesondere Angehörige des Auswärtigen Dienstes, die für Wirtschaftsaufgaben im Ausland vorgesehen sind, in Unternehmen entsandt werden. Um eine angemessene Breitenwirkung zu erzielen, wird der Schwerpunkt des erforderlichen Personalaustausches zukünftig in der wechselseitigen Hospitation von Angehörigen des Auswärtigen Dienstes und der Wirtschaft liegen. Darüber hinaus ist an den verstärkten Austausch auch mit Nicht-Regierungsorganisationen und der Journalismusbranche gedacht. Ziele sind mehr Verständnis füreinander und neue Ideen und Impulse für die Arbeit des Auswärtigen Dienstes. Jeder Austausch setzt allerdings auch einen größeren Spielraum beim Personalbestand des Amts voraus, weil man nicht davon ausgehen kann, daß der im Austauschwege hereingenommene neue Mitarbeiter immer sofort voll einsetzbar ist.

Seit langem sind immer mehr Mitarbeiter des Auswärtigen Dienstes in den Brüsseler Institutionen tätig, der Auswärtige Dienst hat entscheidenden Anteil an der Gestaltung der deutschen Europapolitik. Wird es angesichts der zunehmenden Verflechtung unter den Mitgliedstaaten der Europäischen Union künftig noch die Notwendigkeit eines nationalen Auswärtigen Dienstes geben? Die außenpolitischen Interessenunterschiede zwischen den Mitgliedstaaten der Union werden stetig geringer, und die Institutionen der Gemeinsamen Außen- und Sicherheitspolitik sowie der Gemeinsamen Sicherheits- und Verteidigungspolitik bündeln zunehmend die nationalen Politiken, die einst jeder für sich verfolgte.

Daß diese Entwicklung irgendwann einmal zu einer wirklichen Verschmelzung der Auswärtigen Dienste Europas führen kann, ist zu hoffen. Aber in der langen Übergangszeit wird es entscheidend darauf ankommen, durch nationale Initiative die neu geschaffenen gemeinsamen Institutionen zu nutzen. Ohne solche nationalen Außenpolitiken wird es keine Gemeinsame Europäische Außen- und Sicherheitspolitik geben.

Abkürzungen

AA	Auswärtiges Amt
AFD	Agence française de développement
AKBP	Auswärtige Kultur- und Bildungspolitik
AKP	Auswärtige Kulturpolitik
AvH	Alexander von Humboldt-Stiftung
AWACS	Airborne Warning and Control System
BIP	Bruttoinlandsprodukt
BMBF	Bundesministerium für Bildung, Wissenschaft, Forschung und Technologie
BMU	Bundesministerium für Umwelt, Naturschutz und Reaktorsicherheit
BMVg	Bundesministerium der Verteidigung
BMWi	Bundesministerium für Wirtschaft
BMZ	Bundesministerium für wirtschaftliche Zusammenarbeit und Entwicklung
BSP	Bruttosozialprodukt
COREU	Correspondance Européenne
DAAD	Deutscher Akademischer Austauschdienst
DAC	Development Assistance Committee (OECD)
DREE	Direction des relations économiques extérieures
DRH	Direction des Ressources Humaines
EOCOSC	Economic and Social Council (UN)
EG	Europäische Gemeinschaft
ENA	Ecole nationale d'administration
EP	Europäisches Parlament
EU	Europäische Union
EZ	Entwicklungszusammenarbeit
G 7	Group of Seven
G 8	Group of Eight
GASP	Gemeinsame Außen- und Sicherheitspolitik
GG	Grundgesetz
GIIN	Goethe-Institut Inter Nationes
GTZ	Gesellschaft für Technische Zusammenarbeit
ifa	Institut für Auslandsbeziehungen (Stuttgart)
IWF	Internationaler Währungsfonds
KfW	Kreditanstalt für Wiederaufbau
MAI	Multilateral Agreement on Investment
Mercosur	Mercado Común del Cono Sur
NRO	Nicht-Regierungsorganisation
OECD	Organization for Economic Co-operation and Development

OSZE	Organisation für Sicherheit und Zusammenarbeit in Europa
SGCI	Secrétariat général du comité interministériel pour les questions de coopération économique européenne
THW	Technisches Hilfswerk
UN	United Nations
UNESCO	United Nations Educational, Scientific and Cultural Organization
UNO	United Nations Organization
VENRO	Verband Entwicklungspolitik deutscher Nicht-Regierungsorganisationen
WTO	World Trade Organization
WTTC	World Travel & Tourism Council
ZAV	Zentralstelle für das Auslandsschulwesen

MIX
Papier aus verantwortungsvollen Quellen
Paper from responsible sources
FSC® C105338

If you have any concerns about our products,
you can contact us on
ProductSafety@springernature.com

In case Publisher is established outside the EU,
the EU authorized representative is:
Springer Nature Customer Service Center GmbH
Europaplatz 3, 69115 Heidelberg, Germany

Printed by Libri Plureos GmbH
in Hamburg, Germany